中國學術思想 研究輯刊

六 編
林慶彰 主編

第11冊

韓非法治思想研究

張靜雯 著

花木蘭文化出版社

國家圖書館出版品預行編目資料

韓非法治思想研究／張靜雯 著 — 初版 — 台北縣永和市：花
木蘭文化出版社，2009〔民 98〕
目 6+202 面；19×26 公分
（中國學術思想研究輯刊 六編：第 11 冊）
ISBN：978-986-254-062-6（精裝）
1.（周）韓非　2.學術思想　3.研究考訂
121.67　　　　　　　　　　　　　　　　98015213

ISBN - 978-986-2540-62-6

9 789862 540626

中國學術思想研究輯刊
六　編　第十一冊　　　　　ISBN：978-986-254-062-6

韓非法治思想研究

作　　　者　張靜雯
主　　　編　林慶彰
總 編 輯　杜潔祥
出　　　版　花木蘭文化出版社
發 行 所　花木蘭文化出版社
發 行 人　高小娟
聯絡地址　台北縣永和市中正路五九五號七樓之三
　　　　　　電話：02-2923-1455／傳真：02-2923-1452
網　　　址　http://www.huamulan.tw 信箱 sut81518@ms59.hinet.net
印　　　刷　普羅文化出版廣告事業
封面設計　劉開工作室
初　　　版　2009 年 9 月
定　　　價　六編 30 冊（精裝）新台幣 50,000 元

韓非法治思想研究

張靜雯　著

作者簡介

張靜雯，台北市人，民國六十三年生。國立中興大學中國文學碩士。學術專長在於文學、先秦諸子及佛教思想等方面。曾任教於高中，現於補教業及大學兼任講師。著作有與李瑩瑜合著之《中國文學史重點整理》（鼎茂出版社）。

提　　要

　　韓非之學術思想在歷史上之功蹟，主要表現在對前期法家之法治思想，作一集大成之重整。法家人士之法治思想，也是至韓非手中，始成為一完整之體系，並由純然實用性進入了思想性，成為一思想性與實用性緊密之結合體。

　　韓法治思想核心，在於由道生法，終而由法返道。君主上體天道，下因人情而制定法度，來作為自己及臣民所遵循之標準。因為要達到預期之效果，在實用性之前提下，以勢位之強制力，以術之運用方法，來使民齊一。但是在臣吏皆能於法制之下，安居樂業，各盡其職之後，即可由法而歸返於道，所有之人皆於法制之下，而不知法制為何，此時君主即可拱手而治。

　　法、術、勢三者，為韓非法治思想之作用。韓非以為君主必有人設之勢，才可以令行禁止，所以其採用慎到之勢論，加上商君之法，兼以申不害之術，三者融合運用，以此避免商君用法不用術，申不害用術不用法之患。法、術、勢三者，為韓非提出以供君主之所用，故為其法治思想之實際作用。

　　前期之法家理論，如管仲之法治理論是為齊桓公所用，吳起為楚悼王所用，李克為魏文侯所用，商君為秦孝公所用，以上諸人皆有實際施政經驗，所以其法治理論較偏向實用部份；然而韓非因無實際施政經驗，是純為理論派學者，因此韓非法治理論乃就前期法家施行後之結果，做為其法治理論之修正。如此一來，韓非之法治理論不僅有完整之理論基礎以供推行之指導，更有前期法家實際變法治國之例子，以作為君主經國理民之用，於是此種體用互補之關係，奠定了韓非集法家思想大成之地位。

目

次

第一章　緒　論

第一節　研究之動機與目的

一、研究之動機

　　對於法家具體之敍述，最早見於《史記》中司馬談之〈論六家要指〉。《史記・太史公自序》云：「法家嚴而少恩；然其正君臣上下之分，不可改矣。……法家不別親疏，不殊貴賤，一斷於法，則親親尊尊之恩絕矣。可以行一時之計，而不可長用也，故曰『嚴而少恩』。若尊主卑臣，明分職不得相踰越，雖百家弗能改也。」〔註1〕

　　其中「嚴而少恩」已成爲後世學者對於法家之刻板印象，但是其中「正君臣上下之分，不可改矣」之功能，則亦爲儒家所強調者。法家凡事一歸於法，使君臣上下有遵循之依據，《論語・子路篇》云：「名不正，則言不順；言不順，則事不成；事不成，則禮樂不興；禮樂不興，則刑罰不中；刑罰不中，則民無所措手足。」〔註2〕儒家強調正名，也正是法家所提倡者，其中刑罰若不中，則民無所措手足，也正與法家「信賞必罰」，設法明文，使百姓知所避就之意，有異曲同工之妙。《荀子・宥坐篇》云：

　　　　孔子爲魯攝相，朝七日而誅少正卯。門人進問曰：「夫少正卯魯之聞

〔註1〕　日・瀧川資言：《史記會注考證》，頁 5586～5590。
〔註2〕　宋・朱熹：《四書集注》，頁 147。

人也，夫子爲政而始誅之，得無失乎？」孔子曰：「居，吾語女其故。
人有惡者五，而盜竊不與焉；一曰：心達而險；二曰：行辟而堅；
三曰：言僞而辯；四曰：記醜而博；五曰：順非而澤——此五者有
一於人，則不得免於君子之誅，而少正卯兼有之。故居處足以聚徒
成群，言談足飾邪營眾，強足以反是獨立，此小人之桀雄也，不可
不誅也。是以湯誅尹諧，文王誅潘止，周公誅管叔，太公誅華仕，
管仲誅付里乙，子產誅鄧析、史付，此七子者，皆異世同心，不可
不誅也。」〔註3〕

孔子所言少正卯之罪行五條，若論其實際情形，也不過是個人之才能特殊而
已，但是孔子卻因爲其有礙政令之推行，所以將其誅殺，這與法家去文學、
游說之士之作法，正是相同者。不過司馬談也指出，法家之作法「可以行一
時之計，而不可長用也」，法家學者本身也深知「法」有其時效性，故於法
治之極，則返於道。司馬談又指出：「若尊主卑臣，明分職不得相踰越，雖
百家弗能改也。」關於此點，司馬談可謂深得法家之旨，若是儒家亦不能廢
也。

其後，班固《漢書·藝文志》云：「法家者流，蓋出於理官，信賞必罰，
以輔禮制。《易》曰：『先王以明罰飭法』，此其所長也。及刻者爲之，則無教
化，去仁愛，專任刑法而欲以致治，至於殘害至親，傷恩薄厚。」〔註4〕其中
「信賞必罰，以輔禮制」確是儒、法二家之所共同追求者，於是「至於殘害
至親，傷恩薄厚」者，並非法家所要達到之目的，而是爲治亂所採不得已之
權宜手段。《荀子·彊國篇》云：「白刃扞乎胸，則目不見流矢；拔戟加乎首，
則十指不辭斷；非不以此爲務也，疾養緩急之有相先者也。」〔註5〕又《墨子·
大取篇》云：「利之中取大，非不得已也；害之中取小，不得已也。所未有而
取焉，是利之中取大也；於所既有而棄焉，是害之中取小也。」〔註6〕法家之
意旨，非不重視至親恩愛之情，而是其所重視之點不同，所謂的「三十輻共
一轂，當其無，有車之用」，〔註7〕治國者不以恩愛爲先，以國爲重，非輕於
民，乃是暫捨小我以成大我的有所取有所捨者也。

〔註3〕清·王先謙：《荀子集解》，頁472。
〔註4〕民國·楊家駱：《新校本漢書》，頁1736。
〔註5〕同註3，頁283。
〔註6〕清·孫詒讓：《墨子閒詁》，頁369。
〔註7〕魏·王弼：《老子道德經注》，頁6。

　　筆者研讀法家之說，發現法家思想有其時代之重要性，而且現代之人，也常以自己國家為「法治國家」為榮，因此法家之思想，在現代更有其必要性。但是一般之觀點往往著重在法家不近人情方面，而純以法家為嚴刻寡恩。再者，學者對韓非法治思想之定位，雖言其有集大成之功，並以為法、術、勢三者為韓非思想之中心點。但據筆者之發現，《韓非子》書中之〈解老〉、〈喻老〉兩篇所佔篇幅很大，此方為韓非以道為「體」，以法、術、勢為「用」之思想核心。因此，筆者有意就此而作一重新之釐清，以期使韓非之法治思想，呈現出更清楚、具體之面目。

二、研究之目的

　　筆者寫作本文之主要目的，在於釐清下列幾點命題：

　　（一）韓非法治思想以黃老思想為「體」。所謂「體」，乃相對於「用」而言；在內為「體」，而在外為「用」。是以韓非之學說於內在思想方面，是受有黃老學說之影響，其中，道與法二者，如鳥之雙翼、車之兩輪，為相輔相成者。其要點為：君主定訂法制之法源，為來自君主所體會之道，此道乃天、地、人三者互貫之道。治國之方，先由道而生法，由法治國，待國治君安之後，再由法返道，進於極治且安樂自然之境。此為黃老學說之樞要，亦是韓非法治思想之內在主體者。

　　（二）韓非法治思想以法術勢三者為「用」。所謂「用」者，是著重於治國之實用性。如商君之法乃供秦孝公變法之用；申不害之術，為供韓昭侯強國之用，二者各有其功用之對象，因為有施行之對象，因此也各有其失；而勢者，則為人君必然之資，其於治國，是為不可或缺之具，此為慎到之所強調者。是以韓非有鑑於前二家之失，故採用融合法、術、勢三者，欲以救其窮，而提供君主一治國現實之方。

　　（三）韓非法治思想以利民為出發點。其法術勢三者之運用，皆是讓人民知法信法，並知所避禍趨福，而非為以法網民者。

　　由以上幾點命題之探討，可以明確得知，法家之思想，雖說是以君主之立場而論，但是法家學者皆知，不得民心即不得國，民不富則國不強，此為治國者所深知之通則。所以筆者希望透過以上各命題之討論，能夠證明韓非思想中有關道、法二者之定位，並對其集大成之學術地位，作一深入之瞭解。

第二節　研究之方法與架構

一、研究之方法

　　本文在版本採用方面，是以近人陳奇猷《韓非子新校注》爲底本，參校清王先愼《韓非子集解》、近人梁啓雄《韓非子淺解》、近人朱守亮《韓非子釋評》、日漢文大系本《韓非子翼毳》、近人陳啓天《增訂韓非子校釋》等書。另外在史書及諸子書採用方面，盡量以原典爲準，以求得資料之準確性。

　　在資料處理方面，對於《韓非子》書中二十卷共五十五篇之內容，加以逐篇檢讀，並對其各段思想大意加以鉤勒，以期對韓非法治思想作全盤之考量，另外，並以各名家前輩之既有資料，加以歸納，以期找出韓非法治思想之重心，而給予精確之判斷。

　　在論文內容處理方面，首先將韓非之法治思想分爲「體」、「用」二大主軸。所謂之「體」、「用」者，首見於魏王弼《老子道德注》第三十八章中所言：「雖貴以無爲用，不能捨無以爲體也。」〔註8〕此體用之道，爲老子思想之要。《老子》第十一章云：「三十輻，共一轂，當其無，有車之用。埏埴以爲器，當其無，有器之用。鑿戶牖以爲室，當其無，有室之用。故有之以爲利，無之以爲用。」〔註9〕此以「無」爲思想之主體，而生出實際之功用，故《老子》第三十七章云：「道常無爲而無不爲。」〔註10〕其中「無爲」即是一概念化之思想之主體；而「無不爲」則是「無爲」思想生出之實際性功用。是以韓非之法治思想乃以「黃老學說」之「由道生法、由法返道」學說爲其主體，而將前期法治學說加以理論化，成爲自己之法治思想主幹，此即韓非法治思想之「體」；再進而綜合前人之學說，並矯其缺失，推出「處勢、任法、用術」三者相互運用之治國方法，供人君理政、察姦及治民之所用，此爲其法治思想之「用」。本文冀藉此「體、用」二大思想部份，得以管窺被譽爲集法家之大成者——韓非之完整法治思想。

二、研究之架構

　　本文之架構共計六章，茲述其綱要如下：

〔註 8〕魏・王弼：《老子道德經注》，頁24。
〔註 9〕同上，頁6。
〔註10〕同上，頁21。

　　第一章——緒論：說明本論文之研究動機、目的、研究方法及架構，並指出版本之運用及文獻資料之處理方式。

　　第二章——韓非之生平事蹟及著述：簡要說明韓非之所處時代及《韓非子》成書之背景，藉此瞭解韓非面對當時各國之政局，而提出其法治思想之原因。

　　第三章——韓非法治思想之時代背景：以「歷史時局影響」、「各國改革導因」二方面，來探討韓非如何形成其法治思想之現實背景。

　　第四章——韓非法治思想之淵源：藉探討戰國末年興起之黃老思想及法、名、墨各家之學說，來得出韓非法治思想之源起。並檢討韓非對老子思想之運用。此為韓非法治思想之主體部份。

　　第五章——韓非法治思想之應用：韓非集前期法家之大成，首先提出處勢、任法、用術三者，為君主所應持守，而缺一不可。韓非法治思想運用之目的，是在於先使富民強國，以達霸王之業。此為韓非法治思想對於治國之實用部份。

　　第六章——結論：對於本文提出所欲解決之命題加以作結。由韓非所面對之當代情勢，各國之變法影響，故而以黃老之學為主體，進以集法家之大成，作一分析。並藉此得出韓非對於法家之貢獻，及其歷史定位。

第二章　韓非之生平事蹟及著述

第一節　韓非之生平事蹟

一、生平概況

（一）學說歸本及師承

　　關於韓非其人其事，史傳上之著墨不多，但若要研究韓非之思想，卻不知其人之生平事蹟，瞭解其所處之時代環境，便不能眞正體會當事者提出其學說之心境、動機與目的，因此不免於對其學說之理解如相隔薄紗，難以窺見其堂奧。《孟子‧萬章下》載孟子之言曰：「頌其詩，讀其書，不知其人可乎？是以論其世也。是尙友也。」〔註1〕職是之故，筆者首先僅就典籍所記載，對其生平作一概念式之認識。

　　有關韓非生平事蹟之記載，主要見於《史記》。《史記‧老子韓非列傳》載：

> 　　韓非者，韓之諸公子也。喜刑名法術之學，而其歸本於黃老。非爲人口吃不能道說，而善著書。與李斯俱事荀卿，斯自以爲不如非。
> 　　非見韓之削弱，數以書諫韓王，韓王不能用。〔註2〕

韓非本爲韓國之公子，曾與李斯同師事荀子，而其能力則在李斯之上。學術思想方面，韓非內以黃老爲本，外合刑名法術之學，期以此作爲治國之用，

〔註1〕宋‧朱熹：《四書集注》，頁358。
〔註2〕日‧瀧川資言：《史記會注考證》，頁3668～3669。

而屢諫韓王，然韓王終不能用之。《史記·老子韓非列傳》載：

> 於是韓非疾治國不務脩明其法制，執勢以御其臣下，富國彊兵，而以求人任賢，反舉浮淫之蠹，而加之於功實之上。以爲儒者用文亂法，而俠者以武犯禁。寬則寵名譽之人，急則用介冑之士。今者所養非所用，所用非所養。悲廉直不容於邪枉之臣，觀往者得失之變，故作〈孤憤〉、〈五蠹〉、內外〈儲〉、〈說林〉、〈說難〉十餘萬言。〔註3〕

韓非列舉其時韓國政治之失：首先是君上重視虛名，而忽視眞正有功之人。所謂儒者，乃是以虛名紊亂法制之徒；而俠士則是以武力干犯法令，此二者皆爲國家之亂源。清平之時，君上恩寵具有虛名之士；而國危時，則轉而用介冑武士以保衛家國。諸如此等矛盾與不公現象，正是政治紊亂之源。於是韓非作書以自明。《史記·老子韓非列傳》載：

> 人或傳其書至秦。秦王見〈孤憤〉、〈五蠹〉之書，曰：「嗟乎，寡人得見此人與之游，死不恨矣！」李斯曰：「此韓非之所著書也。」秦因急攻韓。韓王始不用非，及急，迺遣非使秦。秦王悅之，未信用。李斯、姚賈害之，毀之曰：「韓非，韓之諸公子也。今王欲并諸侯，非終爲韓不爲秦，此人之情也。今王不用，久留而歸之，此自遺患也，不如以過法誅之。」秦王以爲然，下吏治非。李斯使人遺非藥，使自殺。韓非欲自陳，不得見。秦王後悔之，使人赦之，非已死矣。
> 〔註4〕

　　當韓非之書傳至秦，秦王見書而急欲與之交游，由此可見書中之觀念，正與秦王之想法不謀而合，故而有此。後雖韓非爲李斯等人所害而亡，然就其書深得秦王心一事，正可看出野心勃勃欲王天下之秦王，對於韓非思想之認同。削弱不堪之韓國，無法用韓非之法；韓非之政治思想，必須待秦之一統天下，方能達至初步實現。及至漢朝，其一統天下而國祚綿長，正與韓非之政治思想爲相互實現。

　　韓非爲韓國貴族之後，但非爲當權派宗室之一支，故而其學說自始至終均不爲韓王安所用。其思想取向爲「形名法術之學」，關於「形名法術」一詞，裴駰《集解》引《新序》之解釋曰：「申子之書，言人主當執術無刑，因循以督責臣下，其責深刻，故號曰『術』；商鞅所爲書，號曰『法』，皆曰『刑名』，

〔註3〕日·瀧川資言：《史記會注考證》，頁 3669～3670。
〔註4〕同上，頁 3681～3682。

故號曰『刑名法術之書』。」〔註5〕「刑名法術」一詞，最早爲用以說明申不害之「術」與商鞅之「法」，今參照《韓非子‧主道篇》所說：「有言者自爲名，有事者自爲形。形名參同，君乃無事焉，歸之其情。」〔註6〕此言國君之治國，須視外在之名，與實際表現是否相符，若二者能相互參驗，符諸實情，則國君無須勞神苦思，而國自大治，此爲由法而道的思想脈絡。又《韓非子‧難三篇》亦針對「法」與「術」作出以下之分辨，其言曰：「法者，編著之圖籍，設之於官府，而布之於百姓者也。術者，藏之於胸中，以偶眾端而潛御群臣者也。」〔註7〕此言點明「法」與「術」二者之差別，「法」必須化爲正式文字，由官方公布，而施行於全國上下，務使「法」能深入百姓之心，使其知如何行則有賞，如何爲則有罰，如此則能使百姓自行趨吉避凶，而達致「以刑去刑」、「以賞勸功」之終極目標，此亦爲法之積極性；「術」則是藏於君主內心，不對外展現之統馭群臣之一貫方式，以此一貫之「術」，以統馭千差萬別之臣，則能化殊爲同，而使各人皆竭其力、盡其謀，以效於君國，而達到君無爲而國家治的目的。由此觀之，所謂「形名法術之學」即申不害及商鞅二人所主張之君主統治臣下之手段。因此司馬遷於《史記‧老子韓非列傳》中，對於韓非學說之評論爲：「韓子引繩墨，切事情，明是非，其極慘礉少恩，皆原於道德之意。」〔註8〕此處不但點明韓非思想之法家特色，並透顯其中帶有「黃老思想」之內涵。有關韓非思想中之黃老因素，下文將有言及。而韓非和李斯都曾師事於荀子，其學甚至連李斯皆自嘆弗如，由此更可見其思想之精奧。

（二）不獲重用、發憤著書

　　韓非憂心於國勢之衰頹，並且激憤於韓國當時之政治偏失，「治國不務脩明其法制，執勢以御其臣下，富國彊兵，而以求人任賢」（《史記‧老子韓非列傳》）。〔註9〕君主唯有處勢抱法、任用賢人，方能使國富兵強；然而今上卻非如此，「反舉浮淫之蠹，而加之於功實之上」（同上）。〔註10〕不但不重視對國有實際功績之農戰之士，反而起用虛浮不實，對國毫無貢獻之儒者及俠客

〔註5〕　日‧瀧川資言：《史記會注考證》，頁3668。
〔註6〕　民國‧陳奇猷：《韓非子新校注》，頁66。
〔註7〕　同上，頁922～923。
〔註8〕　同註5，頁3683。
〔註9〕　同上，頁3669。
〔註10〕　同上。

二者，來違法犯禁，「寬則寵名譽之人，急則用介冑之士。今者所養非所用，所用非所養」〔註11〕（同前），所重視者，非有功於國者；而介冑之士，效死於國，卻只有國家有危難之時，方得任用，此種矛盾，正是造成危急時，卻無死力之士來捍衛國家的主要原因。因此韓非屢屢上書求為自用，但都不獲主上聽從，又加以自己患有口吃，不便言語，於是便退而發憤著書，以使自己之政治學說，與建設藍圖，終有受到重視之一日。

（三）西使入秦

秦始皇因讀韓非之著作，深合己意，以為「寡人得見此人與之游，死不恨矣！」〔註12〕（《史記‧老子韓非列傳》）於是用兵於韓國，急欲得見韓非，而與之交游。韓非於危難中受命，出使秦國。然至秦國後，卻並未受到重用，反而受李斯及姚賈之陷害，以至抱憾而亡。《戰國策‧秦策五》載：

> 四國為一，將以攻秦。秦王召群臣賓客六十人而問焉，曰：「四國為一，將以圖秦，寡人屈於內，而百姓靡於外，為之奈何？」群臣莫對。姚賈對曰：「賈願出使四國，必絕其謀，而安其兵。」乃資車百乘，金千斤，衣以其衣，冠舞以其劍。姚賈辭行，絕其謀，止其兵，與之為交以報秦。秦王大悅。賈封千戶，以為上卿。韓非知之，曰：「賈以珍珠重寶，南使荊、吳，北使燕、代之間三年，四國之交未必合也，而珍珠重寶盡於內。是賈以王之權，國之寶，外自交於諸侯，願王察之。且梁監門子，嘗盜於梁，臣於趙而逐。取世監門子，梁之大盜，趙之逐臣，與同知社稷之計，非所以屬群臣也。」〔註13〕

當南方之吳、楚，與北方之燕、趙，決定四國聯合而攻秦，秦國君臣無計可施之際，姚賈自薦為使，願意出使四國，化解秦之危機。然韓非表示姚賈之為在於利己，而非有益於國，於是遂與姚賈結仇，終為其所構陷而死。《戰國策‧秦策五》載：

> 王召姚賈而問曰：「吾聞子以寡人財交於諸侯，有諸？」對曰：「有。」王曰：「有何面目復見寡人？」對曰：「曾參孝其親，天下願以為子；子胥忠於君，天下願以為臣；貞女工巧，天下願以為妃。今賈忠王而王不知也。賈不歸四國，尚焉之？使賈不忠於君，四國之王尚焉

〔註11〕日‧瀧川資言：《史記會注考證》，頁3669。
〔註12〕同上，頁3681。
〔註13〕漢‧劉向：《戰國策》，頁293～294。

用賈之身？桀聽讒而誅其良將，紂聞讒而殺其忠臣，至身死國亡。
今王聽讒，則無忠臣矣。」王曰：「子監門子，梁之大盜，趙之逐臣。」
姚賈曰：「太公望，齊之逐夫，朝歌之廢屠，子良之逐臣，棘津之讎
不庸，文王用之而王。管仲，其鄙人之賈人也，南陽之弊幽，魯之
免囚，桓公用之而伯。百里奚，虞之乞人，傳賣以五羊之皮，穆公
相之而朝西戎。文公用中山盜，而勝於城濮。此四士者，皆有詬醜，
大誹天下，明主用之，知其可與立功。使若卞隨、務光、申屠狄，
人主豈得其用哉！故明主不取其汙，不聽其非，察其爲己用。故可
以存社稷者，雖有外誹者不聽；雖有高世之名，無咫尺之功者不賞。
是以群臣莫敢以虛願望於上。」秦王曰：「然。」乃可復使姚賈而誅
韓非。〔註14〕

韓非子主張去除游說之客及說人主之難，可是終究死於讒人之手，此其爲司
馬遷所深嘆惋者。以上《史記》與《戰國策》的記載雖不盡相合，但是二者
參照之下，將韓非生平之輪廓作了相當程度之呈現，也有助於吾人對韓非學
說研究之深入瞭解。

二、生卒年之問題

對於韓非之生卒年月，史傳典籍並無明文之記載，然因韓非爲死於入秦
之後，因此韓非何時入秦，即成爲一個重要線索。

（一）韓非入秦時間

關於韓非何時入秦，《史記》本身即有不同之記載：

〈韓世家〉載：「王安五年，秦攻韓，韓急，使韓非使秦，秦留非，因殺
之。」〔註15〕韓王安五年，此年爲西元前二三四年。

〈始皇本紀〉載：「十四年，……韓非使秦，秦用李斯謀留非，非死雲陽。」
〔註16〕秦王政十四年，此年爲西元前二三三年。

〈六國年表〉載：「始皇十四年，桓齮定平陽、武城、宜安。韓使非來，
我殺非，韓王請爲臣。」〔註17〕秦王政十四年，此年即爲西元前二三三年。

〔註14〕漢・劉向：《戰國策》，頁 295～299。
〔註15〕日・瀧川資言：《史記會注考證》，頁 3189。
〔註16〕同上，頁 429。
〔註17〕同上，頁 1167。

針對這種記載相互抵觸之情形，清王先愼《韓非子集解》解釋說：

> 《史記・秦本紀》、〈六國表〉並以韓非使秦在始皇十四年，〈韓世家〉屬之王安五年。按秦攻韓，〈紀〉、〈表〉未書。始皇十三年用兵於趙，十四年定平陽、武城、宜安，而後從事於韓，則非之使秦，當在韓王安六年，〈紀〉、〈表〉爲是。吳師道以非爲韓王安五年使秦，據〈世家〉言之，不知作五年者，史駁文也。〔註18〕

王先愼以爲這種不同的記載爲「駁文」。對於這種說法，近人陳啓天《韓非子校釋》說：

> 今按非卒年與使秦之年，似不相同。當戰國末年，趙爲縱長，與秦爭霸。趙悼襄王四年，龐煖將五國兵攻秦，即其一證。此事距韓非使秦不過八年。趙欲合韓以攻秦，秦欲率韓以伐趙，這是韓國最難應付的問題。始皇十三年，秦用兵於趙，而李斯曾請先取韓，故韓非使秦曾說：「今臣聞貴臣之計，舉兵將伐韓」。既說將伐韓，即非正伐韓。非勸秦勿「釋趙之患，而攘內臣之韓」，以堅趙合縱的企圖。李斯對秦王說：「秦與趙爲難，則韓必爲腹心之病而發矣。」又李斯使韓說：「今趙欲伐秦，其勢必先韓而後秦」（俱見《韓非子・存韓篇》）。非使秦，斯使韓，都是辦交涉。非受害，當在斯反秦後，距非使秦時，當有若干時間。〈世家〉就非使秦之年言，故說韓王安五年，而連帶記其見害。〈紀〉、〈表〉就非見害之年言，而連帶記其使秦，故若爲駁文也。《策》吳注說：「史皇十三年上書，次年見殺」，亦依非使秦與見害之年不同而分，極是。〔註19〕

另外，近人陳奇猷〈韓非生卒年考〉則以爲：

> 韓非卒年與使秦之年，不必相同，〈世家〉明言韓非使秦在韓王安五年（即秦始皇十三年），〈紀〉、〈表〉乃就非見害之年言而連帶記其使秦，未書其使秦之年，似爲駁文耳。〈韓非傳〉既言秦因急攻韓，則攻韓乃爲猝然之事，自不必與用兵於趙之事相關聯。且以強大之秦而攻弱小之韓，在攻趙同時略分兵力即可制韓而有餘，況秦攻趙亦當非傾全國之兵以赴，略調國內剩餘之卒，即可爲急攻韓之舉。且秦攻韓之原因爲欲得韓非，秦王之欲得韓非，乃賞識非才能，欲用之以定天

〔註18〕清・王先愼：《韓非子集解》，頁1。
〔註19〕民國・陳啓天：《韓非子校釋》，頁922～923。

－12－

下，豈能遷延至趙事定而後攻韓耶？故王氏必以趙事定而後攻韓之說，不切事實也。又韓非入秦上書言存韓，秦王下其議於李斯，斯加以駁斥，然後李斯使韓，斯入韓又久未得見韓王，（皆詳〈存韓篇〉）李斯得見韓王與否，可勿論，但斯害非當自韓返秦之後，故斯害非之理由為「久留而歸之，此自遺患也。」可見韓非入秦後曾久留於秦，再經李斯、姚賈之害，下吏治，然後因李斯所遺藥以自殺，則自入秦至自殺，其間之遷延時日，自非短暫，故韓非以韓王安五年即秦始皇十三年入秦至始皇十四年始卒，可以斷言也。〔註20〕

陳奇猷以為《史記》的記載有其著重性，並對韓非的入秦至被殺的過程作一推斷，其說有一定之道理，可供參考。

（二）韓非之生卒年推斷

雖然對於韓非的生卒年，史傳典籍之中並沒有清楚的記載，但是學者多對其作過推測，如近人錢穆〈李斯韓非考〉說：「斯初為小吏，後乃從學荀卿，入秦蓋三十餘歲。……韓非與李斯同學於荀卿，其使秦在韓王安五年。翌年見殺，時斯在秦已十五年。若韓、李年略相當，則非壽在四十、五十之間。」〔註21〕錢氏以為韓非生於韓釐王十五年（前281）前後，而卒於韓王安六年（前233）。另外，陳千均〈韓非新傳〉說：

> 據本書〈問田篇〉堂谿公與韓非同時，據〈外儲說右上〉堂谿公又與昭侯同時，大約堂谿公在昭侯時年尚輕，不過二三十歲，及其與韓非談論時已九十餘歲，大約韓非之年較長於李斯，其被殺時已六十餘歲，約生於韓釐王初年。〔註22〕

陳千均以〈問田〉及〈外儲說右上〉等二篇中出現的堂谿公為證，來認定韓非約生於韓釐王初年（前295）左右。

對前二種說法，陳奇猷〈韓非生卒年考〉比較傾向於陳千均的說法，但是他進一步指出：

> 據〈韓非傳〉知秦王見〈孤憤〉、〈五蠹〉之書不知為誰何所作，問之李斯，李斯即以韓非對，則李斯必與韓非同學於荀卿時已見韓非

〔註20〕民國・陳奇猷：《韓非子新校注》，頁1212。
〔註21〕民國・錢穆：《先秦諸子繫年》，頁478。
〔註22〕民國・陳千鈞：〈韓非新傳〉，《學術世界》第1卷第2期（轉引自陳啟天：《增訂韓非子校釋》），頁922。

之書，不然，李斯入秦後，秦韓遠隔，即或可見傳來之韓非書，亦不能知爲韓非作。據〈始皇本紀〉，李斯入秦在始皇元年前一或二年，據〈李斯傳〉，李斯欲西入秦而辭荀卿，則李斯讀韓非書當在始皇前一或二年以前。是韓非之學於李斯入秦前已大有成就，其年齡當可能爲五十歲左右之人。準此推算，韓非被害當在六十五歲左右。又堂谿公既曾與韓昭侯對答，以堂谿公生於昭侯初年計算，至昭侯末約二十歲，至韓釐王末約八十歲，是年韓非在二十歲以上，韓非以此時與堂谿公對問，於時代亦合。故韓非卒年六十五左右而生於韓襄王末年。〔註23〕

陳奇猷以李斯曾見韓非書之事，及堂谿公與韓昭侯及韓非有過對話，證明韓非約生於韓襄王末年（前 296）左右。

以上各家所說皆有其一定之理由，如果尋《史記》各處的說法，當可判定事情之發生及過程，但因《史記》主要著重在大事之紀錄上，因此，中間經過之時間，大都省略。如果要完全依照《史記》之記載來推算韓非之生卒年，並不容易。是以筆者採取讓資料並存，並盡量使之接續成一聯貫事件之態度，如此一來，方不致使珍貴之史料，因個人之主觀臆測而失去其效用。

第二節　韓非之著述

一、《韓非子》名稱及篇數

關於韓非書之著錄乃首見於《史記・老子韓非列傳》，其中記載說：「作〈孤憤〉、〈五蠹〉、內外〈儲〉、〈說林〉、〈說難〉十餘萬言。」〔註24〕據此可得出幾點結論：

首先，韓非是有意著成專書。過去之先秦諸子著作，大抵由後人及弟子所集結而成。故韓非之著書，在先秦諸子中是少見之動作。

其次，《韓非子》一書之完成時間，雖然未明文，但是據《史記・老子韓非列傳》：「人或傳其書至秦，秦王見〈孤憤〉、〈五蠹〉之書……」〔註25〕之

〔註23〕陳奇猷：《韓非子新校注》，頁 1213。
〔註24〕日・瀧川資言：《史記會注考證》，頁 3669～3670。
〔註25〕同上，頁 3681。

言而論，則韓非之著作是在此之前即已完成。再根據《史記・韓世家》記載：
「王安五年，秦攻韓，韓急，使韓非使秦，秦留非，因殺之」，〔註26〕本書必
然完成於韓王安五年（前234），即秦始皇十四年之前。

　　再者，《史記》本傳當中雖然沒有說明其書之篇數，但是據劉向《韓非子
書錄》〔註27〕稱其有五十五篇，《漢書・藝文志》載有《韓子》五十五篇，而
《隋書・經籍志》中則錄有《韓子》二十卷。自此之後，各種史傳典籍所記
載者，皆不出這個範圍。但是，宋代之後，推尊韓愈為「韓子」，因此便有將
其書改名為《韓非子》之例，如宋晁公武《郡齋讀書志》即是。以後，則成
為定名，如清張之洞《書目答問》、近人梁啓超《要籍解題及其讀法》等，皆
沿用《韓非子》這個書名。

二、《韓非子》之流傳

　　關於《韓非子》書之流傳，據《四庫全書總目・子部》卷一〇一「法家類」
載：

> 《韓子》二十卷（內府藏本）周韓非撰。《漢書・藝文志》載《韓子》
> 五十五篇。張守節《史記正義》引阮孝緒《七錄》載《韓子》二十
> 卷。篇數、卷數皆與今本相符。惟王應麟《漢書藝文志考》作五十
> 六篇，殆傳寫字誤也。其註不知何人作。考元至元三年何犿本，稱
> 「舊有李瓚註，鄙陋無取，盡為削去」云云。則註者當為李瓚。然
> 瓚為何代人，犿未之言。王應麟《玉海》已稱《韓子註》不知誰作，
> 諸書亦別無李瓚註《韓子》之文，不知犿何所據也。犿本僅五十三
> 篇。……今世所傳，又有明周孔教所刊大字本，極為清楷。其序不
> 著年月，未知在用賢本前後。考孔教舉進士在用賢後十年，疑所見
> 亦宋槧本。故其文均與用賢本同，無所佚闕。今即據以繕錄，而校
> 以用賢之本。〔註28〕

根據《四庫全書總目》說明，可知《韓非子》一書產生及版本流傳之情形。
此後各家考證，大致都不出《四庫全書總目》所提之範圍。

〔註26〕日・瀧川資言：《史記會注考證》，頁3189。

〔註27〕清・嚴可均自注：「宋本不著名，疑以為劉向所作。」（清・嚴可均：《全上古
　　　　三代秦漢三國六朝文・全漢文》），頁333。

〔註28〕清・紀昀：《四庫全書總目》，頁1981。

　　關於《韓非子》之版本，最早見於《新唐書‧藝文志》所記載：「尹知章注《管子》三十卷，又注《韓子》（自注：卷亡）」，〔註29〕本書應爲傳世最早之注本，可惜已亡佚，難以窺見其全貌。另外，《魏書‧劉昺傳》載：「注《周易》、《韓子》、《人物志》、《黃石公》、《三略》，並行於世。」〔註30〕而元何犿《校韓子序》說「舊有李瓚註，鄙陋無取，盡爲削去」等語，近人陳奇猷以爲：「查《舊唐書》卷一七六、《新唐書》卷一七四、《唐語林》卷六皆有李瓚其人，爲李宗閔之子，疑即注《韓子》之李瓚。」〔註31〕據《舊唐書‧李宗閔傳》載：「子琨、瓚，大中朝皆進士擢第。令狐綯作相，特加獎拔。瓚自員外郎知制誥，歷中書舍人、翰林學士。綯罷相，出爲桂管觀察使，御軍無政，爲卒所逐，貶死。」〔註32〕李宗閔曾以吏部侍郎本官同平章事，位極人臣，而李瓚卻於桂州失守而被貶，「性強躁，憤且死」。〔註33〕但是觀《舊唐書‧經籍志》及《新唐書‧藝文志》二書所記載，並無李瓚注《韓子》之說法，因此，陳奇猷之說法，暫可作爲參考。以上所提之兩種注本亦不可復見，而現今主要之流傳版本，多爲明清時期之翻刻本。

　　再者，關於《韓非子》本書各篇之眞實性問題，《四庫全書總目》云：

考《史記》非本傳，稱「非見韓削弱，數以書諫韓王，韓王不能用。悲廉直不容於邪枉之臣，觀往者得失之變，故作《孤憤》、《五蠹》、內外《儲說》、《說林》、《說難》十餘萬言。」又云「人或傳其書至秦，秦王見其《孤憤》、《五蠹》之書。」則非之著書，當在未入秦前。《史記‧自敍》所謂韓非囚秦，《說難》、《孤憤》者，乃史家駁文，不足爲據。今書冠以《初見秦》，次以《存韓》，皆入秦後事，雖似與《史記》自敍相符，然《傳》稱「韓王遣非使秦，秦王悅之，未信用。李斯、姚賈害之，下吏治非。李斯使人遺之藥，使自殺」，計其間未必有暇著書。且《存韓》一篇，終以李斯駁非之議，及斯上韓王書。其事與文，皆爲未畢。疑非所著書本各自爲篇，非歿之後，其徒收拾編次，以成一帙。故在韓、在秦之作，均爲收錄。併其私記未完之稿，亦收入書中。名爲非撰，實非非所手定也。以其

〔註29〕宋‧歐陽修：《新唐書》卷59，頁1532。
〔註30〕北齊‧魏收：《魏書》卷52，頁1160。
〔註31〕民國‧陳奇猷：《韓非子新校注》，頁1205。
〔註32〕後晉‧劉昫：《舊唐書》卷176，頁4555。
〔註33〕民國‧周勛初：《唐語林校證》，頁601。

　　本出於非，故仍題非名，以著於錄焉。〔註34〕

《韓非子》本書各篇中以《史記》所載之〈孤憤〉、〈五蠹〉、內外〈儲說〉、〈說林〉及〈說難〉等篇爲韓非所作應較無疑義；然自宋王應麟《漢藝文志考證》云：「沙隨程氏曰：『非書有〈存韓篇〉，故李斯言非『終爲韓不爲秦』也。後人誤以范睢書廁於其書之間，乃有『舉韓』之論，《通鑑》謂非『欲覆宗國』，則非也。』」〔註35〕此說以爲〈存韓篇〉爲范睢之作而雜入其間，故《四庫總目提要》亦有如此之考證。

　　自王氏提出異議之後，乃開辯論《韓非子》篇章眞僞之先河。歷明、清至民國之際，漸有學者提出疑義，其中較著者，有明張鼎文《校刻韓非子序》、日人太田方《韓非子翼毳》、近人梁啓超《要籍解題及其讀法》、胡適《中國哲學史大綱》上、陳千鈞《韓非子書考》、郭沫若《十批判書》及容肇祖《韓非子考證》等等。其中猶以容肇祖《韓非子考證》對《韓非子》篇章之眞僞，作了全部之考證，堪爲此中之代表。據容氏所證，以爲可靠爲韓非所作之篇章者僅有〈五蠹〉、〈顯學〉、〈難〉四篇、〈孤憤〉、〈難勢〉、〈問辯〉、〈詭使〉、〈六反〉、〈八說〉、〈忠孝〉、〈人主〉、〈心度〉、〈定法〉等十六篇。後踵其事者有鄭良樹所作之《韓非之著述及思想》一書，其亦針對《韓非子》各章加以分析證論。

　　以上諸家均有充分之論證以支持其說，然正如近人龍宇純〈荀子眞僞問題〉一文所云：「《荀子》書中果眞有僞作，誰也不應因懷思古幽情而曲予迴護。但古代載籍能傳流下來的極少，對古代的認識原至貧乏，凡見之於今者，雖片言隻字，皆彌足珍貴。因此對於讀古書而言，『無徵不信』的態度顯然值得商榷，正確的態度恐應該是『無證不疑。』」〔註36〕龍氏此說雖論《荀子》，然用於論證《韓非子》亦無不可。再者，《論語》一書雖非孔子所撰，書中內容亦不僅孔子之言，然卻不失爲了解孔子思想之重要典籍。晉乘楚杌，猶存其名，是以本文將以謹愼而好古之態度，將《韓非子》各篇章作整體性之處理，以期能得此位集法家之大成者之思想原貌於萬一。

〔註34〕清・紀昀：《四庫全書總目》，頁 1981～1982。
〔註35〕宋・王應麟：《漢藝文志考證》卷六，頁 19。
〔註36〕民國・龍宇純：《荀子論集》，頁 29。

第三章　韓非法治思想產生之時代背景

第一節　歷史時局影響

　　探討韓非法治思想之形成，必須將歷史背景列爲考量對象，尤其是戰國時代之各國大勢。若無紛亂之戰國局勢，即無韓非集法家之大成之光芒出現。所以，深入瞭解春秋、戰國一貫而下之政局，方能對韓非法治思想作出深層之體會。對韓非法治思想影響最大之因素有二：一是戰國當時之時代大勢，二是韓國長久以來積弱不振之國勢。職是之故，才激發出韓非放棄其師之禮治路線，轉而採法家治國之策。

一、戰國大勢

　　對於春秋與戰國時局相異之分辨，劉向《戰國策書錄》中有精闢之分析：

> 及春秋時，已四五百年載矣，然其餘業遺烈，流而未滅。五伯之起，尊事周室。五伯之後，時君雖無德，人臣輔其君者，若鄭之子產，晉之叔向，齊之晏嬰，挾君輔政，以並立於中國，猶以義相支持，歌說以相感，聘覲以相交，期會以相一，盟誓以相救。天子之命，猶有所行。會享之國，猶有所恥。小國得有所依，百姓有所息。故孔子曰：「能以禮讓爲國乎何有？」周之流化，豈不大哉？及春秋之後，眾賢輔國者既沒，而禮義衰矣。孔子雖論《詩》、《書》，定《禮》、《樂》，王道粲然分明，以匹夫無勢，化之者七十二人而已，皆天下之俊也，時君莫尚之。是以王道遂用不興。故曰：「非威不立，非勢

不行」。〔註1〕

周王朝自文、武王時期開始興起，禮樂教化盛行，帶各國施行仁義之治，流風被於後世。至於春秋之時，雖然國勢漸漸衰微，但是其中五霸互起，又有賢相輔佐，周王室之聲威猶不致墜於一時。及至春秋末期，明主賢相不再，禮樂不興，雖孔子教化深遠，卻只及於七十二弟子，因爲此時人君已不興此道，此時已進入「非威不立，非勢不行」之局面。接著，陵夷至戰國時期，天下大勢更是紛亂不已，故劉向又云：

> 仲尼既沒之後，田氏取齊，六卿分晉，道德大廢，上下失序。至秦孝公，捐禮讓而貴戰爭，棄仁義而用詐諼，苟以取強而已矣。夫篡盜之人，列爲侯王；詐諼之國，興立爲強。是以傳相放效，後生師之，遂相吞滅，并大兼小，暴師經歲，流血滿野，父子不相親，兄弟不相安，夫婦離散，莫保其命，潛然道德絕矣。晚世益甚，萬乘之國七，千乘之國五，敵侔爭權，蓋爲戰國。貪饕無恥，競進無厭；國異政教，各自制斷；上無天子，下無方伯；力功爭強，勝者爲右；兵革不休，詐偽並起。當此之時，雖有道德，不得施謀；有設之強，負阻而恃固；連與交質，重約結誓，以守其國。故孟子、孫卿儒術之士，棄捐於世，而游說權謀之徒，見貴於俗。〔註2〕

不僅孔子之道不行，田氏篡齊，六卿專擅晉權，已無君臣上下禮節而言。至秦孝公之時，商鞅變法，崇尚農戰，講究法治，秦國因而大治。於是秦國挾其強大之國力，極度向外擴張，造成戰國時期之混戰局面。此時荀、孟儒術見棄，而詐術公行，所以中國統一之局勢，不得不由實行法家政策之秦國來完成。

對於戰國大勢的發展，以及秦國能夠統一的情勢，司馬遷《史記·六國年表序》中有深刻的討論：

> 是後陪臣執政，大夫世祿，六卿擅晉權，征伐會盟，威重於諸侯。及田常殺簡公，而相齊國，諸侯晏然弗討，海内爭於戰功矣。三國終之卒分晉，田和亦滅齊而有之。六國之盛自此始。務在彊兵并敵，謀詐用，而從衡短長之說起。矯稱蜂出，誓盟不信，雖置質剖符，猶不能約束也。秦始小國僻遠，諸夏賓之，比於戎翟。至獻公之後，常雄諸

〔註1〕漢·劉向：《戰國策》，頁 1195～1196。
〔註2〕同上，頁 1196～1197。

侯。論秦之德義，不如魯、衛之暴戾者。量秦之兵，不如三晉之彊也。

然卒并天下，非必險固便形埶利也，蓋若天所助焉。〔註3〕

春秋時期，周王朝之國勢陵夷，其中雖有諸侯僭禮，獨霸一方之局面，但其間有五霸之迭興，他們均打著尊王攘夷之旗幟，以期使華夏民族之命脈，綿綿不絕地維繫下去；但到了戰國時期，周王室已分為東、西二周，其地位全然無異於諸侯國。周天子威權蕩然無存，諸侯國競相以攻伐為賢，各自以武力相尚。這時為了達到外交及軍事上的目的，權謀詐變是新興之趨勢，春秋時代的盟誓傳統，已全然無所用於世。所以便產生了一批謀士專門迎合各國君主，以詐術欺騙他國，使之割地竊城，藉此以滿足君王擴張土地的野心。最後這個分裂的局面，卻讓仁義不如魯、而兵力又弱於三晉的區區秦國來統一，其中有值得深思之處，而秦國對內、對外所實施之手段，正是韓非思想之實現。

二、韓國處境

關於韓國的歷史，《史記·韓世家》所載：「韓之先，與周同姓，姓姬氏。其後苗裔事晉，得封於韓原，曰韓武子。武子後三世有韓厥，從封姓為韓氏。……景公十一年，厥與郤克將兵八百乘伐齊，敗齊頃公于鞍，獲逢丑父。於是晉作六卿，韓厥在一卿之位。」〔註4〕此為韓氏成為晉六卿的開始。據《史記·六國年表》載，周定王十六年（前453）韓康子、趙襄子與魏桓子共敗知伯，三分其地。周威烈王二十三年（前403）命三家為諸侯。韓國正式成立，此年為韓景侯六年。自此之後，韓國本身處於多事之秋，再加以與諸侯各國有兵事之往來，因此，自始至終，韓國即與內憂外患相終始。

內憂方面：有韓烈侯六年（前394）聶政殺韓相俠累，韓哀侯六年（前371）韓嚴弒其君哀侯，韓襄王十二年（前300）公子咎、公子蟣蝨爭為太子等事件。

外患方面：韓國單單與秦國在軍事交鋒方面，兵敗大約有二十二次之多，當中尤其以韓襄王五年（前307）秦拔宜陽，斬首六萬；韓釐王三年（前293）秦敗韓斬首二十四萬，虜公孫喜於伊闕一地；韓桓惠王二十九年（前244）秦拔十三城等敗績最為慘烈，而拔城割地及敗於他國者，還不算在此數目當中。

在外交屈辱上：有韓昭侯十一年（前384）昭侯如秦；韓釐王十二年（前

〔註3〕　日·瀧川資言：《史記會注考證》，頁1053～1054。

〔註4〕　同上，頁3168～3169。

284）與秦昭王會西周，而佐秦攻齊；十四年（前 282）與秦會兩周閒；韓王安五年（前 234）秦攻韓，韓急，使韓非使秦；九年（前 230）秦虜王安，盡入其地，爲潁川郡，韓遂亡。

　　縱觀韓國自周威烈王二十三年（前 403），即韓景侯六年韓國正式成立，至韓王安九年（前 230）滅於秦國之手爲止，共約一百七十三年間，韓國因以申不害爲相而大治，不過十來年。其中軍事上雖有韓文侯二年（前 385）伐鄭取陽城，伐宋到彭城，執宋君；七年（前 380）伐齊至桑丘；韓哀侯元年（前 376）與趙、魏分晉國；二年（前 375）滅鄭，因徙都鄭；韓昭侯六年（前 353）伐東周，取陵觀、邢丘；韓襄王十六年（前 296）秦與韓河外及武遂等軍事上勝利的大事；但是若和各國，尤其是與秦國的征戰上，韓國所得的，等於爲他國添加資源而已。

　　因爲不管在外交或在軍事上，韓國總是喪多得少，加以國內大臣掌握權柄，君主蔽於外來說客之虛辭，國勢如江河日下，因而激使韓非發憤著作，希望使己之政治主張，有實現之一日。於此各國互爭，爾虞我詐之政治環境下，如採用其師荀子禮治之方，恐怕是緩不濟急。所以韓非才產採法家苛刻嚴峻之手段，以求立竿見影之效。

第二節　各國改革導因

一、齊國改革之因

　　周莊王十二年（前 685）齊桓公即位，任管仲爲相，「桓公既得管仲，與鮑叔、隰朋、高傒修齊國政，連五家之兵，設輕重魚鹽之利，以贍貧窮，祿賢能，齊人皆說」（《史記・齊太世家》）。〔註5〕齊桓公五年，伐魯，七年會諸侯於甄，此時始爲霸主。二十三年救燕伐山戎，二十八年立衛君，三十年伐蔡、伐楚，責楚國包茅不入、王祭不具。三十五年夏，二次會合諸侯於葵丘，周襄王並賜予文武胙、彤弓矢、大路。三十八年平周王子帶之亂。以上霸業均爲管仲改革齊國之效果，所以《史記・管晏列傳》說：「管仲既用，任政於齊，齊桓公以霸。九合諸侯，一匡天下，管仲之謀也」。〔註6〕管仲在齊國改

〔註 5〕日・瀧川資言：《史記會注考證》，頁 2519。
〔註 6〕同上，頁 3644～3645。

革，使齊桓公成爲五霸之首，功勞及於後世，孔子說：「管仲相桓公，霸諸侯，一匡天下，民到于今受其賜。微管仲，吾其被髮左衽矣」（《論語‧憲問篇》），〔註7〕而孔子通常都不輕易地以仁許人，獨對於管仲卻給予極高之推崇說：「桓公九合諸侯，不以兵車，管仲之力也。如其仁！如其仁」（同上）！〔註8〕由此正可以見出管仲在春秋禮崩樂壞之際，積極改革齊國，探尊王攘夷之政策，使中國地區免於受夷狄之侵略，因此孔子許於仁者之稱，絕非過譽。

二、魏、趙之改革

（一）文侯之變法

　　周威烈王二年（前 424），魏文侯繼位爲諸侯。〔註9〕其即位之後，立刻大張旗鼓地改造魏國。首先，拜子夏爲國師，〔註10〕禮遇田子方、段干木等。其次，任用翟黃治理國政，翟黃便大力推舉人才，「西河之守（吳起），臣之所進也；君內以鄴爲憂，臣進西門豹；君謀欲伐中山，臣進樂羊；中山已拔，無使守之，臣進先生（李悝）；君之子無傅，臣進屈侯鮒。」〔註11〕於是魏文侯便任樂羊以攻中山，〔註12〕「以吳起善用兵，廉平盡能得士心，乃以爲西河守，以拒秦、韓」。〔註13〕派使西門豹爲鄴令，〔註14〕地方大治。其中最重要的，就是任用李悝變法，此舉全面影響魏國之國勢。

　　關於李克之學說，《漢書‧藝文志‧儒家》載：「《李克》七篇。」班固自注：「子夏弟子，爲魏文侯相。」〔註15〕同書又於〈法家〉載：「《李子》三十二篇。」自注：「名悝，相魏文侯，富國彊兵。」〔註16〕致於李悝的變法內容，據《漢書‧食貨志》所載可知，其主要爲「盡地力之教」，即大規模實施土地

〔註7〕宋‧朱熹：《四書集注》，頁 158。
〔註8〕同上。
〔註9〕《史記‧魏世家》載：「魏文侯元年，秦靈公之元年也。與韓武子、趙桓子、周威王同時。」（日‧瀧川資言：《史記會注考證》，頁 3122～3123）。
〔註10〕《史記‧仲尼弟子列傳》載：「孔子既沒，子夏居西河教授，爲魏文侯師。」同上，頁 3767。
〔註11〕《史記‧魏世家》同上，頁 3126～3127。
〔註12〕《史記‧樗里子甘茂列傳》載：「魏文侯令樂羊將而攻中山，三年而拔之。」同上，頁 3941。
〔註13〕《史記‧孫子吳起列傳》同上，頁 3708。
〔註14〕《史記‧滑稽列傳》：「魏文侯時，西門豹爲鄴令。」同上，頁 5455。
〔註15〕民國‧楊家駱：《新校本漢書》，頁 1724。
〔註16〕同上，頁 1735。

改革，增加農產。其方法現分析如下：

首先，是計算地利。《漢書・食貨志》載：

> 是時，李悝爲魏文侯作盡地力之教，以爲地方百里，提封九萬頃，
> 除山澤邑居參分去一，爲田六百萬畝，治田勤謹則畝益三升，不勤
> 則損亦如之。地方百里之增減，輒爲粟百八十萬石矣。〔註17〕

李悝計算出全國可耕地，一個縱橫各百里的範圍，有九萬頃的土地。除去山
澤及邑居佔三分之一，則有田六百萬畝。指出如果農民勤力耕作，農地之最
大產量，每畝可多收三升；相反的，則少收三升。由此可知，土地之最大產
量，勤力耕作，則可多收一百八十萬石，但是如不勤作，減少的也是這個數
目。計算出農田的可獲量，就可以盡地力而耕了。

其次，李悝提出均衡米價，以照顧農民生活。他首先分析了米價不均時，
貴則傷民，賤則傷農，兩者不均衡均非爲政之上策。〈食貨志〉載：

> 又曰糴甚貴傷民，甚賤傷農；民傷則離散，農傷則國貧。故甚貴與
> 甚賤，其傷一也。善爲國者，使民毋傷而農益勤。今一夫挾五口，
> 治田百畝，歲收畝一石半，爲粟百五十石，除十一之稅十五石，餘
> 百三十五石。食，人月一石半，五人終歲爲粟九十石，餘有四十五
> 石。石三十，爲錢千三百五十，除社閭嘗新春秋之祠，用錢三百，
> 餘千五十。衣，人率用錢三百，五人終歲用千五百，不足四百五十。
> 不幸疾病死喪之費，及上賦斂，又未與此。此農夫所以常困，有不
> 勤耕之心，而令糴至於甚貴者也。〔註18〕

李悝在此分析了穀賤傷農之事實。農民收入不豐，但是支出的卻遠超過他們
所能負擔之範圍，於是致使農民不願耕作。所以他提出解決之方：

> 是故善平糴者，必謹觀歲有上中下孰。上孰其收自四，餘四百石；
> 中孰自三，餘三百石；下孰自倍，餘百石。小飢則收百石，中飢七
> 十石，大飢三十石。故大孰則上糴三而舍一，中孰則糴二，下孰則
> 糴一，使民適足，賈平則止。小飢則發小孰之所斂，中飢則發中孰
> 之所斂，大飢則發大孰之所斂，而糴之。故雖遇饑饉水旱，糴不貴
> 而民不散，取有餘以補不足也。行之魏國，國以富彊。〔註19〕

〔註17〕民國・楊家駱：《新校本漢書》，頁1124。

〔註18〕同上，頁1124～1125。

〔註19〕同上。

李悝之「盡地力之教」來看，他是重視農業生產的，先使國內的生產足夠民用，農民有利可圖，就會盡力耕作，如此，就家足國富，有國力向外發展。

對於爲國之道，李悝提出了「奪淫民」之說。劉向《說苑‧政理篇》載：

> 魏文侯問李克曰：「爲國如何？」對曰：「臣聞爲國之道，食有勞而祿有功，使有能而賞必行，罰必當。」文侯曰：「吾賞罰皆當，而民不與，何也？」對曰：「國其有淫民乎？臣聞之曰：奪淫民之祿，以來四方之士。其父有功而祿，其子無功而食之，出則乘車馬、衣美裘以爲榮華，入則修竽琴鐘石之聲，而安其子女之樂，以亂鄉曲之教，如此者，奪其祿以來四方之士，此之謂奪淫民也。〔註20〕

李克以爲治國如果賞罰不當，就會有無功受祿之「淫民」出現，這樣就使禮儀制度遭到破壞，所以要「奪淫民之祿」以招徠四方之士。

李悝爲法家學者，他自然主張重農抑商、崇質樸棄文飾之說法，如《說苑‧反質篇》載：

> 魏文侯問李克曰：「刑罰之源安生？」李克曰：「生於姦邪淫泆之行。凡姦邪之心，飢寒而起，淫泆者，久飢之詭也；彫文刻鏤，害農事者也；錦繡纂組，傷女工者也。農事害，則飢之本也；女工傷，則寒之原也。飢寒並至，而能不爲姦邪者，未之有也。男女飾美以相矜，而能無淫泆者，未嘗有也。故上不禁技巧則國貧民侈，國貧民侈則貧窮者爲姦邪，而富足者爲淫泆，則驅民而爲邪也；民以爲邪，因以法隨誅之，不赦其罪，則是爲民設陷也。刑罰之起有原，人主不塞其本而替其末，傷國之道乎？」文侯曰：「善，以爲法服也。」
> 〔註21〕

刑罰是爲防止奸邪淫佚之行而設立，故爲免除刑罰加身，則必須去除產生奸邪淫佚之行之因。時人重商輕農，愛文飾而惡質樸的結果，就會導致奸邪淫佚之行，因此爲人主者，應該重農抑商、崇質樸而棄文飾，這樣，才能由根本處堵塞犯罪之源，而刑期於無刑。

另外，《韓非子》之中亦有記載李悝之行事作風者，如〈內儲說上〉載：

> 李悝爲魏文侯上地之守，而欲人之善射也，乃下令曰：「人之有狐疑之訟者，令之射的，中之者勝，不中者負。」令下而人皆疾習射，

〔註20〕民國‧向宗魯：《說苑校證》，頁 165～166。
〔註21〕同上，頁 518～519。

日夜不休。乃與秦人戰，大敗之，以人之善射也。〔註22〕

由此處可以看出，李悝是善於寓戰於訟的守官。

魏國經過了一番改革，國力大增，於是魏文侯開始其霸業。首先，他平定晉國之亂，《史記‧晉世家》載：「（幽公）十五年，魏文侯初立。十八年，幽公淫婦人，夜竊出邑中，盜殺幽公。魏文侯以兵誅晉亂，立幽公子止，是爲烈公。」〔註23〕魏文侯十七年，派樂羊伐中山，滅中山之後，令子擊守其地。最重要的事蹟是請周天子立齊相田和爲諸侯，《史記‧田敬仲完世家》載：「太公與魏文侯會濁澤，求爲諸侯。魏文侯乃使使言周天子及諸侯，請立齊相田和爲諸侯。周天子許之。」〔註24〕姜齊正式走入歷史，而由田齊登上舞臺。此舉正顯示出魏文侯之霸主地位，已經到了可以廢立諸侯之程度了。

（二）趙武靈王之改革

趙國之改革，由趙武靈王開始，這是趙國政治改革之嶄新里程碑，其中變法之議，尤與商鞅在秦國之變法，有著異曲同工之妙。趙武靈王即位（前325）後，由其尚年少，不能親政，故以陽文君趙豹爲相。及其聽政，凡事先問先王之臣肥義。九年，與韓、魏共擊秦，兵敗，斬首八萬級，又於觀澤兵敗於齊。十年秦取趙西都及中陽。十三年，秦拔趙藺，虜將軍趙莊。此時，趙國之國勢已降於最低點。十七年，趙武靈王出九門，築野臺，以遠望齊國及中山之境，開始其擴展國土之雄心。十九年春正月，召肥義共商天下大計，開始了變法之舉。首先，趙武靈王欲「胡服」，因爲其便於騎射，如此一來，戰鬥力便可大增，《史記‧趙世家》載：

> （念）簡、襄主之烈。計胡翟之利，爲人臣者，寵有孝弟長幼順明
> 之節，通有補民益主之業。此兩者，臣之分也。今吾欲繼襄主之跡，
> 開於胡翟之鄉，而卒世不見也。爲敵弱。用力少而功多。可以毋盡
> 百姓之勞，而序往古之勳。夫有高世之功者，負遺俗之累；有獨智
> 之慮者，任騖民之怨。今吾將胡服騎射以教百姓。〔註25〕

趙武靈王想繼承前人之功業，大有作爲一番，但是積極的胡服騎射變革，是爲保守勢力所反對的。而肥義獨排眾議地支持此項改革說：

〔註22〕民國‧陳奇猷：《韓非子新校注》，頁596。

〔註23〕日‧瀧川資言：《史記會注考證》，頁2863。

〔註24〕同上，頁3205。

〔註25〕同上，頁3069。

> 臣聞疑事無功，疑行無名。王既定負遺俗之慮，殆無顧天下之議矣。
> 夫論至德者，不和於俗；成大功者，不謀於眾。昔者舜舞有苗、禹
> 袒裸國，非以養欲而樂志也，務以論德而約功也。愚者闇成事、智
> 者睹未形，則王何疑焉？（《史記‧趙世家》）〔註26〕

趙武靈王與肥義間的變法對話，與《史記‧商君列傳》、《商君書‧更法篇》
中秦孝公、商鞅、甘龍與杜摯等人議論變法的言論，是相當類似的，如「臣
聞之疑行無成，疑事無功。君亟定變法之慮，殆無顧天下之議之也。且夫有
高人之行者，固見負於世；有獨知之慮者，必見驁於民。語曰：愚者闇於成
事，智者見於未萌。」〔註27〕可見商鞅的變法，給予他國是有極大的啟發作
用。其中，趙武靈王回應群臣反對變法的論點，對韓非變法的觀念，有一定
程度之影響。試觀趙武靈王的論點：

> 故禮服莫同，其便一也。鄉異而用變，事異而禮易。是聖人果可以
> 利其國，不一其用；果可以便其事，不同其禮。儒者一師而俗異，
> 中國同禮而教離，況於山谷之便乎？故去就之變，智者不能一；遠
> 近之服，賢聖不能同。窮鄉多異，曲學多辯。不知而不疑，異於己
> 而不非者，公焉而眾求盡善也。（《史記‧趙世家》）〔註28〕

此種說法，與《商君書‧更法篇》：「論至德者，不和於俗；成大功者，不謀
於眾。法者，所以愛民也；禮者，所以便事也。是以聖人苟可以彊國，不法
其故；苟可以利民，不循其禮」〔註29〕的論調是一致的。趙武靈王又說：

> 先王不同俗，何古之法；帝王不相襲，何禮之循。虙戲、神農，
> 教而不誅；黃帝、堯、舜，誅而不怒。及至三王，隨時制法，因
> 事制禮，法度制令，各順其宜，衣服器械，各便其用。故禮也不
> 必一道，而便國不必古。聖人之興也，不相襲而王，夏、殷之衰
> 也，不易禮而滅。然則反古未可非，而循禮未足多也。（《史記‧
> 趙世家》）〔註30〕

如果對照於《商君書‧更法篇》中商鞅的話來看，可以得見趙武靈王的論調
基點，是完全來自於商鞅的。此由商鞅直線而來之變古思想，與後世韓非法

〔註26〕 日‧瀧川資言：《史記會注考證》，頁 3070。
〔註27〕 《商君書‧更法篇》（清‧嚴萬里：《商君書新校正》，頁 1）。
〔註28〕 同註 26，頁 3074。
〔註29〕 同註 27，頁 1。
〔註30〕 同註 26，頁 58～59。

治思想之關係，是毋庸置疑的。

　　關於《韓非子》中對於趙武靈王的記載，如〈外儲說左上〉載：

　　趙主父使李疵視中山可攻不也？還報曰：「中山可伐也，君不亟伐，
　　將後齊、燕。」主父曰：「何故可攻？」李疵對曰：「其君見好巖穴
　　之士，所傾蓋、與車以見窮閭隘巷之士以十數，伉禮下布衣之士以
　　百數矣。」君曰：「以子言論，是賢君也，安可攻？」疵曰：「不然。
　　夫好顯巖穴之士而朝之，則戰士怠於行陣；上尊學者，下士居朝，
　　則農夫惰於田。戰士怠於行陳者則兵弱也，農夫惰於田者則國貧也。
　　兵弱於敵，國貧於內，而不亡者，未之有也，伐之不亦可乎？」主
　　父曰：「善。」舉兵而伐中山，遂滅也。〔註31〕

觀李疵的言論，似亦爲法家人物，而趙武靈王因用法家的主張，所以能滅中
山。

　　然而趙武靈王之變法亦有其缺失，韓非以爲此與商鞅變法頗爲類似。韓
非批評商鞅「無術以知姦」，即爲重法不重術，如〈備內篇〉載：「爲人主而
大信其子，則姦臣得乘於子以成其私，故李兌傅趙王而餓主父。」〔註32〕趙
武靈王改革的成功，是由於其變法之徹底，但是其身死人手，爲天下笑者，
則是無術以知姦的弊病。又如〈喻老篇〉載：

　　邦者，人君之輜重也。主父生傳其邦，此離其輜重者也。故雖有代、
　　雲中之樂，超然已無趙矣。主父，萬乘之主，而以身輕於天下，無
　　勢之謂輕，離位之謂躁，是以生幽而死。故曰：「輕則失臣，躁則失
　　君」，主父之謂也。〔註33〕

《老子》第二十六章說：「重爲輕根；靜爲躁君。是以聖人終日行；不離輜重。
雖有榮觀，燕處超然。奈何萬乘之主；而以身輕天下？輕則失本，躁則失君。」
〔註34〕所以〈外儲說右下〉批評說：「李兌之用趙也餓殺主父。」〔註35〕韓非
在此處引用老子之說法，以批評趙武靈王只重變法，而無術以知姦，其下場
與齊桓公及商鞅皆爲相同。

〔註31〕民國・陳奇猷：《韓非子新校注》，頁700。
〔註32〕同上，頁321。
〔註33〕同上，頁436。
〔註34〕魏・王弼：《老子道德經注》，頁15。
〔註35〕同註31，頁806。

三、楚國之改革

　　楚國之改革，以吳起之變法最爲顯著。吳起原先見賞於魏文侯，但是等到魏武侯時，爲貴族公叔所排擠而見疑於魏武侯。吳起懼禍而投向楚悼王，〔註36〕「楚悼王素聞起賢，至則相楚。明法審令，捐不急之官，廢公族疏遠者，以撫養戰鬥之士，要在彊兵破馳說之言從橫者。於是南平百越，北并陳、蔡，卻三晉，西伐秦。諸侯患楚之彊。」〔註37〕吳起至楚以後之改革，主要在於明法令、損不急之官，廢公族，而鼓勵戰士，這樣便造成楚國威畏海內之效果。其中吳起變法之手段，可從以下事實得見，如《韓非子‧和氏篇》載：

> 昔者吳起教楚悼王以楚國之俗曰：「大臣太重，封君太眾，若此則上偪主而下虐民，此貧國弱兵之道也。不如使封君之子孫三世而收爵祿，絕滅百吏之祿秩，損不急之枝官，以奉選練之士。」〔註38〕

大臣太重、封君太眾爲楚國長期以來之累贅，其結果則爲對上威脅君主，對下暴虐百姓。假若收回舊貴族之官爵，淘汰冗官，則有多餘之人力物力以培養兵力，壯大國勢。此乃由地方分治過渡爲中央集權之重要觀念。諸如此類之論調也曾多次出現於韓非書中。

四、秦國之改革

　　秦國之國勢強大，其中主要原因之一即在於秦孝公時商鞅之變法行動。《史記‧秦本紀》載：

> 孝公元年，河山以東，彊國六與（興），齊威、楚宣、魏惠、燕悼、韓哀、趙成侯並。淮泗之閒小國十餘。楚、魏與秦接界。魏築長城，自鄭濱洛，以北有上郡。楚自漢中南有巴、黔中。周室微，諸侯力

〔註36〕《呂氏春秋‧長見篇》：「吳起治西河之外，王錯譖之於魏武侯，武侯使人召之。吳起至於岸門，止車而望西河，泣數行而下。其僕謂吳起曰：『竊觀公之意，視釋天下若釋屣，今去西河而泣，何也？』吳起抿泣而應之曰：『子不識。君知我而使我畢能西河可以王。今君聽讒人之議，而不知我，西河之爲秦取不久矣，魏從此削矣。』吳起果去魏入楚。有閒，西河畢入秦，秦日益大，此吳起之所先見而泣也。」（民國‧陳奇猷：《呂氏春秋校釋》，頁 605）。

〔註37〕《史記‧孫子吳起列傳》（日‧瀧川資言：《史記會注考證》，頁 3712）。

〔註38〕民國‧陳奇猷：《韓非子新校注》，頁 275。

政，爭相併。秦僻在雍州，不與中國諸侯之會盟，夷狄遇之。〔註39〕

秦孝公元年（前361）時，各國之大勢爲：黃河、崤山以東有六強國，齊威王、楚宣王、魏惠王、燕悼侯、韓哀侯、趙成侯與秦孝公等偕並稱爲雄。在淮河、泗水之間共有如魯、宋、邾、滕、薛等十餘小國。楚國北部及魏國西部（實應包括韓國南部），皆與秦國爲鄰，然於周室衰微之際，各國皆著力於相互傾軋，行人軍事來往頻繁，只將秦國視爲化外之地、夷狄之區，而不予以同等之地位。如此情勢，至於秦孝公時，終於有了改變，秦國極欲加入中原地區之活動，〈秦本紀〉載：

> 孝公於是布惠，振孤寡，招戰士，明功賞。下令國中曰：「昔我繆公自岐、雍之閒，修德行武，東平晉亂，以河爲界，西霸戎翟，廣地千里，天子致伯，諸侯畢賀，爲後世開業甚光美。會往者厲、躁、簡公、出子之不寧，國家内憂，未遑外事，三晉攻奪我先君河西地，諸侯卑秦，醜莫大焉。獻公即位，鎮撫邊境，徙治櫟陽，且欲東伐復繆公之故地，脩繆公之政令。寡人思念先君之意，常痛於心。賓客群臣，有能出奇計彊秦者，吾且尊官，與之分土。」於是乃出兵，東圍陝城，西斬戎之獂王。〔註40〕

秦孝公爲再現前人之功業，並欲有所作爲，因此發出求賢令，「衛鞅聞是令下，西入秦，因景監求見孝公」（同前）。〔註41〕此時，公孫鞅因不得魏惠王之重用，於是藉此機會，自我推薦，期於秦國一展抱負。〈秦本紀〉載：

> 三年，衛鞅說孝公，變法脩刑，内務耕稼，外勸戰死之賞罰，孝公善之。甘龍、杜摯等弗然，相與爭之。卒用鞅法，百姓苦之；居三年，百姓便之。乃拜鞅爲左庶長。〔註42〕

經過與甘龍、杜摯等當權者互相論辯之後，公孫鞅終於獲得秦孝公之任用，並採用其變法。公孫鞅變法之主要内容有三：一是變法脩刑，二爲重農，三是勸戰。令初下，秦國上下非常不安，然經三年之行，全國稱便，秦國從此進入強權之林。接著，秦國又作了一番重大改革，現依〈秦本紀〉將其間大事製表如下：

〔註39〕民國‧陳奇猷：《韓非子新校注》，頁376〜377。
〔註40〕日‧瀧川資言：《史記會注考證》，頁377〜378。
〔註41〕同上，頁378。
〔註42〕同上。

年　代 （西元前）	紀　年 （秦孝公）	大　事　紀
三五四	八年	與魏戰元里，有功。〔註43〕
三五二	十年	衛鞅爲大良造，將兵圍魏安邑，降之。〔註44〕
三五〇	十二年	作爲咸陽，築冀闕。秦徙都之。并諸小鄉聚，集爲大縣，縣一令，三十一縣。爲田開阡陌。東地渡洛。〔註45〕
三四八	十四年	初爲賦。〔註46〕
三四三	十九年	天子致伯。〔註47〕
三四二	二十年	諸侯畢賀。秦使公子少官率師，會諸侯逢澤，朝天子。〔註48〕
三四〇	廿二年	衛鞅擊魏，虜魏公子卬。封鞅爲列侯，號商君。〔註49〕
三三八	廿四年	與晉戰雁門，虜其將魏錯。〔註50〕

以上所載之大事，顯示出秦國霸主地位之形成經過。《秦始皇本紀》載：

> 秦孝公據殽函之固，擁雍州之地，君臣固守而窺周室，有席卷天下，
> 包舉宇內，囊括四海之意，并吞八荒之心。當是時，商君佐之，內
> 立法度，務耕織，修守戰之備，外連衡而鬥諸侯，於是秦人拱手而
> 取西河之外。〔註51〕

秦國因商鞅之變法成功，使其國勢達到如日中天之境，也爲後世秦始皇統一中國奠下基礎，因此，就秦國而言，商鞅改革之功實不可沒。

綜上所述，戰國七雄中，多數強盛之諸侯國都經過一番改革，才造就其霸主之地位，其中尤以商鞅變法最爲顯著，這也深刻地影響著韓非法治思想之形成。

〔註43〕日・瀧川資言：《史記會注考證》，頁379。
〔註44〕同上。
〔註45〕同上，頁379〜381。
〔註46〕同上，頁382。
〔註47〕同上。
〔註48〕同上。
〔註49〕同上。
〔註50〕同上。
〔註51〕同上，頁505〜506。

第四章　韓非法治思想之淵源

　　春秋、戰國時代，雖然世局紛亂，各國間攻戰頻仍，然而正是如此情勢，給予了各類思想家一個前所未有之發揮空間。班固《漢書・藝文志》載：

> 諸子十家，其可觀者九家而已。皆起於王道既微，諸侯力政，時君世主，好惡殊方，是以九家之說，蠭出並作，各引一端，崇其所善，以此馳說，取合諸侯。〔註1〕

諸子學說之蠭出乃時代之產物，因爲其主要目的爲配合各國君主而來。韓非亦爲諸子之一，其一方面有自己之思想主體；另一方面又將其他學者之學說，去蕪存菁，糅和應用，終於成就其集法家思想大成之地位。在諸子當中，對韓非影響最大的，除其師荀子之外，應屬黃老之學及法家學說。

第一節　黃老學派

一、黃老學派源起

　　本文於前曾經指出，司馬遷《史記》本傳中稱韓非之思想是歸本於黃老一派。所謂黃老學派，學者們一致認爲是由齊國稷下之地所發展出來之產物。此派之學說重點，在於托言黃帝與老子，將黃帝治國之術與老子之政治思想結合起來，以作爲當時治國之參考。以下則先就「黃老」一詞加以解釋，進以說明黃老學派之起源及其後之發展。

〔註 1〕民國・楊家駱：《新校本漢書》，頁 1746。

（一）黃老釋名

「黃老」一詞，由漢朝以來，即爲相當普遍之講法，東漢王充於《論衡・自然篇》中曾云：「黃者，黃帝也；老者，老子也。」〔註2〕文中指出，「黃老」一詞實際上共包括黃帝及老子兩個部分，據此可知「黃老」即黃帝及老子二者之簡稱。

「黃老」一詞之連稱，並未見於戰國時期，此時期之諸子所引用者，幾乎都是單獨談論「老子」或者是「黃帝」，而無二者連用者。有關「黃帝」一詞單用之情形，例如《左傳》僖公二十五年載：

> 秦伯師于河上，將納王。狐偃言於晉侯曰：「求諸侯莫如勤王，諸侯
> 信之，且大義也，繼文之業，而信宣於諸侯，今爲可矣。」使卜偃
> 卜之，曰：「吉。遇黃帝戰于阪泉之兆。」〔註3〕

另外，在《國語・魯語上》亦云：「黃帝能成命百物，以明民共財。」〔註4〕而《國語・晉語四》又云：「凡黃帝之子，二十五宗，其得姓者十四人爲十二姓。」〔註5〕諸如此類皆爲春秋時代各家歷史散文中對於「黃帝」一詞單用之例子。

而《山海經・大荒東經》記載：「東海中有流波山，入海七千里。其上有獸，狀如牛，蒼身而無角，一足，出入水則必風雨，其光如日月，其聲如雷，其名曰夔。黃帝得之，以其皮爲鼓，橛以雷獸之骨，聲聞五百里，以威天下。」〔註6〕於此，不但提及「黃帝」一名，並且爲黃帝之神性作出說明。又《山海經・大荒西經》亦載：「有北狄之國。黃帝之孫曰始均，始均生北狄。」〔註7〕文中並且言及北狄爲黃帝之後裔。此外在《戰國策・秦策一》中記載：「黃帝伐涿鹿而禽蚩尤。」〔註8〕而《戰國策・魏策二》則云：「黃帝戰於涿鹿之野，而西戎之兵不至。」〔註9〕這以上皆爲戰國時代諸篇文章對於「黃帝」一詞之記載，我們亦由此可知，黃帝實爲中華民族所公認之祖先，但因時代久遠，於是相關記載便帶有神話性質之傳說。既然黃帝有始祖之身分，具有融合民

〔註2〕民國・劉盼遂：《論衡集解》，頁368。
〔註3〕唐・孔穎達：《春秋左傳正義》，頁262。
〔註4〕漢・韋昭注：《國語》，頁166。
〔註5〕同上，頁356。
〔註6〕民國・袁珂：《山海經校注》，頁361。
〔註7〕同上，頁395。
〔註8〕漢・劉向：《戰國策》，頁81。
〔註9〕同上，頁829～830。

族之功績，因此各家在討論治國之道時，乃共推其爲治國之標準模式，於是有了各種依託之學說產生。託名黃帝之著作很多，據《漢書・藝文志》所載，以「黃帝」爲稱之書有十二類共二十種，如下表所列：

《漢書・藝文志》分類	書　　名
道　　家	1.《黃帝四經》四篇。 2.《黃帝銘》六篇。 3.《黃帝君臣》十篇。 　起於六國時，與《老子》相似也。 4.《雜黃帝》五十八篇。 　六國時賢者所作。
陰陽家	1.《黃帝泰素》二十篇。 　六國時韓諸公子所作。
小說家	1.《黃帝說》四十篇。迂誕依託。
陰　　陽	1.《黃帝》十六篇。圖三卷。
天　　文	1.《黃帝雜子氣》三十三篇。
曆　　譜	1.《黃帝五家曆》三十三卷。
五　　行	1.《黃帝陰陽》二十五卷。 2.《黃帝諸子論陰陽》二十五卷。
雜　　占	1.《黃帝長柳占夢》十一卷。
醫　　經	1.《黃帝內經》十八卷。
經　　方	1.《泰始黃帝扁鵲俞拊方》二十三卷。 2.《神農黃帝食禁》七卷。
房　　中	1.《黃帝三王養陽方》二十卷。
神　　僊	1.《黃帝雜子步引》十二卷。 2.《黃帝岐伯按摩》十卷。 3.《黃帝雜子芝菌》十八卷。 4.《黃帝雜子十九家方》二十一卷。

對於其中多種黃帝書，班固均認爲乃六國時人所作，因此歸其於依託之流。《淮南子・修務訓》云：「世俗之人，多尊古而賤今。故爲道者，必託之神農、黃帝而後能入說。」〔註10〕這段話中也說明了人們往往藉著依託神農、黃帝之名，而使學說得以入說之情形。

〔註10〕民國・何寧：《淮南子集釋》，頁 1355。

　　至於將「黃老」二字連稱而成爲一門學派，則始於漢人。如《史記·儒林列傳》所載：「孝文帝本好刑名之言。及至孝景，不任儒者，而竇太后又好黃老之術，故諸博士具官待問，未有進者。」〔註11〕漢文帝素喜刑名法術之言，然而當時竇太后偏好黃老之術，因此有不少博士未能有進身之機會，由這段記載中可得知，黃老之術在當時已頗爲盛行，甚至有與刑名法術之學相抗衡之勢。

　　除了皇室對於黃老之學之喜愛，甚至大臣亦有以黃老之術爲君王治國者，如《史記·曹相國世家》載：「參之相齊，……聞膠西有蓋公，善治黃老言，使人厚幣請之。既見蓋公，蓋公爲言治道貴清靜，而民自定。推此類具言之。參於是避正堂舍蓋公焉。其治要用黃老術。故相齊九年，齊國安集，大稱賢相。」〔註12〕由此可見，於漢朝初年，不僅是朝廷本身，就連諸侯國往往也是以黃老之術爲治國準則。其中所可注意者，爲蓋公其人，於曹參之時早已以治黃、老而聞名當時。既尊稱爲蓋公而不言其名，意必爲六國時人，故尊其老。而其治黃老之術非必一時，而亦不出其所創，則黃老之學不起自漢初可知，此爲一旁證也；再者，據《太史公自序》中有提及道家一派，而言申、韓之學皆歸於黃、老，由此可推知，道家與黃老二者，實判然可別，故「黃老」一詞雖不見於漢初之前，實起於戰國之世，此爲另一旁證也。近人丁原明於其《黃老學論綱》一書中指出：

> 《史記·老子韓非列傳》說：『申子（申不害）之學，本於黃老而主刑名。』又《史記·孟子荀卿列傳》說：『慎到，趙人。田駢、接子，齊人。環淵，楚人。皆學黃老道德之術，因發明序其指意。』《老子韓非列傳》還說韓非『喜刑名法術之學，而其歸本於黃老。』申不害的生卒年代約在公元前385年至前337手之間，慎到的生卒年代約在公元前395年至前315年之間。田駢、接子、環淵的生卒年代，雖已無法詳考，但他們曾講學於齊國的稷下學宮，差不多是與齊宣王、齊湣王同時期的人，其學術活動期約在公元前319年至前284年之間。他們皆是戰國中後期人。既然這些學者都本於『黃老』或學習『黃老』；足以證明『黃老』作爲一個學術派別，它至少在戰國中期已經產生，並經過田駢、接子、環淵等中間環節的轉承，而傳

〔註11〕日·瀧川資言：《史記會注考證》，頁5284〜5285。
〔註12〕同上，頁3461。

播和盛行於秦漢間。〔註13〕

由以上之說明，則可佐知黃老學派之興起及其盛行時期之學者動向。而黃老學派與老子思想之關係，近人陳鼓應〈先秦道家研究的新方向〉一文指出：

> 總之，以「道法」爲其中心思想的黃老派，一方面繼承老子的道論，同時又引進時代所急需的法治觀念，兩者結合，以推動先秦政治體制的改革。老子之「道」以「無爲」爲特點，所謂「無爲」，即是縮減領導意志，任各物自生、自化、自成、自長。老子的「道」，具有濃厚古代民主性、自由性的訊息，這爲黃老派所全面接受，並進而援法入道提出「道生法」的主張。「道法」結合，也正是古代民主性、自由性與法治的結合。〔註14〕

老子之「無爲」思想是否具有如陳氏所言之特性，還有可議之空間，然其言黃老學派與老子之關係，乃有可信之處。正由此可知，黃老學派並不完全等同於以老子爲代表之道家，而是思想上有所承接及轉化，此爲時代之需要而產生者。

黃老之學至武帝時而微，《史記·孝武本紀》載：「元年，漢興已六十餘歲矣，天下乂安，薦紳之屬皆望天子封禪改正度也。而上鄉儒術，招賢良，趙綰、王臧等以文學爲公卿，欲議古立明堂城南，以朝諸侯。草巡狩封禪改曆服色事未就。會竇太后治黃老言，不好儒術，使人微得趙綰等姦利事，召案綰、臧，綰、臧自殺，諸所興爲者皆廢。」〔註15〕武帝時，好儒術，原本眾臣建議改正度，於是有趙綰、王臧等文學之士見用，然而此儒術之發展，卻爲喜愛黃老之竇太后所阻，不但趙、王二人相繼自殺，當時有關儒學之諸項建樹，也一一廢除，此爲當時黃老之術及儒學之間勢力消長之過程。

（二）稷下學概況

對於黃老學說之源流，學者們大都推認與齊國稷下學宮關係深遠。關於「稷下」一名，《史記·孟子荀卿列傳》司馬貞《索隱》云：「稷下，齊之城門也。或云稷下，山名。謂齊學士集於稷門之下。」〔註16〕所謂「稷下」者，共有兩種說法，一說是齊國之城門；另一講法則是指山之名稱，姑且不論所指究竟爲

〔註13〕民國·丁原明：《黃老學論綱》，頁5。
〔註14〕民國·陳鼓應：《黃帝四經今註今譯——馬王堆漢墓出土帛書》，頁26。
〔註15〕日·瀧川資言：《史記會注考證》，頁805～806。
〔註16〕同上，頁4000。

何，但可以推知，「稷下」之地，應爲齊國學士們聚會講學之場所，而這種講學性質之聚會，爲定期舉行。如《史記·田敬仲完世家》中裴駰《集解》引劉向《別錄》曰：「齊有稷門，城門也。談說之士期會於稷下也。」〔註17〕此外，司馬貞《索隱》中又針對稷下一詞徵引許多不同講法：「劉向《別錄》曰『齊有稷門，齊城門也。談說之士期會於其下』。《齊地記》曰『齊城西門側，系水左右有講室，趾往往存焉』。蓋因側系水出，故曰稷門，古側稷音相近耳。又虞喜曰：『齊有稷山，立館其下以待游士』，亦異說也。《春秋傳》曰：『莒子如齊，盟于稷門。』」〔註18〕由上文之記載可知，齊國城門外有稷山，四周遶有稷水，於是命其城門爲稷門，而齊君於城西門側立館以招徠各國文士至此講學，故名爲稷下學宮。在稷下學宮中，經交流融合後所產生之學術，爲稷下學，而此種學術風潮與學說內容即是稷下學派。

二、稷下學者與黃老學說之關係

（一）稷下人物

聚集於齊國稷下講學之學者，雖然人數眾多，然而史傳上所記者卻不多，根據《史記·老子韓非列傳》記載：「申子之學本於黃老而主刑名。著書二篇，號曰申子。」〔註19〕此爲申不害仕於韓國時，所發展出之學說，其學說是以黃老之學爲本，而又主張刑名法術之學；原書已佚，後人則輯有佚文。《史記·孟子荀卿列傳》又載：「慎到，趙人；田駢、接子，齊人；環淵，楚人，皆學黃老道德之術，因發明序其指意。故慎到著十二論；環淵著上下篇，而田駢、接子皆有所論焉。」〔註20〕由此文中可以得知，田駢、接子、環淵等人之著作皆已佚不存，僅慎到今有後人所輯之佚文存焉，然而論四人之學術內涵，皆是以黃老道德之術爲根柢，再加以個人之創發。

《史記·孟子荀卿列傳》云：「自騶衍與齊之稷下先生，如淳于髡、慎到、環淵、接子、田駢、騶奭之徒，各著書言治亂之事，以干世主，豈可勝道哉！」〔註21〕清楚地說明了這些學者往往具有「稷下先生」之名號，而其職責，則

〔註17〕日·瀧川資言：《史記會注考證》，頁3221。
〔註18〕同上。
〔註19〕同上，頁3667。
〔註20〕同上，頁4002。
〔註21〕同上，頁4000。

在於以個人學說提供君主治國之用。唐張守節《正義》也云：「愼子十卷，在法家，則戰國時處士。接子二篇。田子二十五篇，齊人，游稷下，號『天口』。接、田二人，道家。騶奭十二篇，陰陽家。」〔註22〕其中明白地將愼到歸類爲法家人士，接子、田駢二人爲道家之流，而騶奭則屬陰陽家之徒。此外，另有田巴、魯仲連及徐劫等人，《史記‧魯仲連鄒陽列傳》張守節《正義》中引《魯仲連子》云：

> 齊辯士田巴，服狙丘，議稷下，毀五帝，罪三王，服五伯，離堅白，合同異，一日服千人。有徐劫者，其弟子曰魯仲連，年十二，號『千里駒』，往請田巴曰：『臣聞堂上不奮，郊草不芸，白刃交前，不救流矢，急不暇緩也。今楚軍南陽，趙伐高唐，燕人十萬，聊城不去，國亡在旦夕，先生奈之何？若不能者，先生之言有似梟鳴，出城而人惡之，願先生勿復言。』田巴曰：『謹聞命矣。』巴謂徐劫曰：『先生乃飛兔也，豈直千里駒！』巴終身不談。〔註23〕

齊國辯士田巴，在稷下議論，其持論觀點類似於名家之「離堅白」等說法，因其善辯，於是一日服千餘人，然而這套論點，畢竟只用於言談辯論之上，而無關社稷民生，無益於世，因此在魯仲連勸田巴勿再言此時，田巴聽信之，而終身不再談此。雖然田巴之辯足以讓眾人信服，然而當面對徐劫時，田巴卻不得不以「飛兔」形容徐劫之言辯。由此段文字中，我們可想見當時稷下學宮中，各家各派學者之間相互競爭之概況，甚至連年十二之魯仲連，都可一針見血地指出對方學說之優缺點，這也說明了在稷下學宮中各種學說之間互相競爭，又相互交流之學術發展方式。

　　在眾多稷下學者當中，雖然分派各有不同，有歸屬於道家一派之接子、田駢；有屬於法家一派之愼到；有歸於陰陽家之騶奭；有名辯一派之田巴、徐劫、魯仲連；也有儒家學者孟子、荀子等人，然而各個學派除了自己本身之學術特色外，卻也有相互交流，相互沿用之成分，其中尤以黃老思想，更是道家、法家、陰陽家等不同學派常常互有交集之共同議題。

（二）宋鈃、尹文學派

　　班固《漢書‧藝文志》於「小說家」中載有《宋子》十八篇，並自注云：「孫

〔註22〕日‧瀧川資言：《史記會注考證》頁4000。
〔註23〕同上，頁4200。

卿道宋子，其言黃老意。」〔註 24〕文中說明了宋鈃是列屬於黃老一派；另外又於「名家」中載有《尹文子》一篇，並自注云：「說齊宣王。先公孫龍。」〔註 25〕提到尹文子，則將之列爲名家一派，是公孫龍之前重要名家代表人物。然而在《莊子》一書中，卻將二人同歸於一派，依據〈天下篇〉中對其學說之描述可看出，二人之學說內容皆以道家爲主體，而兼有名家之特長，因此莊子將他們同列於道家一系，實不足爲奇，而《莊子》書中亦有許多與名家相互辯難之處，可見莊子本身主張雖然是屬於道家一派，但是對於名家也不無深入之了解。

　　關於宋鈃、尹文一派之學術傾向，《莊子·天下篇》云：

> 不累於俗，不飾於物，不苟於人，不忮於眾，願天下之安寧以活民命，
> 人我之養畢足而止，以此白心，古之道術有在於是者。宋鈃、尹文聞
> 其風而悅之，作爲華山之冠以自表，接萬物以別宥爲始；語心之容，
> 命之曰心之行，以聏合驩，以調海內，請欲置之以爲主。見侮不辱，
> 救民之鬥，禁攻寢兵，救世之戰。以此周行天下，上說下教，雖天下
> 不取，強聒而不舍者也，故曰上下見厭而強見也。〔註 26〕

宋鈃、尹文二人之學，皆以道術爲本，而其終身目標則在於安寧天下，存活百姓，因此「見侮不辱，救民之鬥，禁攻寢兵，救世之戰」爲其一生職志，對於爲造福眾人之事，秉持著雖千萬人吾往矣之精神，這當中包含了相當成分之入世意味。《莊子·天下篇》又云：

> 雖然，其爲人太多，其自爲太少；曰：「請欲固置五升之飯足矣，先
> 生恐不得飽，弟子雖飢，不忘天下。」日夜不休，曰：「我必得活哉！」
> 圖傲乎救世之士哉！曰：「君子不爲苛察，不以身假物，」以爲无益
> 於天下者，明之不如已也，以禁攻寢兵爲外，以情欲寡淺爲內，其
> 小大精粗，其行適至是而止。〔註 27〕

此派學者主張，以天下爲己任，因此憂以天下樂以天下。在修己方面，以寡欲爲主；在待人方面，則注重道義。由此種種可以看出，其學說雖然是以道家思想爲主，然而其中卻也隱含著強烈用世之意，因此在其道家學說當中，雜有儒家淑世精神與法家治世之言論，實屬必然。

〔註 24〕民國·楊家駱：《新校本漢書》，頁 1744。
〔註 25〕同上，頁 1736。
〔註 26〕清·郭慶藩：《莊子集釋》，頁 1082。
〔註 27〕同上，頁 1084。

（三）彭蒙、田駢、慎到學派

彭蒙、田駢、慎到三人之學說內容相近，此派學說之內容同時兼有道家及名家之兩種性質，《莊子‧天下篇》中對於三人之學說作了初步之歸納，其云：

> 公而不當，易而无私，決然无主，趣物而不兩，不顧於慮，不謀於知，於物无擇，與之俱往，古之道術有在於是者。彭蒙、田駢、慎到聞其風而悦之，齊萬物以為首，曰：「天能覆之而不能載之，地能載之而不能覆之，大道能包之而不能辯之，知萬物皆有所可，有所不可，故曰選則不遍，教則不至，道則无遺者矣。」〔註28〕

文中首先針對道家一脈相承之相對觀念作了疏解，並說明此即「古之道術」。接著又討論到萬物必有所偏之理，此段論述所在在顯示者，皆為道家學派之重要思想觀念。而對於慎到，《莊子‧天下篇》則又作了較細部之描述，云：

> 是故慎到棄知去己而緣不得已，泠汰於物以為道理，曰知不知，將薄知而後鄰傷之者也，謑髁無任而笑天下之尚賢也，縱脫無行而非天下之大聖，椎拍輐斷，與物宛轉，舍是與非，苟可以免，不師知慮，不知前後，魏然而已矣。推而後行，曳而後往，若飄風之還，若羽之旋，若磨石之隧，全而無非，動靜無過，未嘗有罪。是何故？夫無知之物，無建己之患，無用知之累，動靜不離於理，是以終身無譽。故曰至於若無知之物而已，無用賢聖，夫塊不失道。豪桀相與笑之曰：「慎到之道，非生人之行而至死人之理，適得怪焉。」〔註29〕

文中列舉慎到學說，如「棄知去己」、「泠汰萬物」、「舍是與非」等之重要論題，最後則以「非生人之行而至死人之理」作為對於慎到學說之整體評斷，認為慎到乃十足之道家學者。不過，若是將上文與現有之《慎子》佚文兩相比較，則會發現有著由道家思想逐漸進入法家思想之轉變痕跡。

關於田駢之學說，《莊子‧天下篇》云：

> 田駢亦然，學於彭蒙，得不教焉。彭蒙之師曰：「古之道人，至於莫之是莫之非而已矣。其風窢然，惡可而言？」常反人，不見觀，而不免於魭斷。其所謂道非道，而所言之韙不免於非。彭蒙、田駢、

〔註28〕 清‧郭慶藩：《莊子集釋》，頁1086。
〔註29〕 同上，頁1088。

慎到不知道。雖然，概乎皆嘗有聞者也。〔註30〕

文中提及田駢乃彭蒙之弟子，不過二人雖然具有師徒之師承關係，而其思想內容卻大異其趣。《呂氏春秋‧不二篇》中稱田駢爲陳駢，其云：「陳駢貴齊」，〔註31〕這裏指出田駢之說「貴齊」，與道家齊物思想有相通之處。而唐馬總《意林》中引《尹文子》中彭蒙所言則曰：「雉兔在野，眾皆逐之，分未定也；雞豕滿市，莫有志者，分定故也。」〔註32〕名分則是其所強調者之重要課題，由此正可看出彭蒙之學說與田駢學說之不同處，更可藉此發現其與慎到所言有異曲同工之處。

總體而論，由於齊國經濟發達，又居處於最東方，避開中原一帶眾諸侯國之間之相互征戰，再加上君王之獎勵學術，於是稷下學宮一成立，便聚集了各國學者於此。這些學者不任官職，但卻具議論國事之權，有些甚至具有上大夫之號，他們不但在此講學授徒，並以提供齊王治國之要爲己任，因此各種學說均於此蓬勃發展。然而在互相辯駁之中，卻也有了相互交融，因此，往往呈現出各派學說其同中有異，或是異中有同之處。但是由於托言於黃帝治國之術與老子道家觀念之情形普遍，因此，許多稷下學者之學說特色中，往往都無可避免地出現了黃老思想，或者以黃老爲本，或者以黃老爲用之情形。如身爲早期法家重要成員之慎到，其學說中不乏「棄知」之觀點；而被《漢書》歸類爲名家之尹文子，卻提出了「不累於俗，不飾於物」之看法。正是在這種學術交融之情形下，法家思想中亦也有著濃厚之黃老思想，因此當韓非繼承慎到重勢觀念之同時，也對於慎到其他學說內容加以消化吸收，以爲己用，這正是司馬遷以「其說本於黃老」一言對韓非加以評斷之主要原因。

三、黃老學派之法治思想

（一）《尹文子》之法治思想

《尹文子》一書，爲戰國時期齊國稷下學宮道家黃老學派學者尹文子及其學派之語錄體著作。於《七略》、《漢書‧藝文志》中皆作「名書一篇」，而今本則有〈大道上〉、〈大道下〉兩篇。劉勰《文心雕龍‧諸子篇》云：「辭約

〔註30〕 清‧郭慶藩：《莊子集釋》，頁 1091。
〔註31〕 民國‧陳奇猷：《呂氏春秋校釋》，頁 1124。
〔註32〕 民國‧王天海：《意林校注》，頁 133。

而精，尹文得其要。」〔註33〕《四庫全書總目・尹文子提要》亦云：「讀其文者，取其博辨閎肆足矣。」〔註34〕皆說明其書之特色。雖有許多學者認為《尹文子》一書非為尹文所作，但就其書中內容，確是研究稷下道家黃老學派及其學說之重要著作。

　　稷下學術之共同特色，即為經世致用，故而《尹文子》書中之思想雖以黃老為主，卻仍以治國為其終極目標。書中主要思想脈絡為首先提出道與形名之關係，接著則以為國君治國應以掌握法術勢為要，反之若是法術勢失守，則易招致亡國為結。以黃老學術中之「道」、「無為」等之觀念，貫入治國之方，使國家達致法治之極則。

1. 道與形名

　　關於道與形名之關係，《尹文子・大道上》云：

> 大道無形，稱器有名，名也者，正形者也，形正由名，則名不可差，故仲尼云：「必也正名乎！名不正則言不順也。」大道不稱，眾有必名，生於不稱，則群形自得其方圓。名生于方圓，則眾名得其所稱也。〔註35〕

由於道之虛空無形，故不可描述，然而當其布於萬物之上，則萬物各有其形，亦各有其相應之名。因此，正名之目的在於正物，使物各得其所宜。

　　治國之方首在於道。若能秉持道之特性而治國，則毋須名、法、儒墨等各家學說之喧擾，自能使國家長治久安，因此《尹文子・大道上》云：

> 大道治者，則名、法、儒、墨自廢；以名、法、儒、墨治者，則不得離道。老子曰：「道者，萬物之奧；善人之寶，不善人之所寶。」是道治者，謂之善人；藉名、法、儒、墨者，謂之不善人。善人之與不善人，名分日離，不待審察而得也。〔註36〕

大道無形，故無有偏，行之於國，則能久安；名、法、儒、墨各家之學說皆有其偏，故以此為國，不僅無法達致長久安定，且日益背離於道。以道治國，或是以名法儒墨各家思想治國，其成效相去不可以道里。然而道之運用並非一成不變，而是有所權衡，故《尹文子・大道上》云：

〔註33〕民國・周振甫：《文心雕龍注釋》，頁 276～277。
〔註34〕清・紀昀等：《四庫全書總目》，頁 2342。
〔註35〕民國・周立昇：《稷下七子捃逸》，頁 494。
〔註36〕同上，頁 495。

> 道不足以治則用法，法不足以治則用術，術不足以治則用權，權不
> 足以治則用勢。勢用則反權，權用則反術，術用則反法，法用則反
> 道，道用則無爲而自治，故窮則徹終，徹終則反始，始終相襲，無
> 窮極也。〔註37〕

治國之方，在於掌握道，若單單以道而仍不足以治國，則再依次運用法、術、
權、勢等，當君勢已定，國政穩固，則再依序回復至道之境地。自道至勢，
由勢反道，如此循還往復，則能達致君無爲而天下治之目標。

次爲名形二者，關於二者之關係，《尹文子・大道上》云：

> 名者，名形者也；形者，應名者也。然形非正名也，名非正形也，
> 則形之與名，居然別矣，不可相亂，亦不可相無，無名，故大道無
> 稱，有名，故名以正形。今萬物具存，不以名正之則亂，萬名具列，
> 不以形應之則乖，故形、名者，不可不正也。〔註38〕

名之作用，在於對具體事物之形態加以描述；形態則是用來呼應與該具體事
物相對應之名稱。因此名、形二者之間並不能加以等同，也不應加以混雜。
道之性質虛無不定，故須藉名以辨別不同事物之形態。因此，物之形與名不
可不加以辨正。形與名二者雖共存，然彼此之間實呈現一不對等之形式，《尹
文子・大道上》云：

> 有形者必有名，有名者未必有形，形而不名，未必失其方圓白黑之
> 實；名而無形不可不尋名以檢其差。故亦有名以檢形，形以定名，
> 名以定事，事以檢名。察其所以然，則形、名之與事物，無所隱其
> 理矣。〔註39〕

有形之物必有其名；而有名之物卻未必有其形；有形之物雖未必有與之相應之
名，然卻仍不失其實。因此，對於事物之名、形、實之分辨，必須謹慎小心。
若能考察物之所以定名之因，則物與名及實之間，其規律、道理則無所隱藏。

所謂名，可分爲三大類，〈大道上〉云：「一曰命物之名，方圓白黑是也；
二曰毀譽之名，善惡貴賤是也；三曰況謂之名，賢愚愛憎是也。」〔註40〕首
先是對具體事物所定之名，其次是品評是非善惡所斷定之名，第三是對表現

〔註37〕民國・周立昇：《稷下七子捃逸》，頁496。

〔註38〕同上，頁498。

〔註39〕同上，頁496。

〔註40〕同上，頁497。

或情感之抽象情況所命之名。唯有當萬物之名分已定、名實相副，方不致有亂事產生。《尹文子・大道上》云：

> 名定，則物不競；分明，則私不行。物不競，非無心，由名定，故無所措其心；私不行，非無欲，由分明，故無所措其欲。然則心、欲人人有之，而得同于無心無欲者，制之有道也。田駢曰：「天下之士，莫肯處其門庭，臣其妻子，必遊宦諸侯之朝者，利引之也。遊宦於諸侯之朝，皆志爲卿大夫，而不擬於諸侯者，名限之也。」彭蒙曰：「雉兔在野，眾人逐之，分未定也。雞豕滿市，莫有志者，分定故也。」物奢，則仁智相屈；分定，則貪鄙不爭。〔註41〕

私心物欲爲人人所皆有，故見利則人人欲得，欲得之心人皆有之，然而卻不爭不競，原因則在於名分已定。名分未定前，人人可欲，然而名分已定，則莫有志焉。因此，名分已定則即使貪鄙之人，亦能不爭不奪。所謂「名」，亦即「勢」，人君未必皆如堯舜，若使名得其正，則勢得其定，而形自然固，由此可知名形固之重要性。

2. 君　道

國君治國之道，在於持道守虛。《說苑・君道篇》中引用尹文之言云：

> 齊宣王謂尹文曰：「人君之事何如？」尹文對曰：「人君之事，無爲而能容下。夫事寡易從，法省易因；故民不以政獲罪也。大道容眾，大德容下，聖人寡爲而天下理矣。書曰：『睿作聖』。詩人曰：『岐有夷之行，子孫其保之！』」〔註42〕

尹文認爲，人君治國，貴在體道，道體無爲而容眾，故君亦以無爲而容下爲貴。因其無爲，故而事寡法省，如此則民易從；由其容下，故毋須多爲，而天下自歸其理。法令之所行，爲決定國之安危之關鍵。故《尹文子・大道下》云：

> 故爲人上者，必愼所令。凡人富，則不羨爵祿；貧，則不畏刑罰。不羨爵祿者，自足于己也；不畏刑罰者，不賴存身也。二者爲國之所甚病，而不知防之之術，故令不行而禁不止。若使令不行而禁不止，則無以爲治。無以爲治，是人君虛臨其國，徒君其民，危亂可立而待矣。〔註43〕

〔註41〕民國・周立昇：《稷下七子擷逸》，頁504。
〔註42〕民國・向宗魯：《說苑校證》，頁2。
〔註43〕同註41，頁534。

欲使國家安治，則必須能令行而禁止。令不行而禁不止，則無法治國，如此則必有危亂產生。因此，人君必謹慎於其所令，掌握民之貧富，使從令者必有賞而能富，而背令者則必有刑而致貧，如此，則君之所令，必能達致令出必行，禁下必止。此即〈大道下〉所云：「今使由爵祿而後富，則人必爭盡力于其君矣；由刑罰而後貧，則人咸畏罪而從善矣。故古之為國者，無使民自貧富，貧富皆由于君，則君專所制，民知所歸矣。」〔註44〕使貧富、刑賞之權皆專一於君，則民自歸。

君位之穩固，必待民心之向從，故君上治國，須以照顧百姓為準。《尹文子・大道下》云：

> 今萬民之望人君，亦如貧賤之望富貴。其所望者，蓋欲料長幼，平賦斂，時其饑寒，省其疾痛，賞罰不濫，使役以時，如此而已，則于人君弗損也。然而弗酬，弗與同勞逸故也。故為人君，不可弗與民同勞逸焉。故富貴者可不酬貧賤者，人君不可不酬萬民。不酬萬民，則萬民之所不願戴。所不願戴，則君位替矣。危莫甚焉，禍莫大焉。〔註45〕

民之所願，在於國家能核計長幼之數，而平均分擔賦稅，及時關照百姓之饑寒溫飽，省察百姓之疾病痛苦，賞罰得當，公務勞役能不違農時，……諸如此類。君上若是願與百姓同勞共息，並滿足其所願，則萬民擁戴；反之，則不但無法得到臣民之擁戴，甚而將發生君位更替之事，如此速禍而危國，國之危禍莫過於此。

3. 法術勢

法術勢三者為國君治國之要，缺一不可。然而法術勢之所以能行，其先決條件在於正名分。故《尹文子・大道上》云：

> 術者，人君之所密用，群下不可妄窺；勢者，制法之利器，群下不可妄為。人君有術，而使群下得窺，非術之奧者；有勢，使群下得為，非勢之重者。大要在乎先正名分，使不相侵雜，然後術可祕，勢可專。〔註46〕

術為人君所密用，切不可為臣下所知；勢為人君制法之基礎，亦為群下順服

〔註44〕民國・周立昇：《稷下七子捃逸》，頁534。
〔註45〕同上，頁536。
〔註46〕同上，頁497～498。

君上，不敢妄爲之重要條件，故人君操術掌勢以制法，則國治君安。然而，術勢法三者，必須待君臣民之名分已定，而各在其位各謀其事，不相侵害時，方能完全。名分已定，則君爲君，臣爲臣，民爲民，君勢亦因此穩固。《尹文子・大道上》云：

> 故人君處權乘勢，處所是之地，則人所不得非也。居則物尊之，動則物從之，言則物誠之，行則物則之，所以居物上，御群下也。〔註47〕

君勢已定，則君位尊而民從之，如此，則足以統御群下。

君主治國，除其勢定、其位尊外，尚須以術御臣，《尹文子・大道上》云：

> 今世之人，行欲獨賢，事欲獨能，辯欲出群，勇欲絕眾。獨行之賢，不足以成化；獨能之事，不足以周務；出群之辯，不可爲户説；絕眾之勇，不可與征陣。凡此四者，亂之所由生。是以聖人任道以夷其險，立法以理其差，使賢、愚不相棄，能、鄙不相遺。能、鄙不相遺，則能、鄙齊功；賢、愚不相棄，則賢、愚等慮，此至治之術也。〔註48〕

一國之治，其事繁重，必須不分愚賢，使各階層眾人合力，方能順利完成。因此，獨行之賢不足以教化眾人，獨能之事不足以成事，出群之辯不足以使天下人盡皆知曉，絕眾之勇不足以取得戰爭之勝利。必須使賢愚、能鄙之人共同行事，方足以成事，此即君上御下必然之術，務使人各守其分，各盡其責，如此方爲君術之極。

國之組成分子，於地位上有君、臣、民之別，於能力上則有頑、嚚、聾、瞽，與察、慧、聰、明之異。勢之用在區分地位之不同，術之用在使君能御下，而法則用以劃一不同能力才智之人，使國易治，故君上治國雖集權於一，而必大治。〈大道上〉云：

> 故人以度審長短，以量受多少，以衡平輕重，以律均清濁，以名稽虛實，以法定治亂，以簡制煩惑，以易御險難。以萬事皆歸於一，百度皆準於法。歸一者，簡之至；準法者，易之極。如此，則頑、嚚、聾、瞽可與察、慧、聰、明同其治矣。〔註49〕

萬物各異，使人莫衷一是，於是以度審定物之長短，以衡測量物之多少，以

〔註47〕民國・周立昇：《稷下七子捃逸》，頁514。
〔註48〕同上，頁503。
〔註49〕同上，頁501。

律調節音之清濁，以名稽查名實之虛實，以法決斷治國之方，以簡易之方式克服煩惑、凶險之事，此即以簡馭繁之道。因此，治國有法有則，則臣民毋須盡爲才智之士，而亦收國治政安之效。

綜上所論，《尹文子》一書雖以黃老學說爲其主體，但針對老子之道家思想，其又發展出許多與道治有關之思想。由君上體道以道治國，進而以法術勢治國，其後再回返爲以道治天下，此則爲《尹文子》書中之重要關鍵，而書中許多貫通黃老與法家之思想，則成爲韓非及其他後期法家代表人物所繼承發展之法學基礎。

（二）《黃帝四經》之法治思想

一九七三年於湖南長沙馬王堆三號漢墓之挖掘中，發現大批帛書，其中之《經法》、《十大經》、《稱》、《道原》等四篇，據唐蘭等學者之考訂，認爲此即爲失傳已久之《黃帝四經》。此書爲現存最早最完整之有關黃老道家思想之作品。

關於《黃帝四經》之成書年代，近人白奚在其《稷下學研究》一書中經過一番論證後指出：「《黃帝四經》的成書年代，應定在戰國早中期之際，它在墨子之後，而在孟子、莊子之前。」〔註50〕書中對於道之體用、刑德等觀念之轉化、修身與治國之方式等議題，均提供不少看法，不僅使人對於先秦黃老道家思想之發展有許多新認識，亦對先秦時期各個學派學說之交融提供珍貴之資料。而《黃帝四經》雖被學者公認爲黃老學派之代表著作，然其與老子之思想關係，近人陳鼓應〈先秦道家研究的新方向〉一文認爲：「帛書《四經》繼承了老子的道論，而向社會性傾斜。……老子道家與黃老道家在『道』的本體論方面的差異，就構成了道家的兩個不同走向：高深超詣與易簡世俗，正與禪宗之北宗與南宗之分化相似。」〔註51〕是以黃老學派爲老子道家之分流，其對老子之思想有所承繼，亦有所改造。

以下針對書中重要關鍵如道法之關係、刑德之關係與君道之問題加以討論。

1. 道生法

《道原》篇中對於道作了如下之描述：「恒無之初，迵同太虛。虛同爲一，

〔註50〕民國・白奚：《稷下學研究》，頁99。
〔註51〕民國・陳鼓應：《黃帝四經今註今譯——馬王堆漢墓出土帛書》，頁4。

恒一而止。」〔註52〕道爲天地創始時即已存在，此說明道之恒久。而道之作用在於「萬物得之以生，百事得之以成」（《道原》）。〔註53〕但是道並非具體可視，故而「人皆以之，莫知其名；人皆用之，莫見其形」（同前）。〔註54〕雖然道體無形無聲，但因聖人能處虛故能體道，因此《道原篇》又云：

> 故唯聖人能察無形，能聽無聲。知虛之實，後能大虛；乃通天地之精，通同而無間，周襲而不盈。服此道者，是謂能精。明者固能察極，知人之所不能知，服人之所不能得。是謂察稽知極。聖王用此，天下服。〔註55〕

聖人通達道體虛靜無爲之內涵，因此能融通天地，與萬化冥合。由於能夠掌握道體此種之性質，因此能知人之所不能知，得人所不能得，進而以此服順天下。道既然爲萬物之理，其亦必爲人之理，因此《經法・四度篇》云：「天地之道也，人之理也。逆順同道而異理，審知逆順，是謂道紀。」〔註56〕若能審知逆順爲同道異理，是謂得道之準則。

　　道不僅能使萬物生，其亦能生法，故《經法・道法篇》云：

> 道生法。法者，引得失以繩，而明曲直者也。故執道者，生法而弗敢犯也，法立而弗敢廢也。故能自引以繩，然後見知天下而不惑矣。
> 〔註57〕

宇宙萬物生於道，法亦生於道。法之作用如同繩墨，能辨明長短曲直。因此君上制定法度使天下萬物有定則，如此則能明天下之理而不惑。

　　法由道生，故法度之設立及其原則，亦必須以道爲準。道體虛靜無爲，周遍萬物而不偏，因此法之原則亦必本此。《經法・君正篇》云：

> 法度者，正之至也。而以法度治者，不可亂也。而生法度者，不可亂也。精公無私而賞罰信，所以治也。〔註58〕

法度爲至公至正，不僅治國須按法而行，不可妄爲，而法之制定亦有其常軌，如此行事公正無私，賞罰亦分明，便能取信於民，此即爲治國之基礎。

〔註52〕民國，陳鼓應：《黃帝四經今註今譯──馬王堆漢墓出土帛書》，頁470。
〔註53〕同上，頁470。
〔註54〕同上。
〔註55〕同上。
〔註56〕同上，頁163。
〔註57〕同上，頁48。
〔註58〕同上，頁123。

2. 刑　德

　　治國以法，而刑德二者則爲君上所執之術，二者相反卻相成，偏一不可。《十大經・姓爭篇》云：

> 刑德皇皇，日月相望，以明其當。望失其當，環視其殃。天德皇皇，
> 非刑不行；穆穆天刑，非德必傾。刑德相養，逆順若成。刑晦而德
> 明，刑陰而德陽，刑微而德彰。其明者以爲法，而微道是行。〔註59〕

刑罰與德賞二者爲治國之術，彼此間須調配得當，相輔相成。刑罰晦暗爲陰，故而施行道術須隱密不宣；德賞顯明爲陽，因此操持法度須明而易知。

　　治國理民須用刑德，然而刑德二者施於國政，則有其先後，《經法・君正篇》云：

> 一年從其俗，二年用其德，三年而民有得。四年而發號令，五年而
> 以刑正，六年而民畏敬，七年而可以征。一年從其俗，則知民則。
> 二年用其德，則民力。三年無賦斂，則民有得。四年發號令，則民
> 畏敬。五年以刑正，則民不幸。六年民畏敬，則知刑罰。七年而可
> 以征，則勝強敵。〔註60〕

治民之先，在於順應民心，並施德賞於民，以激勵百姓。其次，必須使民衣食富足，如此才能使政令有效，民樂爲用，而賢不肖則有分。接著以法爲治，有罪必罰，使百姓心存畏敬，於是民願出死效命。此爲君上治國之道，其本亦在於天地之道。

　　天地之道，始於生育長養而終於肅殺，故《經法・論約篇》云：

> 始於文而卒於武，天地之道也；四時有度，天地之理也；日月星辰
> 有數，天地之紀也。三時成功，一時刑殺，天地之道也。四時而定，
> 不爽不忒，常有法式，天地之理也；一立一廢，一生一殺，四時代
> 正，終而復始，人事之理也。〔註61〕

四季之運行不忒、日月星辰之周期固定、春夏秋之生成及冬季之枯萎，皆依據自然之道而行。故生而復死，終而復始即天道亦是人道。因此治國之先在德，《十大經・觀篇》云：

> 春夏爲德，秋冬爲刑。先德後刑以養生。姓生已定，而敵者生爭，

〔註59〕民國・陳鼓應：《黃帝四經今註今譯——馬王堆漢墓出土帛書》，頁325。
〔註60〕同上，頁104。
〔註61〕同上，頁222。

不諶不定。凡諶之極，在刑與德。刑德皇皇，日月相望，以明其當，
而盈絀無匡。〔註62〕

人道順應天道，以德教為先，而繼之以刑罰，刑賞互用以化育百姓。德賞之
目的在於養民，而刑罰之目的卻非在殘民，而是使民知所去就，故《稱》云：

善為國者，太上無刑，其次正法（據陳鼓應說增），其下鬥果訟果，
太下不鬥不訟又不果。夫太上爭於化（據陳鼓應說增），其次爭於明，
其下救患禍。〔註63〕

最善於治國者，在於不設刑罰；其次，則是確立法令；再其次，便是能果決
判案，處理獄訟；若是連判定獄訟都不能態度果斷堅決，則為最下者。故若
能確立法令，則能果決判案，由此而行，則必能上推至刑罰不用之境，亦即
由積極有為，而終至於無為，由明定刑罰而達致以刑去刑之目標。

3. 形　名

君上治國，體道從法，兼由刑德。而賞德與刑罰之別，則在於是否形名
相符。《十大經・名刑篇》云：「欲知得失，請必審名察形。」〔註64〕因此，
形名立，則萬事萬物自正。《經法・道法篇》云：

故執道者之觀於天下也，無執也，無處也，無為也，無私也。是故
天下有事，無不自為形名聲號矣。形名已立，聲號已建，則無所逃
跡匿正矣。〔註65〕

因此，萬物各有其形，亦各有其相應之名。其形各異，則名亦不同，故察名
形之相應與否，「名功相抱，是故長久。名功不相抱，名進實退，是謂失道，
其卒必有身咎」（《經法・四度篇》）。〔註66〕名形相應為得，得則必有賞；名
形不符為失，失則定有罰，如此則能以一御眾，以簡御繁。因此《經法・論
約篇》又云：

故執道者之觀於天下也，必審觀事之所始起，審其形名。形名已定，
逆順有位，死生有分，存亡興壞有處，然後參之於天地之恒道，乃
定禍福死生存亡興壞之所在。是故萬舉不失理，論天下無遺策。故

〔註62〕民國・陳鼓應：《黃帝四經今註今譯——馬王堆漢墓出土帛書》，頁276。
〔註63〕同上，頁458。
〔註64〕同上，頁401。
〔註65〕同上，頁56。
〔註66〕同上，頁172。

能立天子，置三公，而天下化之。之謂有道。〔註67〕

君主治國之法，必先審察事物之起源，明辨其形名。形名定則守法背理有分，死生存亡興衰亦有別，如此則舉措無不當，以此立天子、設三公，則百姓皆能得其教化。名分確立，則爭競無有而萬物自定。

4. 君　道

君主治國之道首先在於掌握四極。所謂四極，即為執六柄、審三名、察逆順、知虛實四事。《經法·論篇》：

> 強生威，威生惠，惠生正，正生靜。靜則平，平則寧，寧則素，素則精，精則神。至神之極，見知不惑。帝王者，執此道也。是以守天地之極，與天俱見，盡施於四極之中，執六柄以令天下，審三名以為萬事稽，察逆順以觀於霸王危亡之理，知虛實動靜之所為，達於名實相應，盡知情偽而不惑，然後帝王之道成。〔註68〕

寧靜生於端正，端正生於恩惠，恩惠生於威嚴，威嚴生於強大。由於心中寧靜，因此能心情平和安寧，如此則能心境清明以應萬物無窮之變。身為一國之主，所持之道便在於此。君王掌握天道運行之則，取法天道動靜之方，並以六柄、三名治國，則能真知而不惑，以此則帝王之道完成。

所謂六柄，包括觀、論、動、槫、變、化六種君王統治天下之道術。《經法·論篇》：

> 六柄：一曰觀，二曰論，三曰動，四曰槫，五曰變，六曰化。觀則知死生之國，論則知存亡興壞之所在，動則能破強興弱，槫則不失韙非之分，變則伐死養生，化則能明德除害。六柄備則王矣。〔註69〕

治國之道術有六：一是觀察幾微。觀察幾微，則能明察國家之存亡徵兆；二是綜合辨明。綜合辨明，則能分析客觀條件決定存亡勝負；三是以時而動。以時而動，則能找出有利時機而破強興弱；四是以法決斷。以法決斷，則是非善惡有別，不相混淆；五是順時應變。順時應變，則能掃除朽敗而培養新生；六是交替轉化，以刑賞二者交替變化，則能興善除惡。六柄具備，則可王天下。

所謂三名，為決定國家治亂之三種名實關係。《經法·論篇》：「三名：一曰正名立而偃，二曰倚名廢而亂，三曰強主滅而無名。三名察則事有應矣。」

〔註67〕民國·陳鼓應：《黃帝四經今註今譯——馬王堆漢墓出土帛書》，頁229。
〔註68〕同上，頁189。
〔註69〕同上，頁192。

〔註70〕形名正定，名實相符，則法度確立國家穩固。形名不正，名實不符，則法令廢亡而國家不安。名形輕廢，則國家雖強，亦將趨於滅亡。君主若能明白此三種形名狀況與國家治亂之關係，則具備應付萬事之方。

所謂順逆，乃是以天地之道爲準判，合天地之道則爲順，反天地之道則爲逆。《經法・論篇》：

> 動靜不時，種樹失地之宜，則天地之道逆矣。臣不親其主，下不親
> 其上，百族不親其事，則内理逆矣。逆之所在，謂之死國，死國伐
> 之。反此之謂順，順之所在，謂之生國，生國養之。逆順有理，則
> 情僞密矣。〔註71〕

萬物各有其分際，故合於其分之言行則爲順，背於其分之言行則爲逆。民以農爲本，使民不時，有違農令，則違逆自然規律。君不君，臣不臣，百官未盡心於其職分，則違逆社會規律。違逆自然及社會規律之國家，不僅本身將衰弱沒落，也易招致他國之征伐。反之，若是上自君主，下至臣民百姓均守其職而不逾分，則爲順。順應自然以及社會規律之國家，不僅自身充滿生機，而他國亦將前來相助。

所謂四度，爲衡量國家政策得失之四種準則。《經法・四度篇》云：

> 君臣當位謂之靜，賢不肖當位謂之正，動靜參於天地謂之文，誅禁
> 時當謂之武。靜則安，正則治，文則明，武則強。安則得本，治則
> 得人，明則得天，強則威行。參於天地，合於民心。文武并立，命
> 之曰上同。〔註72〕

四度包括：一位次整肅。二貴賤正定。三參於天地。四誅罰得當。君爲君，臣爲臣，二者各安其位則位次整肅，如此則上下安定；賢不肖各安其位則貴賤正定，如此則萬事得治；一切動靜言行皆參於天地之道，則政令清明；伐亂止暴，誅罰得當，則國家強大。上下安定，萬事得治，政令清明且又國家強大，自然百姓安居，君主位尊。

所謂實虛，重在名與實之相應相從，名實相符則天下從，名實不合則禍亂起。《經法・論篇》：

> 以其有事，起之則天下聽；以其無事，安之則天下靜。名實相應則

〔註70〕民國・陳鼓應：《黃帝四經今註今譯——馬王堆漢墓出土帛書》，頁193。
〔註71〕同上，頁196。
〔註72〕同上，頁156。

定，名實不相應則靜。物自正也，名自命也，事自定也。三名察則
盡知情偽而不惑矣。有國將昌，當罪先亡。〔註73〕

所謂名，乃根據萬物之具體性質而自然界定，因此眾物於名之規範下而得到
正定，萬事亦於名形相合之情形下安定。名實相合則民知所從，因此國有戰
事，發動百姓從事征戰，天下無不聽命；國家太平，使百姓專力於生產，則
天下安居樂業。

綜上所述，《黃帝四經》一書爲戰國時期黃老學派之重要代表書籍，如同
其他道家黃老學派之著作，《黃帝四經》中亦包含有許多探討「道」之文句，
而此處之「道」，不僅爲宇宙創生之原動力，當其下貫於萬物，亦爲人事之道、
治國之道，因此書中將黃老學說中道之觀念，與治國之事相連，亦使黃老學
說中摻入不少法家治世之思想，此即《黃帝四經》書中觀念所涉及之法治思
想。《管子》、《尹文子》、《黃帝四經》三書之思想背景，皆與戰國時期齊國稷
下學宮及其學派思想有著相當之關係。近人陳麗桂於《戰國時期的黃老思想》
一書之序言中指出：

> 透過對黃老帛書思想的分析，可以發現：不論〈經法〉等四篇還是
> 〈伊尹九主〉，都充滿道法色彩，都從天道上去講治道，它們下降老
> 子的「道」去牽合刑名，爲「刑名」取得合理根源，也用「刑名」
> 去詮釋老子的「無爲」。繼承並改造老子的雌柔哲學，轉化爲正靜、
> 因時的政術。同時擷取陰陽家與儒家的理論，去調和潤飾這些因道
> 全法的理論。……根據這些思想綱領，旁索戰國秦漢諸子百家思想，
> 發現《管子》中的〈內業〉等四篇所表現的思想特質也與此吻合：
> 從心術上去推衍治術，由天道上去講治道，明法、尊君、尚刑名、
> 主靜因，用精氣去詮釋形、神問題，也兼採道德、理、法，和司馬
> 談所述黃老道家的特質相當一致。《管子》四篇之外，戰國道法家中
> 不害、田駢、愼到、韓非諸人的思想理論中，也呈現著相當明顯的
> 黃老氣質。〔註74〕

由陳氏之說明可知：黃老學派對於其後之法家人士有著重大之影響，諸如申
不害、田駢、愼到，甚至於集法家大成之韓非等，其法治思想與黃老學派關
係之脈絡，皆斑斑可尋。

〔註73〕民國・陳鼓應：《黃帝四經今註今譯——馬王堆漢墓出土帛書》，頁196。
〔註74〕民國・陳麗桂：《戰國時期的黃老思想》，頁4。

　　黃老學說爲稷下學術中一大課題，而其中心思想則爲「道法」。以道之無形難狀，道之周遍萬物，至道爲萬物之則，爲一國之法，故而治國必求法。不僅將道家所言之「道」列爲重要學術論題，甚而將形而上之道，下貫進入形而下之法，於是結合「道法」，以之爲治國之方，安家之策。此種道法結合之學術風格，爲法家所提倡之法、術、勢提供一貫之脈絡，使法不再爲無源之則，而是君、臣、民上體天道，順應天道之一方，因此，「道法」結合之說法，亦成爲後期法家所一再引用而加以發揮之處，此亦爲韓非法學思想之重要背景。

第二節　韓非對《老子》思想之發揮

　　司馬遷《史記‧老子韓非列傳》中，將韓非與老子歸於同傳，並以爲其思想淵源於黃老。而韓非除了以〈解老〉、〈喻老〉這兩篇相當大之篇幅以解釋《老子》外，其法家思想中亦包含許多探討「道」之成分。

　　「道」之觀念，爲道家思想之核心，老子所言之「道」，乃是由宇宙萬物本體之道、天地自然運行法則之道、人事之道三部分組成。而韓非對於前兩種不僅有相當深入之剖析，且又將第三部分人事之道加以轉化，使之與法相互結合，於是道成爲法之基礎，法則爲道之體現；而法之成立及推行，則有賴勢位之助力，此爲法令公布實行之原動力；而君主須藉術以察知臣子之忠貞與否，並藉此保障法之必行，致使國富兵強，以成王霸之業。此法、術、勢三者之主體及運用之動力，即是來自於道，此即韓非對於老子觀念有取用，亦有化用之處。以下則將就韓非對《老子》學說之詮釋、運用及轉化加以說明。

　　韓非對於《老子》思想學說之詮釋，主要呈現於〈解老〉、〈喻老〉兩部分。因此下文將就其道、法、術、勢、君等重要課題加以討論。

一、道　論

（一）道之形容

　　關於道之形象，《韓非子‧解老篇》云：

> 道者，萬物之所然也，萬理之所稽也。理者，成物之文也；道者，萬物之所以成也。故曰：『道，理之者也。』物有理不可以相薄，物有理不可以相薄故理之爲物之制。萬物各異理，萬物各異理而道盡。

稽萬物之理，故不得不化；不得不化，故無常操；無常操，是以死
生氣稟焉，萬智斟酌焉，萬事廢興焉。天得之以高，地得之以藏，
維斗得之以成其威，日月得之以恆其光，五常得之以常其位，列星
得之以端其行，四時得之以御其變氣，軒轅得之以擅四方，赤松得
之與天地統，聖人得之以成文章。〔註75〕

「道」爲萬物生成之原理，亦爲萬理共同之依據。道爲原理，然而其無聲無
臭，故而難以明知，當其布於天地萬物之上時，即爲理。萬物各異，然而皆
依一定之準則而生成滅亡，此一定之準則即爲道。因此，上自日月星辰、四
季，下至赤松、聖人，天地間一切之事物，皆各由道而生成，而各有其分、
各守其職。

　　道體無形難可了知，故必藉其呈現於事物上之理，方能明白。故〈解老〉
云：

凡理者，方圓、短長、麤靡、堅脆之分也。故理定而後可得道也。
故定理有存亡，有死生，有盛衰。夫物之一存一亡，乍死乍生，初
盛而後衰者，不可謂常。唯夫與天地之剖判也具生，至天地之消散
也不死不衰者謂常。而常者，無攸易，無定理，無定理非在於常所，
是以不可道也。聖人觀其玄虛，用其周行，強字之曰道，然而可論，
故曰：「道之可道，非常道也。」〔註76〕

方圓、短長、粗細、堅脆之別即爲理，理必須待其表現於形體之上，而後能
加以說明。道體無形，故無定形，無定形故無生無死，無盛無衰，於是能常
存不滅，因此爲「常」。而當道以理之形式表現於萬事萬物之上時，其有方圓
短長粗細堅脆之固定形式，於是有形則有生有死，有存有亡，因此，道若以
言語或形式而加以說明時，此便不爲永久不變之道。

（二）道之特性

　　一曰「貴靜輕動」。道體無形無聲，故其特性首在於靜。《韓非子·喻老
篇》云：

制在己曰重，不離位曰靜。重則能使輕，靜則能使躁。故曰：「重爲
輕根，靜爲躁君。故曰君子終日行不離輜重也。」邦者，人君之輜
重也。主父生傳其邦，此離其輜重者也。故雖有代、雲中之樂，超

〔註75〕民國·陳奇猷：《韓非子新校注》，頁411。
〔註76〕同上，頁414～415。

然已無趙矣。主父，萬乘之主，而以身輕於天下，無勢之謂輕，離
位之謂躁，是以生幽而死。故曰：「輕則失臣，躁則失君」，主父之
謂也。〔註77〕

制裁之權在己爲重，失去權勢則爲輕；不離君位爲靜，離開君位則爲躁。既
重且靜，則足以制伏輕浮與躁動。昔日趙主父握有君權，居於君位，故能挾
趙之強而攻代、雲中；待其禪讓君位於子，君權已失，君位不再，則幽囚而
死。故由此可知，道之特性首在於靜，能靜且重，則不失權位，而萬物自正，
家國自安。

　　道體貴靜，靜則能掌事，若躁動不安，則必有所失。〈喻老篇〉云：
白公勝慮亂，罷朝，倒杖而策銳貫頤，血流至於地而不知。鄭人聞
之曰：「頤之忘，將何爲忘哉！」故曰：「其出彌遠者，其智彌少。」
此言智周乎遠，則所遺在近也，是以聖人無常行也。能並智，故曰：
「不行而知。」能並視，故曰：「不見而明。」隨時以舉事，因資而
立功，用萬物之能而獲利其上，故曰：「不爲而成。」〔註78〕

白公勝將爲亂，於是倒持馬鞭爲尖所刺，血流於地而不自知，此即爲心有所
事，於是有妄行，有妄心妄行，於是所見有偏。天下之物雖異而其理則同，
故憑藉觀察自然法則而可建立功業，從中得益。心有所偏，則不靜不寧，如
此則不能以近知遠，以小見大，以此行事，則必敗。

　　二曰「物極必反」。道之運行，周流而不止，其極而必反，如此而循環往
復。故物之理爲盛極而衰，福極招禍。《韓非子‧解老篇》云：
人有禍則心畏恐，心畏恐則行端直，行端直則思慮熟，思慮熟則得事
理，行端直（當作得事理）則無禍害，無禍害則盡天年，得事理則必
成功，盡天年則全而壽，必成功則富與貴，全壽富貴之謂福。而福本
於有禍，故曰：「禍兮福之所倚。」以成其功也。人有福則富貴至，
富貴至則衣食美，衣食美則驕心生，驕心生則行邪僻而動棄理，行邪
僻則身死夭，動棄理則無成功。夫內有死夭之難，而外無成功之名者，
大禍也。而禍本生於有福，故曰：「福兮禍之所伏。」〔註79〕

人有禍害之事，則心懷恐懼；心懷恐懼，則行爲正直；行爲正直，則思慮熟

〔註77〕民國‧陳奇猷：《韓非子新校注》，頁436。
〔註78〕同上，頁454。
〔註79〕同上，頁386。

密；思慮熟密，則一切言行合於理。因此則能遠離禍害，享盡天年，權高而位尊，如此則為福。此福乃由畏禍而來。人處福中，則富貴降臨；富貴降臨，則衣食豐美；衣食豐美，則驕心產生；驕心一生，則行為乖邪背理，如此則會招致身亡家敗之災。此災禍乃由享福而來，故可知福與禍二者間乃相互生成，循環不已。

眾人見福而喜，見禍而哀，聖人上體天道，見盛思衰，見福思禍，故往往能常盛而避禍。《韓非子・喻老篇》云：

> 宋之鄙人得璞玉而獻之子罕，子罕不受，鄙人曰：「此寶也，宜為君子器，不宜為細人用。」子罕曰：「爾以玉為寶，我以不受子玉為寶。」是鄙人欲玉，而子罕不欲玉。故曰：「欲不欲，而不貴難得之貨。」
> 〔註80〕

鄉里俗夫以玉為寶，而子罕卻以拒玉之節為寶。故同而為玉，人或欲之，人或去之，其差別在於欲。鄙人以欲定行，欲富欲貴，故所為盡為富貴；聖人以無欲克欲為本，如此則無論富貴、貧賤，皆能無入而不自得。

三曰「少欲知足」。因福禍兩兩相生，福易招禍，禍能招福，因此禍莫過於欲得，而福莫大於知足。《韓非子・解老篇》云：

> 人有欲則計會亂，計會亂而有欲甚，有欲甚則邪心勝，邪心勝則事經絕，事經絕則禍難生。由是觀之，禍難生於邪心，邪心誘於可欲。可欲之類，進則教良民為姦，退則令善人有禍。姦起則上侵弱君，禍至則民人多傷。然則可欲之類，上侵弱君而下傷人民。夫上侵弱君而下傷人民者，大罪也。故曰：「禍莫大於可欲。」是以聖人不引五色，不淫於聲樂，明君賤玩好而去淫麗。〔註81〕

人有貪欲，則思慮混亂；思慮混亂，則貪欲更強，如此，則行事皆以偏邪之心為主導，行險以求僥倖，於是災禍產生。由此可知，災禍之生，乃來自於人之貪欲，過度追求外物。由於貪欲之誘引，於是向上侵犯君主，向下傷害百姓，姦事一一產生，禍害亦接踵而來。《韓非子・喻老篇》中記載：「虞君欲屈產之乘，與垂棘之璧，不聽宮之奇，故邦亡身死，故曰：『咎莫憯於欲得。』」〔註82〕虞君欲得屈產之良馬及垂棘之璧玉，借道予晉以伐虢，於是因小失大，身死而

〔註80〕民國・陳奇猷：《韓非子新校注》，頁449。
〔註81〕同上，頁407。
〔註82〕同上，頁434。

國亡，因此禍莫過於欲得。

　　知足則欲不生，欲不生則禍不來，故福莫大於知足。《韓非子・喻老篇》云：「邦以存爲常，霸王其可也。身以生爲常，富貴其可也。不欲自害則邦不亡身不死，故曰：『知足之爲足矣。』」〔註83〕霸業之成，其先決條件在於國存；富貴之成，其基礎必在於身存。因此，若能知足，不以欲傷己，則禍不生；禍不生則國存身安，此即爲福。〈喻老篇〉云：

> 楚莊王旣勝狩於河雍，歸而賞孫叔敖，孫叔敖請漢間之地，沙石之
> 處。楚邦之法，祿臣再世而收地，唯孫叔敖獨在。此不以其邦爲收
> 者，瘠也，故九世而祀不絕。故曰：「善建不拔，善抱不脫，子孫以
> 其祭祀世世不輟」，孫叔敖之謂也。〔註84〕

孫叔敖佐助楚莊王，於邲之戰中打敗晉軍，然於受封之時，所請爲貧瘠之地。地沃則常稔，常稔則主尊而富，此爲人人所欲，然楚國法令，臣子受封之地，於兩世後收回，故此富尊之勢未能常久。孫叔敖所請之地，九世而不收其邦，其祀不絕，其原因即在於貧瘠不沃。貧瘠之地，人所惡居，然正因爲此，而使其封地長保，子孫得以祭祀先祖，代代不絕。《史記・管晏列傳》亦云：「鮑叔既進管仲，以身下之。子孫世祿於齊，有封邑者十餘世，常爲名大夫。」〔註85〕此即由知足去欲而得致不拔不脫。

（三）道之重要性

　　道生萬物，然而道體無形難可了知，故其以理之形式布於萬物之上；天地之間萬事萬物皆由道而生，順理而成。《韓非子・解老篇》云：

> 夫緣道理以從事者無不能成。無不能成者，大能成天子之勢尊，而
> 小易得卿相將軍之賞祿。夫棄道理而忘舉動者，雖上有天子諸侯之
> 勢尊，而下有猗頓、陶朱、卜祝之富，猶失其民人而亡其財資也。
> 眾人之輕棄道理而易忘舉動者，不知其禍福之深大而道闊遠若是
> 也，故諭人曰：「孰知其極。」〔註86〕

凡事若皆依道理而行則可成功，上自天子之獲得權勢尊嚴，下至萬民之得以

〔註83〕民國・陳奇猷：《韓非子新校注》，頁434。
〔註84〕同上，頁435。
〔註85〕日・瀧川資言：《史記會注考證》，頁3645～3646。
〔註86〕同註83，頁388。

任高官享厚祿，皆由此而來。反之，違背事物之規律而輕舉妄動，則雖有天子諸侯之權勢與尊嚴，亦將失其民心；雖有猗頓、陶朱、卜祝等之財富，亦將失其資財，是則爲由福轉禍。常人不明瞭此福禍相轉化之規律，於是常常行事違背事物之理而有所妄動，終於招致災禍而不自知。〈解老篇〉又云：

> 人莫不欲富貴全壽，而未有能免於貧賤死夭之禍也，心欲富貴全壽，而今貧賤死夭，是不能至於其所欲至也。凡失其所欲之路而妄行者之謂迷，迷則不能至於其所欲至矣。今眾人之不能至於其所欲至，故曰『迷』。眾人之所不能至於其所欲至也，自天地之剖判以至于今，故曰：「人之迷也，其日故以久矣。」〔註87〕

富貴長生爲人人所欲求，然而眾人卻往往無法避免於貧賤與早亡之禍。心之所欲在富貴長壽，而所爲所行之事卻有所背離，使之無法達成其願，此即爲迷惑。迷惑產生之因，即在於不能通達道理之規律，而胡亂行事。只見遠方之目標，卻踏出錯誤之步伐，正如欲北行而南其轅般，欲至所欲至之地而愈不可得矣。

不僅眾人行事須依道順理而行，方能無災避禍，君主之治國亦同，故國之治亂，亦由順道悖道而出。《韓非子・解老篇》云：

> 書之所謂大道也者，端道也。所謂貌施也者，邪道也。所謂徑大也者，佳麗也。佳麗也者，邪道之分也。朝甚除也者，獄訟繁也。獄訟繁則田荒，田荒則府倉虛，府倉虛則國貧，國貧而民俗淫侈，民俗淫侈則衣食之業絕，衣食之業絕則民不得無飾巧詐，飾巧詐則知采文，知采文之謂服文采。獄訟繁、倉廩虛、而有以淫侈爲俗，則國之傷也若以利劍刺之。故曰：「帶利劍。」〔註88〕

所謂「大道」，即是正道，國由道治，則眾官順而百姓服。所謂「徑大」，則是由於華麗迷人而被視爲廣路，由於名實不正，因此而成爲邪道。所謂「朝甚除」，乃指訴訟案件太多，而導致官府雜亂。名實不正，則民爭；民務爭奪，則訟案多；訟案多，則田荒蕪；田荒蕪，則府庫空；府庫空，則國家貧困；國家貧困，則民風趨於淫逸侈繁。如此，則有關衣食之生產斷絕，而民益走向虛偽巧詐。因此，訟案繁多，不僅造成府庫空虛，且又形成淫逸侈繁之民風，如此一來，則國本必傷。〈解老篇〉又云：

〔註87〕民國・陳奇猷：《韓非子新校注》，頁388。
〔註88〕同上，頁424～425。

諸夫飾智故以至於傷國者，其私家必富，私家必富，故曰：「資貨有
餘。」國有若是者，則愚民不得無術而效之，效之則小盜生。由是
觀之，大姦作則小盜隨，大姦唱則小盜和。竽也者，五聲之長者也，
故竽先則鍾瑟皆隨，竽唱則諸樂皆和。今大姦作則俗之民唱，俗之
民唱則小盜必和，故服文采，帶利劍，厭飲食，而貨資有餘者，是
之謂盜竽矣。〔註89〕

國本傷，而私家反富，民眾群起傚尤，則大盜、小盜一一產生。因此，若欲
使國本固，必先逆推前勢，使國之治回返以正道，萬事循名而責其實，如此
則民不爭，訴訟止；民不爭而訴訟止，則民務其本，民務其本而府庫實、民
風淳，淫麗之風止，盜亦不生，則國歸於治矣。

二、法　論

（一）法由道生

萬物之源在於道，《韓非子・解老篇》云：

道者，萬物之所然也，萬理之所稽也。理者，成物之文也；道者，
萬物之所以成也。故曰：『道，理之者也。』物有理，不可以相薄；
物有理不可以相薄，故理之爲物之制。萬物各異理，萬物各異理而
道盡。〔註90〕

道爲萬物之本源，亦爲萬理之總匯。理爲萬物構成之條理，而道則爲萬物構
成之根據。因此，由道而使萬物各有其理，且不相侵擾，故而使萬物各自於
理中有所制約。萬物各異，其理不同，而道卻能將之盡含其中。「凡理者，方
圓、短長、麤靡、堅脆之分也，故理定而后物可得道也」（同前）。〔註91〕由
道而定理，由理而物之分定，方之爲方，圓之爲圓，短、長、麤、靡、堅、
脆等各有其分，而能不相侵擾。萬物莫不有其理，故理定則事有功。〈解老篇〉
云：

短長、大小、方圓、堅脆、輕重、白黑之謂理，理定而物易割也。
故議于大庭而后言則立，權議之士知之矣。故欲成方圓而隨其規矩，
則萬事之功形矣。而萬物莫不有規矩，議言之士，計會規矩也。聖

〔註89〕民國・陳奇猷：《韓非子新校注》，頁425。
〔註90〕同上，頁411。
〔註91〕同上，頁414。

人盡隨于萬物之規矩，故曰：「不敢爲天下先。」〔註92〕
萬物之定理、屬性皆已確定，事物即容易加以區分。因此大庭廣眾之討論議
題，往往爲後發言者之論點可成立，此爲善辯之人所盡知。依循規矩而畫，
則欲方得方、欲圓得圓，各種形狀皆得以表現。因此，聖人行事全以遵循事
物之定理規矩爲準，不敢以立異悖實爲高，君上治國之方亦應本於道，使「君
臣上下之事，父子貴賤之差也，知交朋友之接也，親疏內外之分也」（同前），
〔註93〕均能各有其分，各守其宜。「守成理，因自然，禍福生乎道法，而不出
乎愛惡，榮辱之責在乎己，而不在乎人」（《韓非子‧大體篇》）。〔註94〕治國
之方，在於上體於道，遵循不變之道理，順應自然之規律，使民之福、禍皆
出自於道法，而非君之個人好惡，國君並非至高無上而一味專任自爲者；民
之享受榮耀與遭受羞辱，皆由自己順道、背道之行所造成。

（二）法之特性

一曰「貴靜專一」。天地運行之道，在靜一，靜一則不變，不變則持久有
功。一國之法亦同，以虛靜專一爲貴。《韓非子‧解老篇》云：

> 工人數變業則失其功，作者數搖徙則亡其功。一人之作，日亡半日，
> 十日則亡五人之功矣。萬人之作，日亡半日，十日則亡五萬人之功
> 矣。然則數變業者，其人彌眾，其虧彌大矣。凡法令更則利害易，
> 利害易則民務變，務變之謂變業。故以理觀之，事大眾而數搖之則
> 少成功，藏大器而數徙之則多敗傷，烹小鮮而數撓之則賊其澤，治
> 大國而數變法則民苦之，是以有道之君貴靜，不重變法，故曰：「治
> 大國者若烹小鮮。」〔註95〕

工匠多作變更，則其業不成；農夫屢更作物，則失去收成。同理可知，行事
變更愈大愈多，則其虧損愈大。因此，法令變更，而利害亦生於其中，利害
之條件及關係一變，則民爲逐利而避害，亦將隨之而變更其業。以此法治民，
則所變愈多，所損愈大，而愈不易成功。故善於治國之君，必以虛靜之態度
蒞民，對法之修改變動非常愼重。

〔註92〕民國‧陳奇猷：《韓非子新校注》，頁422。
〔註93〕同上，頁374。
〔註94〕同上，頁555。
〔註95〕同上，頁400。

二曰「賞罰必備」。聖人體道而制法，天道有生有殺，故法亦賞罰兼備。
《韓非子・解老篇》云：

> 周公曰：「冬日之閉凍也不固，則春夏之長草木也不茂。」天地不能
> 常侈常費，而況於人乎？故萬物必有盛衰，萬事必有弛張，國家必
> 有文武，官治必有賞罰。〔註96〕

四時更迭，變化不窮，使萬物有生有滅，有盛有衰。春夏爲賞主生，於是萬
物蓬勃生長；秋冬爲刑主亡，故萬物由盛而衰，漸趨於亡。天地之理無往不
復，靡屈不信，因此有冬之覆冰堅實，方能有春夏之百木繁長。萬物如此，
萬事亦同。事必有弛有張，國家必有文有武。而法令著於官府，必賞罰兼備，
獨有賞而無罰，則賞流於浮濫，不足以勸民行事；僅以罰治民，則流於殘民，
「民不畏死，奈何以死畏之」（《老子》第七十四章）。〔註97〕法之太苛太猛，
則民無所避害，終至於鋌而走險，爲盜害國。故法之特性，必須是賞罰兼備，
方能使民趨利避害，而民樂爲用。

（三）法之目的

　　法之目的不在殘民，而是藉法之明令公布，使民知所去就，知何所當爲，
而何所當去，如此，則能達致以刑去刑之目的。《韓非子・解老篇》云：「民
犯法令之謂民傷上，上刑戮民之謂上傷民。民不犯法，則上亦不行刑；上不
行刑之謂上不傷人。」〔註98〕法之目的在於止姦禁亂，故法明於上，而民知
趨利避害，則刑亦不致加諸於身，此即爲法之終極目標。欲使此終極目標達
成，則必由小處著手，以輕罪重罰之手段，達成小罪不犯，大罪不來之目的。
《韓非子・喻老篇》云：

> 有形之類，大必起於小；行久之物，族必起於少。故曰：天下之難事必
> 作於易，天下之大事必作於細。是以欲制物者於其細也，故曰：「圖難
> 於其易也，爲大於其細也。」千丈之隄以螻蟻之穴潰，百尺之室以突隙
> 之煙焚。故曰：白圭之行隄也塞其穴，丈人之愼火也塗其隙。是以白圭
> 無水難，丈人無火患。此皆愼易以避難，敬細以遠大者也。〔註99〕

事物之發生，必起於微小之處，因此將欲制物，則必由其事尙微，而未擴張

〔註96〕民國・陳奇猷：《韓非子新校注》，頁 421。
〔註97〕魏・王弼：《老子道德經注》，頁 44。
〔註98〕同註 96，頁 403。
〔註99〕同上，頁 440～441。

前加以處置。解決困難之事，由易處著手，辦大事由小處著手，則易收事半功倍之效。治國亦然，須由輕罪重罰著手，輕罪重罰，則輕罪不犯，此乃防患於未然；輕罪不犯，則重罪不來，如此，則能以刑而去刑，以重刑而期於無刑。

三、術　論

（一）不欲外見

　　法爲明令於天下，使上自天子公卿，下至眾官庶民皆行有所準。而術則爲君上治國所獨用，故術必以不外見，無使臣見爲上。《韓非子·喻老篇》云：

> 楚莊王蒞政三年，無令發，無政爲也。右司馬御座而與王隱曰：「有鳥止南方之阜，三年不翅不飛不鳴，嘿然無聲，此爲何名？」王曰：「三年不翅，將以長羽翼。不飛不鳴，將以觀民則。雖無飛，飛必沖天；雖無鳴，鳴必驚人。子釋之，不穀知之矣。」處半年，乃自聽政，所廢者十，所起者九，誅大臣五，舉處士六，而邦大治。舉兵誅齊，敗之徐州，勝晉於河雍，合諸侯於宋，遂霸天下。莊王不爲小害善，故有大名；不蚤見示，故有大功。故曰：「大器晚成，大音希聲。」〔註100〕

楚莊王執政三年，有君之勢位，卻不行治國之實，故右司馬以隱語相諫。其後，莊王親自執政，所廢之事十件，所興之事九項，誅殺不當之臣五名，起用隱而不仕與身具才能之人六名，於是國家大治。於是又興兵伐齊，與晉國戰，大會諸侯於宋國，於是稱霸天下。莊王執政之初，既不發令，亦不理政，不顯露其意圖使臣民知，僅以法行事。既然君上之意圖難知，則眾臣必以其本性從事，忠者行忠，貪利者唯利是圖，如此，君上則能以逸待勞，隱其身而明察之，於是眾臣之性盡現，孰是孰非，一一顯明，而後乃依國法處置失職人員，拔擢人才，國治家安。故莊王臨朝之初年，表面上雖無所作爲，而實際上則是操權掌術以治國。

（二）以退爲進

　　君術之基礎在於不欲外見，其次之運用則在於以退爲進。《韓非子·喻老篇》云：

〔註100〕民國·陳奇猷：《韓非子新校注》，頁456～457。

> 越王入宦於吳，而觀之伐齊以弊吳。吳兵既勝齊人於艾陵，張之於
> 江、濟，強之於黃池，故可制於五湖。故曰：「將欲翕之，必固張之；
> 將欲弱之，必固強之。」〔註101〕

越王句踐戰敗後，曾至吳國服賤役，並鼓勵吳王攻打齊國。以身下之，則吳王不以為害，守備之心必降；齊大吳小，故吳欲攻齊則須久戰，久戰則傷國。對外無守備之心，對內而國勢削弱，此則為其後越王攻破吳國，復興本國之主因。〈喻老篇〉又云：

> 晉獻公將欲襲虞，遺之以璧馬；知伯將襲仇由，遺之以廣車。故曰：
> 「將欲取之，必固與之。」起事於無形，而要大功於天下，是謂微
> 明。處小弱而重自卑謂損弱勝強也。〔註102〕

晉獻公欲伐虞，則先贈之以寶玉及良馬；智伯瑤欲襲仇由，則先貽之以廣車，此兩者均為使自身處於卑下弱小之位，於是敵方不明我方之實力，故而能在不露形跡之下而完成事功。故君術以不欲外見為本，進而能達致以退為進。

（三）通權達變

　　君勢為尊，然而與術相合，亦有權變之時。以退為進，通權達變方為長久之道。《韓非子‧喻老篇》云：

> 句踐入宦於吳，身執干戈為吳王洗馬，故能殺夫差於姑蘇。文王見
> 詈於王門，顏色不變，而武王擒紂於牧野。故曰：「守柔曰強。」越
> 王之霸也不病宦，武王之王也不病詈。故曰：「聖人之不病也，以其
> 不病，是以無病也。」〔註103〕

越王位居一國之尊，然於戰敗後，不僅屈身為吳之僕役，且躬親執兵為吳王先馬而為之引路。由君之尊位而至僕役之賤位，乃為其權變，目的在於亡吳而復越。句踐為之，故能殺吳王夫差於姑蘇，以雪前恥。周文王於玉門前為紂王所辱罵，然而其能面不改色，正是有其權變，故能不以眼前之苦為苦。

四、勢　論

　　君術與國法之能行，必建立於君有其勢之基礎。《韓非子‧喻老篇》云：

〔註101〕民國‧陳奇猷：《韓非子新校注》，頁438～439。
〔註102〕同上，頁439。
〔註103〕同上，頁447～448。

「勢重者，人君之淵也。君人者勢重於人臣之間，失則不可復得也。」〔註104〕勢位如同君主之深潭，為其權力之來源，故勢重則權大，權大則位尊。反之，君主若失其勢，則如蛟龍之失其淵，不僅其神不靈，甚且有亡身之禍。正如「簡公失之於田成，晉公失之於六卿，而邦亡身死。故曰：『魚不可脫於深淵』」（同前）。〔註105〕而欲建立君勢，則必須親握賞罰二柄，〈喻老篇〉云：

> 賞罰者，邦之利器也，在君則制臣，在臣則勝君。君見賞，臣則損之以為德；君見罰，臣則益之以為威。人君見賞而人臣用其勢，人君見罰而人臣乘其威。故曰：「邦之利器不可以示人。」〔註106〕

獎賞與懲罰二柄，為國君治國之利器。賞罰二柄在君，則君足以制服臣下；賞罰二柄在臣，則君主反被臣所制。而君主於施展賞罰二柄時，尚必須有術相應。君術之本在於隱微而不外見，故君欲有所賞，則應事先隱藏其意圖，以免臣下耗損國庫增加封賞以顯示個人之恩德；君欲有所罰，亦應事先隱藏此意圖，以免臣下以加重刑罰而顯示自己之威勢。故君勢之穩固，亦須與君術相合。

五、君 論

（一）聖人之智

　　天地萬物生於道，其布於萬事萬物之上而各有其理，故順天法道則能久存，國以之而定，身因之而安。然而道體難能通達，唯有聖人明君能知道，故以聖人明君治國，則無不治。聖人之智何在，在於自知自見。《韓非子‧喻老篇》云：

> 楚莊王欲伐越，杜子諫曰：「王之伐越何也？」曰：「政亂兵弱。」杜子曰：「臣愚患之。智如目也，能見百步之外而不能自見其睫。王之兵自敗於秦、晉，喪地數百里，此兵之弱也。莊蹻為盜於境內而吏不能禁，此政之亂也。王之弱亂非越之下也，而欲伐越，此智之如目也。」王乃止。故知之難，不在見人，在自見。故曰：「自見之謂明。」〔註107〕

〔註104〕民國‧陳奇猷：《韓非子新校注》，頁437。
〔註105〕同上。
〔註106〕同上。
〔註107〕同上，頁457～458。

楚莊王以越國政治紊亂，兵力衰弱之因，故欲趁隙加以討伐。然而楚國之軍曾先後敗於秦、晉二國，此說明其兵之弱；莊蹻行盜於境內而無法制止，此說明其政之亂。楚王不見本國政亂且兵弱之失，而以爲越國之有機可趁，此即爲目不見睫。故知事物之難在於看清自己。聖人明君使精神不離其形體，故能不出戶而知天下。《韓非子‧喻老篇》云：

> 空竅者，神明之戶牖也。耳目竭於聲色，精神竭於外貌，故中無主。
> 中無主則禍福雖如丘山無從識之，故曰：「不出於戶，可以知天下；
> 不闚於牖，可以知天道。」此言神明之不離其實也。〔註108〕

人之耳、目、口、鼻等器官，爲精神之戶牖。若耳目爭逐於聲色之上，則功能耗盡；精神盡著力於外貌之表象上，則內心失其主。內心之主宰一失，則賞罰不分，禍福不辨矣。故聖人必以虛靜爲重，使精神不離於形體，如此，則雖不出於戶，而知天下事。

聖人以耳聽、以目視、以口食、以鼻嗅，然皆必以其神爲判決之準。神處虛靜，則不爲外物所動；不爲外物所動，則能掌道知理，能以小知大、以近知遠。《韓非子‧喻老篇》云：

> 昔者紂爲象箸而箕子怖。以爲象箸必不加於土鉶，必將犀玉之杯。
> 象箸玉杯必不羹菽藿，則必旄象豹胎。旄象豹胎必不衣短褐而食於
> 茅屋之下，則錦衣九重，廣室高臺。吾畏其卒，故怖其始。居五年，
> 紂爲肉圃，設炮烙，登糟邱，臨酒池，紂遂以亡。故箕子見象箸以
> 知天下之禍，故曰：「見小曰明。」〔註109〕

紂王以象牙作箸，而叔父箕子憂。以象牙爲箸，則必配以犀角、玉石之杯盤爲用；以犀角、玉石爲杯盤，則必以之盛裝旄、象、豹胎等之奇珍美食；以旄、象、豹胎等之奇珍美饌爲食，則必求著之以錦繡之衣飾、舍之於廣室高樓中。故紂王所見爲近，而箕子以象箸之近而見之遠，差之毫釐，謬以千里，知此象箸必招致糜爛腐敗與亡國之數。

（二）凡聖之別

　　聖人與眾人之別，在於聖人知足少欲，故能安能久；眾人不知足而欲多，故往往招禍。《韓非子‧解老篇》云：

> 人無毛羽，不衣則不犯寒。上不屬天，而下不著地，以腸胃爲根本，

〔註108〕民國‧陳奇猷：《韓非子新校注》，頁453。
〔註109〕同上，頁445。

不食則不能活。是以不免於欲利之心，欲利之心不除，其身之憂也。
故聖人衣足以犯寒，食足以充虛，則不憂矣。眾人則不然，大爲諸
侯，小餘千金之資，其欲得之憂不除也，胥靡有免，死罪時活，今
不知足者之憂，終身不解，故曰：「禍莫大於不知足。」〔註110〕

人之身無毛羽，不著衣則無法禦寒，故可知衣之目的爲禦寒；上不連於天，
下不附於地，只以腸胃爲生存之本，不飲食則無法維生，故可知食之目的在
維生。聖人知道循理而知，故衣取爲禦寒，食取爲充腹。眾人則非如此，貪
財慕貴毫不知足，故終身苦惱而永無寧日。不知足，則欲望多；欲望多，則
憂疾生、智慧衰，行事有失度量，爲達目的而輕舉妄動不擇手段，如此，則
禍害臨頭。〈解老篇〉云：

故欲利甚於憂，憂則疾生，疾生而智慧衰，智慧衰則失度量，失度量
則妄舉動，妄舉動則禍害至，禍害至而疾嬰内，疾嬰内則痛禍薄外，
痛禍薄外則苦痛雜於腸胃之間，苦痛雜於腸胃之間則傷人也憯，憯則
退而自咎，退而自咎也生於欲利，故曰：「咎莫憯於欲利。」〔註111〕

故可知，眾人之痛禍，來自於欲多而不知足。然而聖人能知足，眾人卻不能
知足之因，在於聖人虛靜，而眾人躁動；虛靜則不爲外物所動，故能行事皆
宜；躁動則心神喪失，目不見睫，枉道而速禍。〈解老篇〉云：

聰明睿智，天也；動靜思慮，人也。人也者，乘于天明以視，寄于
天聽以聽，託于天智以思慮。故視強，則目不明；聽甚，則耳不聰；
思慮過度，則智識亂。目不明，則不能決黑白之分；耳不聰，則不
能別清濁之聲；智識亂，則不能審得失之地。〔註112〕

聽力、視力、智識均爲天生而成，動靜思慮則乃人爲之能力。因之，目之用
過，則視力反不明；耳之用過，則聽力反不靈；思慮之用過，則智識反混亂。
目不明則不能分黑白，如此雖有目而仍爲盲。耳不聰則不能辨清濁，如此則
雖有耳而爲聾。智識亂則不能審得失，如此則入於狂疾。眾人爲欲所引，則
不免趨於盲、聾、狂之地，既盲又聾且狂，則禍敗亂亡亦無所不至矣。

（三）聖人之治

聖人能體天行道，故其治國必以符天爲本。《韓非子·解老篇》云：

〔註110〕民國·陳奇猷：《韓非子新校注》，頁407。
〔註111〕同上，頁407～408。
〔註112〕同上，頁394。

人始於生而卒於死。始之謂出，卒之謂入，故曰：「出生入死。」人之身三百六十節，四肢，九竅，其大具也。四肢與九竅十有三者，十有三者之動靜盡屬於生焉。屬之謂徒也，故曰：「生之徒也十有三者。」至死也十有三具者皆還而屬之於死，死之徒亦有十三，故曰：「生之徒十有三，死之徒十有三。」凡民之生生而生者固動，動盡則損也，而動不止，是損而不止也，損而不止則生盡，生盡之謂死，則十有三具者皆爲死死地也。故曰：「民之生，生而動，動皆之死地，之十有三。」是以聖人愛精神而貴處靜，此甚大於兕虎之害。〔註113〕

人之身共有三百六十骨節，四肢及九竅合而爲其重要之十三器官。此十三器官之動靜，皆關係於生命之存亡與否。人由出生而開始，經由不斷活動而氣力竭盡，氣力竭盡則生命受損，損害不止則生命耗盡以至於亡。因此聖人體道貴虛重靜，行事必以順天應天爲準。《韓非子‧喻老篇》云：

夫物有常容，因乘以導之，因隨物之容。故靜則建乎德，動則順乎道。宋人有爲其君以象爲楮葉者，三年而成。豐殺莖柯，毫芒繁澤，亂之楮葉之中而不可別也。此人遂以功食祿於宋邦。列子聞之曰：「使天地三年而成一葉，則物之有葉者寡矣。」故不乘天地之資，而載一人之身；不隨道理之數，而學一人之智；此皆一葉之行也。故冬耕之稼，后稷不能羨也；豐年大禾，臧獲不能惡也。以一人力，則后稷不足；隨自然，則臧獲有餘。故曰：「恃萬物之自然而不敢爲也。」〔註114〕

萬物各有其理，故治國之先在於隨順物之不同容態而加以引導。由於能隨順萬物之容態而引導之，故靜則足以成德，動則亦能順應於天。四季更迭，各有其適，春夏生而秋多亡，故有違天道而栽種於冬日，即便爲后稷亦不能使之豐美；順應天道，則雖爲奴僕，亦能有所收成。故爲政之道在順應天道，萬物相生而成，故單憑一人之力，則后稷亦不能有所爲；依循自然之理，而任人以能，則奴僕亦將綽有餘力。這個觀念不止在道家思想中可得，韓非之師荀子亦有所論及，《荀子‧天論》：「彊本而節用，則天不能貧；養備而動時，則天不能病；脩道而不貳，則天不能禍。故水旱不能使之飢渴，寒暑不能使之疾，祅怪不能使之凶。本荒而用侈，則天不能使之富；養略而動罕，則天

〔註113〕民國‧陳奇猷：《韓非子新校注》，頁416。
〔註114〕同上，頁451。

不能使之全；倍道而妄行，則天不能使之吉。」〔註 115〕

　　聖人能體天行道，故能治人亦能事天。《韓非子・解老篇》云：

> 書之所謂「治人」者，適動靜之節，省思慮之費也。所謂「事天」
> 者，不極聰明之力，不盡智識之任。苟極盡，則費神多；費神多，
> 則盲聾悖狂之禍至，是以嗇之。嗇之者，愛其精神，嗇其智識也。
> 故曰：「治人事天莫如嗇。」〔註 116〕

所謂「治人」，乃指能調和動靜之節奏，節省思慮之耗損。而「事天」，則是
能應用眼、耳等器官，然卻不使其能力完全耗盡。若是將視力、聽力等能力
完全用罄，則會過度勞神；過度勞神，則使心之判準能力喪失，於是導致盲、
聾和精神失常，如此一來，則災禍亦將接踵而至。故聖人治人事天，必先愛
其精神，惜其智識，而不使之輕易告竭。〈解老篇〉云：

> 知治人者其思慮靜，知事天者其孔竅虛。思慮靜，故德不去。孔竅
> 虛，則和氣日入。故曰：「重積德。」夫能令故德不去，新和氣日至
> 者，嗇服者也。故曰：「嗇服是謂重積德。」積德而後神靜，神靜而
> 後和多，和多而後計得，計得而後能御萬物，能御萬物則戰易勝敵，
> 戰易勝敵而論必蓋世，論必蓋世，故曰「無不克」。無不克本於重積
> 德，故曰「重積德則無不克」。戰易勝敵則兼有天下，論必蓋世則民
> 人從。進兼天下而退從民人，其術遠，則眾人莫見其端末。莫見其
> 端末，是以莫知其極，故曰：「無不克則莫知其極。」〔註 117〕

明白如何處理人事者，其思慮必處於平靜；知道如何應用自然之力量者，必
使其器官處於暢通。聖人早服於天，故能思慮平靜；思慮平靜，則不失其德；
能五官暢通；五官暢通，則和順之氣時入。因此積德而後能智慮平靜，智慮
平靜而後則和順之氣多，和順之氣充沛而後則能計慮得當，計慮得當而後則
能駕馭萬物，如此而終則能兼有天下、稱雄於世、得民之服。進可兼有天下、
稱雄於世，退又可得民眾之臣服，如此可謂善於治人事天矣。

　　聖人能治人事天，則進能有其國，退能存其身。《韓非子・解老篇》云：

> 凡有國而後亡之，有身而後殃之，不可謂能有其國能保其身。夫能
> 有其國、必能安其社稷，能保其身、必能終其天年，而後可謂能有

〔註 115〕清・王先謙：《荀子集解》頁 284～285。
〔註 116〕民國・陳奇猷：《韓非子新校注》，頁 394。
〔註 117〕同上，頁 396。

其國、能保其身矣。夫能有其國、保其身者必且體道，體道則其智
深，其智深則其會遠，其會遠眾人莫能見其所極。唯夫能令人不見
其事極，不見事極者爲保其身、有其國，故曰：「莫知其極。」莫知
其極「則可以有國」。〔註118〕

眞正能享有國家者，必能免除其內憂外患，使社稷長治久安，如此方爲眞有
國家者；眞正能保全自身者，必能使自身趨利而避害，而終其天年，如此方
爲眞保其身者。因此，能享有國家、保全自身者，行事必定能掌握其道，以
道行事則智慮清明，智慮清明則謀劃深遠，謀劃深遠則常人無法逆料。行事
以道，則他人不能見己，如此則事不顯白，事不顯白則禍患無所加，而自能
保有其國、其身。故聖人治國以道，則國能長存。《韓非子・解老篇》云：

所謂有國之母，母者，道也，道也者生於所以有國之術，所以有國
之術，故謂之有國之母。夫道以與世周旋者，其建生也長，持祿也
久，故曰：「有國之母可以長久。」樹木有曼根，有直根。根者，書
之所謂柢也。柢也者，木之所以建生也；曼根者，木之所以持生也。
德也者，人之所以建生也；祿也者，人之所以持生也。今建於理者
其持祿也久，故曰：「深其根。」體其道者，其生日長，故曰：「固
其柢。」柢固則生長，根深則視久，故曰：「深其根，固其柢，長生
久視之道也。」〔註119〕

道爲萬事萬物之源，故治國亦以道爲母。大凡以順道合理之方治國者，則能
長久保其身，而其祿位亦能傳之久遠。所謂「德」，即用以建立生命之根本；
所謂「祿」，乃維持生命之力量。因此，若能掌握事物之規律以建立生命，則
生命能得源源不斷之支持。若能順天應道而立其「德」，則其祿必久遠。如此
方爲國君長久有國之道，故君上治國，必以順天應道立德爲本。

　　萬物各有本末，國亦有本有末，故內務本而外修禮義，則國安。《韓非子・
解老篇》云：

有道之君，外無怨讎於鄰敵，而內有德澤於人民。夫外無怨讎於鄰
敵者，其遇諸侯也外有禮義。內有德澤於人民者，其治人事也務本。
遇諸侯有禮義則役希起，治民事務本則淫奢止。凡馬之所以大用者，
外供甲兵，而內給淫奢也。今有道之君，外希用甲兵，而內禁淫奢。

〔註118〕民國・陳奇猷：《韓非子新校注》，頁397。
〔註119〕同上，頁398～399。

上不事馬於戰鬥逐北，而民不以馬遠淫通物，所積力唯田疇，積力

於田疇必且糞灌，故曰：「天下有道，卻走馬以糞也。」〔註120〕

善治國者，對外能僅守禮義，故不與鄰國結怨；對內則務於國本，施政不違農時，因此能有恩澤於民。《孟子·梁惠王下》中，孟子對於齊宣王「交鄰國之道」的問題有如此回應：「惟仁者爲能以大事小，是故湯事葛，文王事昆夷；惟智者爲能以小事大，故大王事獯鬻，句踐事吳。以大事小者，樂天者也；以小事大者，畏天者也。樂天者保天下，畏天者保其國。」〔註121〕《老子》亦云：「故大國以下小國，則取小國；小國以下大國，則取大國。故或下以取，或下而取。」〔註122〕無論是大國或是小國，對待鄰國之方，皆爲「修卑下，然後乃各得其所」。〔註123〕以禮義與鄰國相待則少戰，重視農事則奢侈之風止。故君不用馬於與鄰國戰鬥中，民不用馬於載送淫侈之物，使馬之力施於播種灌溉，如此則農本固，農本固則府庫實，府庫實則國家富而民風淳。此爲國盛之極。反之，若國君內暴虐其民，外侵欺諸侯，則國危。《韓非子·解老篇》云：

> 人君者無道，則內暴虐其民，而外侵欺其鄰國。內暴虐則民產絕，外侵欺則兵數起。民產絕則畜生少，兵數起則士卒盡。畜生少則戎馬乏，士卒盡則軍危殆。戎馬乏則將馬出，軍危殆則近臣役。馬者，軍之大用；郊者，言其近也。今所以給軍之具於將馬近臣，故曰：「天下無道，戎馬生於郊矣。」〔註124〕

不善治國者，不僅對內行暴虐之政，且不斷向外侵欺鄰國。內政暴虐則民用不足，民用不足則畜牲減少，畜牲減少則戰馬缺乏。侵欺鄰國則戰事不斷，戰事不斷則士兵喪盡。內部之戰馬缺乏，外部之士兵又喪盡，如此則軍隊處境危殆，不僅必須動用母馬以戰，甚至君王之近臣亦須出征。如此則國家貧弱，而衰之極也。

（四）以聖人爲師

聖人順天應道以治國，然而治國者未必皆爲聖人之輩，故君王爲政應以聖人爲師。《韓非子·解老篇》云：

〔註120〕民國·陳奇猷：《韓非子新校注》，頁405。
〔註121〕宋·朱熹：《四書集注》，頁222～223。
〔註122〕魏·王弼：《老子道德經注》，頁37。
〔註123〕同上。
〔註124〕同註120，頁406。

人無愚智，莫不有趨舍。恬淡平安，莫不知禍福之所由來。得於好惡，
怵於淫物，而後變亂。所以然者，引於外物，亂於玩好也。恬淡有趨
舍之義，平安知禍福之計。而今也玩好變之，外物引之，引之而往，
故曰：「拔。」至聖人不然，一建其趨舍，雖見所好之物不能引，不
能引之謂不拔。一於其情，雖有可欲之類，神不爲動，神不爲動之謂
不脫。爲人子孫者體此道，以守宗廟不滅之謂祭祀不絕。〔註125〕

對事物趨捨之心，乃不分賢愚所共有之。趨利而避害爲人人所共知，故若能
使心處虛靜平和中，不使外物亂之，則皆能知福、禍之所從來。然心若爲好
惡之感所束縛，爲淫奢之物所引誘，則心有所變亂。處虛靜平和之中，方能
對禍福有所估量而作出正確之取捨，一旦爲外物所動搖，則對事物判準之心
拔除，於是往往欲利而反趨之於害。唯有聖人能堅定樹立取捨之標準，既見
所愛之事物，亦不爲之動搖，專一其心，故雖有所欲之物，而神志卻不爲之
動。一國之主，若能體此行事，以聖人爲師，堅定其取捨之心，與對事物判
準之則，勿使其爲外物所動，則自能遠罪而豐家，而使宗廟久祀不絕。

然而聖人之治何在？首在於民。〈解老篇〉云：

身以積精爲德，家以資財爲德，鄉國天下皆以民爲德。今治身而外
物不能亂其精神，故曰：「脩之身，其德乃眞。」眞者，愼之固也。
治家，無用之物不能動其計則資有餘，故曰：「脩之家，其德有餘。」
治鄉者行此節，則家之有餘者益眾，故曰：「脩之鄉，其德乃長。」
治邦者行此節，則鄉之有德者益眾，故曰：「脩之邦，其德乃豐。」
蒞天下者行此節，則民之生莫不受其澤，故曰：「脩之天下，其德乃
普。」脩身者以此別君子小人，治鄉治邦蒞天下者各以此科適觀息
耗則萬不失一，故曰：「以身觀身，以家觀家，以鄉觀鄉，以邦觀邦，
以天下觀天下，吾奚以知天下之然也以此。」〔註126〕

人之身以聚積精氣爲本；家以積累財富爲本；而小自一鄉，大至一國、天下，
則以養民爲本。修其身，而不使外物擾亂其精神，如此則能不失精氣。治其
家，而不使無用之物改變原本估量，則家產積累有餘。治鄉、治國、治天下，
若皆能本此原則，則必家富而民受其澤，民受其澤則易使，民易使則法行而
君位尊，此爲聖人之治也。反之，若不以聖人爲師，不聽臣下之勸，則國弱

〔註125〕民國・陳奇猷：《韓非子新校注》，頁428。
〔註126〕同上，頁428～429。

而亡。《韓非子‧喻老篇》云：

> 昔晉公子重耳出亡過鄭，鄭君不禮，叔瞻諫曰：「此賢公子也，君厚
> 待之，可以積德。」鄭君不聽。叔瞻又諫曰：「不厚待之，不若殺之，
> 無令有後患。」鄭君又不聽。及公子返晉邦，舉兵伐鄭，大破之，
> 取八城焉。晉獻公以垂棘之璧假道於虞而伐虢，大夫宮之奇諫曰：「不
> 可。唇亡而齒寒，虞、虢相救，非相德也。今日晉滅虢，明日虞必
> 隨之亡。」虞君不聽，受其璧而假之道。晉已取虢，還，反滅虞。
> 此二臣者皆爭於腠理者也，而二君不用也。然則叔瞻、宮之奇亦虞、
> 鄭之扁鵲也，而二君不聽，故鄭以破，虞以亡。故曰：「其安易持也，
> 其未兆易謀也。」〔註127〕

昔晉公子重耳流亡而過鄭，鄭君未禮之，又不聽大夫叔瞻之進言，於是重耳
返國後即出兵攻鄭，大敗鄭國，且奪其八城。晉獻公欲假道於虞而伐虢，於
是以垂棘之璧及屈產之乘贈虞君，大夫宮之奇以唇亡齒寒之語勸，然虞君見
眼前之利而不顧其後之禍，又不聽臣諫，於是晉滅虢後，虞亦不保。常人之
智未能以近知遠，而眼前之利又往往使心搖意動，失其舉措；聖人貴能處虛，
故取捨之標準堅定，外物之美善亦不能使之動。中人之君，非有聖人之智，
故其治國宜以聖人為師，以群臣為鑑，如此則亦能收國治之效。

　　《老子》一書對於韓非思想之影響，可由〈解老〉、〈喻老〉二章中見其
一斑。《韓非子》一書共五十五章，而卻獨獨以此二章鉅大之篇幅，對《老子》
思想加以詮釋解說，故二者間之關聯不可謂不大矣。《史記》中言韓非之思想
為「歸本於黃老」，此言說明《韓非子》思想之本體部分，乃以黃老思想為主。
黃老思想為齊國稷下學者學術交流相互論學下之產物，其內容大體涵蓋道、
法、術、勢等之命題，前期法家如管仲、尹文等之學說中已初具其模型；而
《老子》一書，更是以道為萬物生成之源，萬物源於道，眾法亦源於道，故
〈解老〉、〈喻老〉二文中每每以為國君亦應以道治國，人符於道方能求國之
長治久安。韓非繼承黃老學說之主脈，亦以道為其法之源，道體虛無周遍萬
物而不偏，故國君為政亦宜應尚公；天道有刑有賞，故國君亦應執此刑賞二
柄而不使之外見；道之勢尊，萬物仰之，故一國之主其勢亦必重而貴，方能
使臣民服；人之行事以順天應道而能保身長存，一國之法亦應與道相應，方
能國安久存。一國之主具聖人之智，則能順天知理以行事，使民能安農、府

〔註127〕民國‧陳奇猷：《韓非子新校注》，頁444。

庫充實而國力強盛；人主不具聖人之智者，則應以聖人爲師，否則只以一己之好惡爲行事原則，違背天理忤逆民心，則必有災殃。

　　由此思想背景爲基礎，發展出韓非政治上之主張，則可知其所主法張之法，並非全憑國君一己之好惡而制定。法之制定，必以符諸道理爲判準，明君能上體於道，下明於理，故知如何因時因地之不同而制定適當之法；中主未能明道，不能察理，故以聖人爲師，則行亦無差矣。聖人者，明事理而有能者也，故因任而授其官，則以聖人爲吏，以吏爲師矣。因此可知秦之以吏爲師，實本於韓非所論。術爲君上掌握臣下之方，此其中尤須掌握刑賞二柄必出於君。賞由君出，罰由君定，如此則君位能尊，然而此賞、罰之標準，並非出於國君之個人好惡，而是本於道法，以道法爲準，則此賞必公，此罰必正，既公且正，則臣民不爲害矣。君有術則勢位尊，勢位尊則其令必行，然此勢位並非一成不變，君法道則賞罰正而君之好惡不見，賞罰以正而君之好惡不見則君有術，君有術則勢位尊，勢位尊則民以君爲重，如此則君令而必行，君禁而必止。故法之推行在令行禁止，此令、此法非由君上以滿足個人喜好而定，而是法於道、師於理而成，故法定則必順天理應民心，順天理應民心則民必從之。反之，君以個人之好惡而行賞罰，則賞罰不公，賞罰不公則必有怨，臣民皆怨則君位輕，君位輕則失位亡國之事產生。由此而爲韓非政治理論之法、術、勢三大論題奠基，不僅使韓非所主張之法上推其源於道，其術、其勢亦皆一本於道，如此，則雖爲君主專權之政治體系，亦不致淪落至純爲君王服務之境，此政治體系中，君王之身分主要爲體察天道、效法天道之榜樣，以身爲則而使天下臣民效之，而非爲一獨裁無道之統治者，此則爲韓非政治思想之本體。

第三節　法家學說影響

　　法家學派，可以地緣分爲兩大派，一是「齊法家」，以齊國管仲爲其代表；一是「三晉法家」，以韓之申不害、趙之愼到、魏之李克爲代表。以學說分則有「尙法派」，以商鞅爲代表；「任術派」，以申不害爲代表；「重勢派」，以愼到爲代表。其餘雖然不歸爲以上之派別，但是卻深刻影響韓非思想之法家另有鄭之子產、魯之吳起等人。

　　韓非融合前期法家學者法、術、勢之學說，爲集法家之大成者，由以上之派別分類可以看出，其受「齊法家」及「三晉法家」之影響甚大。其中法、

術、勢三派之學說，更爲韓非提供於君主治國之應用者。

一、管子之法治思想

關於《管子》一書，之眞僞問題，前人有相當多之討論，如《四庫總目・管子提要》中所云：「劉恕《通鑑外紀》引《傅子》曰：『管仲之書，過半便是後之好事者所加，乃說管仲死後事，《輕重篇》尤復鄙俗。』葉適《水心集》亦曰：『《管子》非一人之筆，亦非一時之書，以其言毛嬙、西施、吳王好劍推之，當是春秋末年。』今考其文，大抵後人附會多於仲之本書。其他姑無論，即仲卒於桓公之前，而篇中處處稱桓公。其不出仲手，已無疑義矣。」〔註 128〕因此，前人幾乎一致認定《管子》一書並非出自於管子之手。而近人郭沫若於〈稷下黃老學派的批判〉一文中則更以爲《管子》書中實際上包含有宋鈃、尹文子之遺文，其云：「《心術》、《內業》是宋子書，《白心》屬于尹文子，……。」〔註 129〕關於這項推測，學者們各有意見，然而姑且不論《管子》一書究竟有多少成分爲管子本人所手著，又有多少爲成於後人之手，我們都可以由書中思想觀念循繹出其與稷下黃老學派之莫大關聯。另外，近人馮友蘭於《中國哲學史新編》中也提出不同看法：

> 從《管子》這部書稱爲『管子』這一點看，《管子》這部書必定是和齊國有關的。因爲管仲是齊國最大的人物，所以這部齊國的書稱爲「管子」。而當時能夠寫出這麼多文章的人才聚集的組織，只有稷下學宮。因此可以推論，《管子》所收的文章都是當時『稷下先生』們寫的。他們不是來自一家一派，所以內容比較複雜。因爲齊國是最先出現封建制的生產關係的，所以思想雖比較複雜，而法家、黃老思想還是占主要地位。稷下的人把它們收集在一起，加以形式上的整理，編輯成爲一書，可能如同我們現在某一個大學的學報之類。我們現在稱稷下爲稷下學宮，有學宮就應該有學報。《管子》就是稷下學宮的『學報』。因爲管仲是齊國最有名的人，所以用他的名字作爲這個『學報』的名字。〔註 130〕

稷下學宮是否眞如同馮氏所說應有學報，仍屬於推測層面，然而《管子》一

〔註128〕清・紀昀等：《四庫全書總目》，頁 1978。
〔註129〕民國・郭沫若：《十批判書》，頁 159。
〔註130〕民國・馮友蘭：《中國哲學史新編》（第一冊），頁 113。

書之內容，並非管子一人所著，其中大部分成於稷下學派之手，這種說法則是爲一般學者所承認的。

　　《管子》書中，與黃老學說有明顯關係之篇章爲〈心術上〉、〈心術下〉、〈內業〉及〈白心〉等四篇。而其他篇章中，則有大量法家言論於其中，現列述《管子》一書之思想重點如下：

（一）道

　　黃老學說中之一大議論主題，即是有關「道」之部分，其中對於「道」之形體、「道」之性質，以及「道」之作用等等之問題，均有詳盡之討論。《管子》一書之內容，不但對於法家思想之發展是一重要啓蒙，它也是法家思想與黃老思想之一大統合，因此道與法之間互相生成與互相影響之情形，正是後期法家企圖統一融合之部分。

1. 道之形容

　　首先，關於道之形容，《管子·心術上》云：

　　道在天地之間也，其大無外，其小無內，故曰不遠而難極也。虛之與人也無間，唯聖人得虛道，故曰並處而難得。……天之道，虛其無形。虛則不屈，無形則無所低牾；無所低牾，故遍流萬物而不變。

　　〔註131〕

道在天地之間，因爲其具有無形無狀、虛無不定之特性，因此我們不易以言辭加以描述，甚至連其大小也不能追究出。不過，也正是因爲道沒有固定之形體，因此不致有所偏，往往也就能周流萬物而不偏。雖然道體虛無難知，但是聖人處虛，因此能夠體道。

　　由於道之無聲無臭，因此必須藉著德方能與萬物交接，〈心術上〉又云：

　　德者道之舍，物得以生。生知得以職道之精。故德者得也，得也者，其謂所得以然也，以無爲之謂道，舍之之謂德。故道之與德無間。

　　〔註132〕

當道停留於萬物身上，則謂之德，萬物也由此而得生。因此道爲無形無狀，充於天地之間，布於萬物之上而爲德，萬物得德而能生。然而道之作用畢竟不是在宰制萬物，因此其雖周遍萬物，卻以無爲而爲，其與德之間爲密不可

〔註131〕民國·鍾肇鵬等：《管子簡釋》，頁 288～290。
〔註132〕同上，頁 290。

分之一體兩面。

2. 法由道出

　　道之形容爲無形無狀,而道與法之關係究竟爲何?《管子‧心術上》云:

　　　　夫聖人無求之也,故能虛,虛無無形謂之道。化育萬物謂之德。君
　　　　臣父子人間之事謂之義。登降揖讓,貴賤有等,親疏之體,謂之禮。
　　　　簡物小未一道,殺僇禁誅謂之法。〔註133〕

由於聖人寡欲無求,因此其心能處虛無,能處虛無因此能夠體道。道之周遍
萬物,化育萬物即爲德;而君臣父子之間一切人倫之事,謂之義;與他人在
往來時,其中之親疏、階級等之分別,須由禮來規範;當禮之不足時,則必
須加以殺僇誅罰,此即爲法。因此,由道至德,由德至義,由義而禮,由禮
而法,其中之發展不但炯然有序,也說明道與法之關係。《管子‧心術上》又
重申其序云:

　　　　義者,謂各處其宜也。禮者,因人之情,緣義之理,而爲之節文者
　　　　也。故禮者謂有理也,理也者,明分以諭義之意也。故禮出乎義,
　　　　義出乎理,理因乎宜者也。法者所以同出,不得不然者也。故殺僇
　　　　禁誅以一之也,故事督乎法,法出乎權,權出乎道。道也者,動不
　　　　見其形,施不見其德,萬物皆以得,然莫知其極。〔註134〕

義者,宜也,指事物之理所當然也;而禮則是依著人之常情,循著此事物之
理所當然而修飾產生。然而禮之約束力卻非必然,因此法就在這不得不然之
情形下產生。法與禮之源相同,皆爲由道而來,由道生法,法由道出,法之
產生乃出於人倫自然之需要。

3. 聖人執道

　　道體難知,唯有聖人能知道執道,《管子‧白心篇》云:「道者,一人用
之,不聞有餘;天下行之,不聞不足,此謂道矣。」〔註135〕道體無形,因此
不可究其大小,亦無竭盡之時。聖人體察道之無爲,並能以此統御萬事,此
即爲聖人執道之術。而細究此術,則在於以靜制動。《管子‧心術上》云:

　　　　物固有形,形固有名,名當謂之聖人。故必知不言之言,無爲之事,
　　　　然後知道之紀,殊形異埶,不與萬物異理,故可以爲天下始。人之

〔註133〕民國‧鍾肇鵬等:《管子簡釋》,頁285。
〔註134〕同上,頁290～291。
〔註135〕同上,頁303。

可殺，以其惡死也；其可不利，以其好利也。是以君子不竭乎好，
不迫乎惡，恬愉無爲，去智與故。其應也，非所設也；其動也非所
取也。過在自用，罪在變化。是故有道之君，其處也，若無知；其
應物也，若偶之，靜因之道也。〔註136〕

萬物各有其形其名，亦各有其理，治國者若是隨之而動，則不能周遍各個殊
形異勢之中，因此聖人制物之術在於靜，以不言無爲之一端，即足以統御眾
端。然而聖人無爲，並非消極地不去爲，而是聖人爲體，眾官爲用，當眾官
皆各司其職，各守其分時，聖人自然不須越俎代庖，代下司職。〈心術上〉云：

心之在體，君之位也。九竅之有職，官之分也。耳目者，視聽之官
也，心而無與視聽之事，則官得守其分矣。夫心有欲者，物過而目
不見，聲至而耳不聞也，故曰：上離其道，下失其事。故曰：心術
者，無爲而制竅者也。故曰：君。無代馬走，無代鳥飛，此言不奪
能能，不與下試也。〔註137〕

心之作用在於統籌，而九竅則各有專司之職，不能互奪其能。一國之情形亦
如此，國君即如心，應以統籌爲務，而非與百官爭事；百官各有其能，各司
其職，則君上雖無爲，卻是能無不爲。

國君不但須無爲，更須以立於靜而制動，如此則天下治矣。如〈心術上〉
云：

毋先物動者，搖者不定，趮者不靜，言動之不可以觀也。位者，謂
其所立也，人主者立於陰，陰者靜。故曰動則失位。陰則能制陽矣，
靜則能制動矣，故曰靜乃自得。〔註138〕

君上處陰而靜，則一方面能知己，另一方面能察人，如此則能長治久安，
主立於位。相反地，若是君上處陽而動，凡事皆先於眾臣而動，則失去觀人
之明，於是反制於臣，進而失位。因此聖人執道之術，首在於以靜制動。

聖人身處無爲之地，則令名自正，《管子‧白心篇》云：「是以聖人之治
也，靜身以待之，物至而名自治之。正名自治之，奇身自廢。名正法備，則
聖人無事。」〔註139〕聖人若是靜身以待之，則萬物之形與名自能相符，名正

〔註136〕民國‧鍾肇鵬等：《管子簡釋》，頁286～287。
〔註137〕同上，頁287。
〔註138〕同上，頁287～288。
〔註139〕同上，頁302。

而法備，則聖人雖無事而天下治。《管子‧心術上》云：「故道貴因，因者，因其能者，言所用也。君子之處也若無知，言至虛也。其應物也若偶之，言時適也。若影之象形，響之應聲也，故物至則應，過則舍矣。舍矣者，言復所於虛也。」〔註140〕道體虛無，只有聖人能處虛而體道，因爲虛無不定，因此無偏，如此方能與萬物相應，隨物而因循，達到無所不適之境地。

萬物有各其形，諸事各有其名，因此若循名而責實，則聖人雖無爲而天下治，《管子‧心術上》云：

> 潔其宮，開其門。宮者，謂心也。心也者，智之舍也。故曰：宮，潔之者，去好過也。門者，謂耳目也，耳目者，所以聞見也。物固有形，形固有名，此言不得過實，實不得延名。姑形以形，以形務名，督言正名，故曰：聖人。不言之言，應也。應也者，以其爲之者人也。執其名，務其所以成，此應之道也。無爲之事，因也。因也者，無益、無損也。以其形，因爲之名，此因之術也。名者，聖人之所以紀萬物也。〔註141〕

心爲一人之主體，而耳目五官則爲其門戶，以此而能聞能見。君爲心，無爲而統籌；臣如竅，有爲以司職。縱然萬物各有其形，亦各有其名，聖人持其名而責其實，則萬物自定，不須勞神苦思，虧無爲之大道，而萬物自治。

（二）君　術

1. 執道處虛

君術由道而出，道貴持一而清靜，因此，君主治國之術亦以清靜持一爲本。《管子‧形勢解篇》云：

> 道者，扶持眾物，使得生育，而各終其性命者也。故或以治鄉，或以治國，或以治天下。故曰：「道之所言者一也，而用之者異。」〔註142〕

主政者執道臨國，則能上治其國，下安其鄉。此外，若能以道治之，則亦能使風俗美善，民樂其上，而安於其土。如《管子‧形勢解篇》又云：

> 聞道而以治一鄉，親其父子，順其兄弟，正其習俗，使民樂其上，安其土，爲一鄉主幹者，鄉之人也，故曰：「有聞道而好爲鄉者，一

〔註140〕民國‧鍾肇鵬等：《管子簡釋》，頁293。
〔註141〕同上，頁292。
〔註142〕同上，頁447。

鄉之人也。〔註143〕

治鄉、治國、治天下，所治雖有不同，然而皆一本於道，故明主爲國能以一端御眾端，事輕而功成。《管子‧形勢解篇》云：

> 民之從有道也，如饑之先食也，如寒之先衣也，如暑之先陰也，故有道則民歸之，無道則民去之，故曰：「道往者，其人莫來。道來者，其人莫往。〔註144〕

道能化育萬物，故民之從有道，純然天成。君主能以道化天下，則民自忠孝；其以道自守，則久有天下而不失也。

聖人體道而虛無，執名而應物，則物無不適，《管子‧心術上》云：「物固有形，形固有名，此言不得過實，實不得延名。姑形以形，以形務名，督言正名，故曰：聖人，不言之言，應也。」〔註145〕聖人執道而治國，順物之形而求之名，務使名實相應，「名者，聖人之所以紀萬物也。」（同前）〔註146〕名爲聖人統類萬物之則，聖人以其形而爲之名，因此萬物自效。《管子‧白心篇》云：「是以聖人之治也，靜身以待之，物至而名自治之。正名自治之，奇身名廢。名正法備，則聖人無事。」〔註147〕聖人之無爲，並非完全不爲，而是待名正而法備，如此方能無事，而國大治。因此，聖人之無爲，必以循名責實爲基礎。

2. 循名責實

聖人之無爲，以循名責實爲基礎，物各有形有名，因此若是能夠達致名合其實，則萬物自治，無爲而無不爲。《管子‧七臣七主篇》云：

> 申主任勢守數以爲常，周聽近遠以續明。皆要審則法令固。賞罰必則下服度。不備待而得和，則民反素也。故主虞而安，吏肅而嚴，民樸而親，官無邪吏，朝無姦臣，下無侵爭，世無刑民。〔註148〕

誠信之主體道處虛，一切從道，於是順應大勢遵從常規以立常法，賞罰嚴明則臣民服順，毋須警備而國自安，民無所施其詭詐，自然反於素樸之性，於是達致無刑之民。反之，君王若是一反常道，而表現其個人好惡，則上有所好，下必迎之，因此，臣下之爲必有所偏，國之亂亡亦由此產生。

〔註143〕民國‧鍾肇鵬等：《管子簡釋》，頁447。
〔註144〕同上。
〔註145〕同上，頁292。
〔註146〕同上。
〔註147〕同上，頁302。
〔註148〕同上，頁382。

　　由此觀之，君之好壞，實與國之盛衰存亡有著莫大之關係。君上不以個人好惡爲行事準則，而是審名以察實，則臣下必以盡力符合其名位爲務，於是民一歸於素樸本性，而變詐之事則不生。反之，若是君上未能以其名求其實，或刑賞不以其實，則必有亂事產生，其主則必有殃。《管子·明法篇》云：

　　　　是故官之失其治也，是主以譽爲賞，以毀爲罰也。然則喜賞惡罰之
　　　　人離公道而行私術矣，比周以相爲匿，是忘主處交以進其譽，故交
　　　　眾者譽多。外內朋黨，雖有大姦，其蔽主多矣。是以忠臣死於非罪，
　　　　而邪臣起於非功，所死者非罪，所起者非功也，然則爲人臣者重私
　　　　而輕公矣。〔註149〕

臣下之言行往往爲迎合君上之欲而來，因此官吏治理不當，是由於君上以虛名行賞，依據誹謗而處罰。如此，則臣下相互勾結而用私術。交游廣者其黨羽亦多，於內外營私之下，即便有大奸大惡之行，往往也被隱藏。結果造成忠臣無罪而屈死，奸臣無功卻爲權要，於是其他臣子必然亦以私利爲重而看輕國家。更甚者，私門之勢壯大，而君勢則相對地降低。

（三）處　勢

　　天地之間，由道而生成萬物，亦由道而生法，聖人執道則無爲而天下治，然而聖人雖能執道，亦須有其勢位，方能有國治之效。

1. 勢之要

　　關於勢對於國君之重要性，《管子·形勢解篇》作了如下說明：

　　　　蛟龍，水蟲之神者也，乘於水則神立，失於水則神廢。人主，天下
　　　　之有威者也，得民則威立，失民則威廢。蛟龍待得水而後立其神，
　　　　人主待得民而後成其威，故曰：「蛟龍得水，而神可立也。」虎豹，
　　　　獸之猛者也，居深林廣澤之中，則人畏其威而戴之。人主，天下之
　　　　有勢者也，深居則人畏其勢。故虎豹去其幽而近於人，則人得之而
　　　　易其威。人主去其門而迫於民，則民輕之而傲其勢。故曰：「虎豹託
　　　　幽，而威可載也。」〔註150〕

蛟龍、虎、豹等，人望而畏之，然而若是與人接近，則其威勢不再。人主之威勢待得民而立；深居則人畏其威，若易於見，則民狎其勢。因此，人主治

─────────────

〔註149〕民國·鍾肇鵬等：《管子簡釋》，頁349。
〔註150〕同上，頁435。

國之要，首在於掌握其勢。

　　人主爲天下之有威者，然而其威來自於民。《呂氏春秋・貴公篇》云：「有得天下者眾矣，其得之以公，其失之必以偏。凡主之立也，生於公。」〔註151〕得民則君威立，失民則君威廢，因此，治國之法必定以公正無私爲本。〈形勢解篇〉云：

　　　　風，漂物者也；風之所漂，不避貴賤美惡。雨，濡物者也；雨之所
　　　　墮，不避小大強弱。風雨至公而無私，所行無常鄉，人雖遇漂濡，
　　　　而莫之怨也。故曰：「風雨無鄉，而怨怒不及也。」〔註152〕

天地化育萬物，必以公正，如風之漂物，不分貴賤賤美醜；雨之濡物，不分小大強弱。正因其公正無私，因此人雖遇風雨而不怨。一國之法亦同，法雖嚴，民畏之，但若行之以公，則民莫之怨。

2. 勢之功用

　　人主用勢則政治清明，《管子・七臣七主篇》云：

　　　　權勢者，人主之所獨守也。故人主失守則危，臣吏失守則亂，罪決
　　　　於吏則治，權斷於主則威，民信其法則親。是故明王審法愼權，下
　　　　上有分。〔註153〕

聖明之主，對於權與法有謹愼之區分，務使一國上下有分。權勢獨守於人主，則主有威，反之，則國危；法明令於吏則民信其法，如此則國治，反之，則國亂。因此，治亂之本在於審法愼權，下上有分。

　　然而君主之威勢，必須由其深居幽靜方能確立。《管子・七臣七主篇》云：「夫凡私之所起，必生於主。夫上好本，則端正之士在前。上好利，則毀譽之士在側。上多喜善，賞不隨其功，則士不爲用。」〔註154〕臣下之私，往往由迎合君上之意而來，上有所好，下必從之，因此，君上若明確表示其心意，則必有奸事產生。人之常情，皆爲趨利而避害，因此若要避免奸事之產生，就必須藉法令而加以制止，然而法之運用，必須符合信賞必罰之原則。〈七臣七主篇〉云：

　　　　數出重法，而不克其罪，則姦不爲止。明王知其然，故見必然之政，

〔註151〕民國・陳奇猷：《呂氏春秋校釋》，頁44。
〔註152〕民國・鍾肇鵬等：《管子簡釋》，頁436。
〔註153〕同上，頁387。
〔註154〕同上。

立必勝之罰。故民知所必就,而知所必去,推則往,召則來,如墜
重於高,如潰水於地,故法不煩而吏不勞,民無犯禁,故有、百姓
無怨於上矣。臣法:斷名決,無誹譽。故君法則主位安,臣法則貨
賂止,而民無姦,嗚呼美哉!名斷言澤。〔註155〕

君上立必然之政、必勝之罰,則民知所去就,如此,則法毋須多,而卻能達
致吏不勞,民無犯禁之境。民無犯禁,則百姓無怨於上,如此則能主位安而
貨賂止。由此可知,之所以能夠有吏不勞、法不煩,而民無姦之狀,皆由於
人主之善用勢。

3. 操權持柄

聖明之君主,其所操持之權柄,在於賞罰二者,此即所謂之六柄,《管子·
任法篇》云:「故明王之所操者六:生之、殺之、富之、貧之、貴之、賤之,
此六柄者,主之所操也。」〔註156〕此六柄即爲「生」、「殺」、「富」、「貧」、「貴」、
「賤」等。明主了解眾人趨利避害之常情,又握有對其生殺、貧富、貴賤之
權,自然能在「民知必就」、「民知必去」之下,不但民無犯禁,且無怨於上。
明主所處之位有四,「一曰文、二曰武、三曰威、四曰德,此四位者,主之所
處也。」(同前)〔註157〕此四者,亦與賞賜威勢二者有相當密切之關係。

然而對於賞罰二者之操持,乃確立君主勢位之重要條件,此爲君主之獨
守,故千萬不可與人,《管子·任法篇》云:

藉人以其所操,命曰奪柄;藉人以其所處,命曰失位;奪柄失位,
而求令之行,不可得也。法不平,令不全,是亦奪柄失位之道也。
〔註158〕

人主奪柄失位之因,在於藉人以勢,此外,若是法令偏私不公,且又不夠周
全,亦爲人主奪柄失位之因。聖君爲範防於此,因此訂立法令以制之,《管子·
任法篇》云:

故有爲枉法,有爲毀令,此聖君之所以自禁也。故貴不能威,富不
能祿,賤不能事,近不能親,美不能淫也。植固而不動,奇邪乃恐。
奇革而邪化,令往而民移。故聖君設度量,置儀法,如天地之堅,

〔註155〕民國·鍾肇鵬等:《管子簡釋》,頁387～388。
〔註156〕同上,頁344。
〔註157〕同上。
〔註158〕同上。

　　　　如列星之固，如日月之明，如四時之信然，故令往而民從之。〔註159〕
任何違背法規、毀棄政令之行徑，均爲聖明之君所親自禁止。因此，貴勢者
不能藉此威嚇他人，富足者不能藉此而行賄賂，賤位者不能藉此侍奉討好主
上，近臣不能因此親昵君上，而美色之人則不能因此使其主淫亂昏惑。如此
一來，則邪僻之人服化，法令下達而百姓立即行動。因此，聖君設置法度，
如天地之堅定，如眾星之穩固，如日月之光明，如四時之準確，自然能夠達
到令行禁止之效。

　　然而失君則不然，不但枉法從私，且毀令而不全，於是民怨深。《管子・
任法篇》云：

　　　　而失君則不然，法立而還廢之，令出而復反之，枉法而從私，毀令
　　　　而不全，是貴能威之，富能祿之，賤能事之，近能親之，美能淫之
　　　　也。此五者不禁於身，是以群臣百姓，人挾其私而幸其主，彼幸而
　　　　得之，則主日侵；彼幸而不得，則怨日產。夫日侵而產怨，此失君
　　　　之所循也。〔註160〕

由此可知，聖君之治在於愼用其勢，因此能夠令行禁止，萬民皆從；而失君
之治，則反之。

（四）明　法

　　一國之主，身處君位，具有其至高無上之勢，則萬民瞻仰，以之爲準繩；
其行事秉持道術，不欲外見，則臣無所施其謀，因此奸事不生。至於要能使
國政有軌有則，則必須明定法令。

1. 法之特性

　　一國之法，非爲君所獨守，而是上自君主，下至臣民皆須以此爲行事準
則，合於法之言行，能使國政有則，國勢日強；反之，悖於法之言行，則造
成亂國、亡國。因此一國之法，必須具有超然之特性，如此則君、臣、民無
法因個人所欲而加以變更；法須具有公正性，方不致流於爲少數人所服務；
法在執行上須有嚴厲之特性，方能收令行禁止之效。

　　關於法之超然性，《管子・正篇》云：

　　　　制斷五刑，各當其名。罪人不怨，善人不驚，曰刑。正之服之，勝

〔註159〕民國・鍾肇鵬等：《管子簡釋》，頁344～345。
〔註160〕同上，頁345。

之飾之，必嚴其令，而民則之，曰政。如四時之不貣，如星辰之不

變，如宵如晝，如陰如陽，如日月之明，曰法。〔註161〕

所謂刑，務使罪與名相符合，即使是制定五刑而施於國中，罪犯亦不怨，百
姓亦不恐。而一國之政，須建立在嚴格法令之下，端正百姓之心，使之順從，
方能稱爲政。而法令，就如同四時運行，毫無偏差，如同星辰之毫無變動，
如同晝夜、陰陽、日月之分明，不但毫無差錯，且使萬民皆見，輕易通曉。

法令必須明定，簡而易知，使全國皆能在此條件下趨賞避罰，如此，則
無欺詐之事產生。《管子・明法篇》云：

是故先王之治國也，不淫意於法之外。不爲惠於法之內也。動無非

法者，所以禁過而外私也。威不兩錯，政不二門，以法治國，則舉

錯而已。是故有法度之制者，不可巧以詐僞；有權衡之稱者，不可

欺以輕重；有尋丈之數者，不可差以長短。今主釋法以譽進能，則

臣離上而下比周矣；以黨舉官，則民務交而不求用矣。〔註162〕

君王行事一以法度爲依歸，於是在法度裁斷之下，僞詐取巧不生，輕重長短
皆有法。反之，若君王放棄法度而以虛名爲取決，則群臣必背離君主而營私
勾結，百姓亦只專力於結私而不以效力於君國爲務。因此，一國之法，必須
具有其超然性，固定性，方能使國有常軌，臣民樂於從公。

法令爲君主、眾臣、百姓所共守，故無論賞或罰，皆具有其公正性。《管
子・七臣七主篇》云：

夫法者，所以興功懼暴也。律者，所以定分止爭也。令者，所以令

人知事也。法律政令者，吏民規矩繩墨也。夫矩不正，不可以求方。

繩不信，不可以求直。法令者，君臣之所共立也。〔註163〕

法令之作用，在於振興功業，震懾暴行，使全國上下知所去就，於是公利得
行，而私利消弭。《管子・任法篇》云：「夫法者，上之所以一民使下也；私
者，下之所以侵法亂主也。」〔註164〕由此看來，法令是君王用以統一國家任
臣使民之基礎，若使一國之中人人得私，則不但法爲之所侵，而君亦爲之所
亂，因此，法令條規對於君臣而言，實爲其所共立共守。

〔註161〕民國・鍾肇鵬等：《管子簡釋》，頁 336。
〔註162〕同上，頁 348。
〔註163〕同上，頁 387。
〔註164〕同上，頁 342。

《六韜・文韜》:「天下非一人之天下,乃天下之天下也,同天下之利者則得天下,擅天下之利者則失天下。」〔註165〕天下非轉屬一人,而法亦然,不特屬於某一特殊人物,其爲君、臣、民三者所共有,具有其公平性、公正性。《管子・任法篇》云:

> 故聖君置儀設法而固守之,然故堪材習士、聞識博學之人,不可亂
> 也;眾彊、富貴、私勇者,不能侵也,信、近、親愛者,不能離也;
> 珍怪奇物,不能惑也,萬物百事非在法之中者,不能動也。〔註166〕

主上固守法度,則無論是博學之士、富貴之人、親主之人、珍奇寶物,只要是不合於法之事,皆不能動搖君上之心。於是「卿相不得翦其公以其私,群臣不得辟其所親愛。」(同前)〔註167〕群臣皆不能以其私心而干國政。於是一國之中,「聖君亦明其法而固守之,群臣修通輻湊,以事其主,百姓輯睦、聽令道法,以從其事。故曰:『有生法,有守法,有法於法。』夫生法者君也,守法者臣也,法於法者民也,君臣上下貴賤皆從法,此謂爲大治。」(同前)〔註168〕主上生法,羣臣守法,百姓法於法,無論貴賤貧富,一皆以法爲準,如此則可謂大治。

法之作用,一爲已然之懲處,一爲禁之於未然,而二者之中,尤以後者能突顯出法之以刑去刑之用,故法之原則首重在武威,《管子・版法解篇》云:

> 凡國無法,則眾不知所爲;無度,則事無儀;有法不正,有度不直,
> 則治辟。治辟則國亂,故曰:「正法直度,罪殺不赦。殺僇必信,民
> 畏而懼。武威既明,令不再行。」凡民者莫不惡罰而畏罪,是以人
> 君嚴教以示之,明刑罰以致之,故曰:「頓卒怠倦以辱之,罰罪有過
> 以懲之,殺僇犯禁以振之。」〔註169〕

國有法度,民方知何所當爲。百姓畏殺戮罪罰,因此,明君示之以嚴刑,教之以罪罰,百姓畏懼其法,則不爲犯禁之事,於是皆能安於其教。

法之行在於賞厚禁重,賞厚則民趨之,禁重則民去之,於是法立而群臣百姓皆知去就。《管子・正世篇》云:

> 夫民躁而行僻,則賞不可以不厚,禁不可以不重。故聖人設厚賞,

〔註165〕民國・鄔錫非:《新譯六韜讀本》,頁7。
〔註166〕民國・鍾肇鵬等:《管子簡釋》,頁342。
〔註167〕同上,頁343。
〔註168〕同上,頁343~344。
〔註169〕同上,頁462。

> 非侈也；立重禁，非戾也。賞薄，則民不利，禁輕，則邪人不畏。
> 設人之所不利，欲以使，則民不盡力；立人之所不畏，欲以禁，則
> 邪人不止。是故陳法出令，而民不從；故賞不足勸，則士民不爲用。
> 刑罰不足畏，則暴人輕犯禁。民者服於威殺然後從，見利然後用，
> 被治然後正，得所安然後靜者也。〔註170〕

賞厚禁重之舉，乃是配合於民心之常態，利不厚，則民不盡力國事，罰不重，則民不畏而邪行不止。因此，威嚇之則百姓從，利誘之則民見用，如此則能國政安治。誅罰重看似傷民，而其功效則實爲愛民；誅罰輕看似愛民，而其結果則實爲傷民。《左傳》中，鄭子產臨死前對子大叔說：「唯有德者能以寬服民，其次莫如猛。夫火烈，民望而畏之，故鮮死焉；水懦弱，民狎而翫之，則多死焉，故寬難。」〔註171〕子大叔未採其策，致使鄭國多盜，最終必須「興徒兵以攻萑苻之盜，盡殺之，盜少止。」〔註172〕由此可見，輕刑看似愛民，而實害之。《管子・正世篇》云：

> 夫利莫大於治，害莫大於亂，夫五帝三王所以成功立名顯於後世者，
> 以爲天下致利除害也。事行不必同，所務一也。夫民貪行躁而誅罰
> 輕，罪過不發，則是長淫亂而便邪僻也。有愛人之心，而實合於傷
> 民，此二者不可不察也。〔註173〕

利莫大於治，治則民安；而害莫大於亂，亂則民傷。因此，爲止姦禁亂，使民有長久之安，則一國之法莫如重，如此則民畏重法而服之，無有犯禁暴亂之事產生，而國自治、民自安。

2. 法之設立

法令設置之原則，在於使國有常軌，民能安居，《管子・正世篇》云：

> 故爲人君者，莫貴於勝。所謂勝者，法立令行之謂勝；法立令行，
> 故群臣奉法守職，百官有常，法不繁匿，萬民敦愨反本而儉力。故
> 賞必足以使，威必足以勝，然後下從。〔註174〕

人君立法，務使法度確立、政令通行，如此，則群臣奉法守職，百官依循常法，法規之確立使奸慝之人無法從中滋長，於是百姓質樸敦厚，勤奮於農，

〔註170〕民國・鍾肇鵬等：《管子簡釋》，頁352。
〔註171〕民國・楊伯峻撰：《春秋左傳注》，頁1421。
〔註172〕同上。
〔註173〕同註170，頁353。
〔註174〕同上，頁351～352。

而日用節儉。如此，則百姓必定服從。

法之精神在於禁奸止惡，因此法之設立必須達到令行禁止，如此才能止息奸事之生。《管子・任法篇》云：

> 故主有三術：夫愛人不私賞也，惡人不私罰也，置儀設法以度量斷者，上主也。愛人而私賞之，惡人而私罰之，倍大臣、離左右、專以其心斷者，中主也。臣有所愛而爲私賞之，有所惡而爲私罰之，倍其公法，損其正心，專聽其大臣者，危主也。故爲人主者，不重愛人，不重惡人，重愛曰失德，重惡曰失威，威德皆失，則主危也。〔註175〕

主上一切依法爲準，法具有公平性、公正性，不私賞不私罰，不重愛人不重惡人，因此威德並俱，國治民安。但若相反，不但私賞其愛，私罰其惡，背離左右近臣，一切只以個人好惡爲準，甚而違背公正之法令，如此，則終將招致危亡。

然而法之設立必須因時而變，《管子・正世篇》云：

> 聖人者，明於治亂之道，習於人事之終始者也。其治人民也，期於利民而止。故其位齊也，不慕古，不留今，與時變，與俗化。夫君人之道，莫貴於勝。勝，故君道立；君道立，然後下從；下從，故教可立而化可成也。夫民不心服體從，則不可以禮義之文教也，君人者不可以不察也。〔註176〕

君上明於治亂之道，能夠以民之利爲本，則即使法異於古亦無不可。《呂氏春秋・察今篇》云：「先王之所以爲法者人也。」〔註177〕因此，當君上考量民本而爲之設立法度，法令一出，即具有超然性，必須由君至民皆嚴守之，如此，則上令而下從，百姓安居而盡其力，羣臣奉法而守其職。

3. 法之運用

法之目的在於使國有軌則，使民安居，故法之推行，首先須見信於民。法令之設立基礎在於民，故得民則法易推行。《管子・形勢解篇》云：

> 法立而民樂之，令出而民銜之，法令之合於民心，如符節之相得也，則主尊顯，故曰：「銜令者君之尊也。」人主出言，順於理，合於民情，則民受其辭，民受其辭則名聲章，故曰：「受辭者名之運也。」

〔註175〕民國・鍾肇鵬等：《管子簡釋》，頁344。
〔註176〕同上，頁353～354。
〔註177〕民國・陳奇猷：《呂氏春秋校釋》，頁935。

> 明主之治天下也，靜其民而不擾，佚其民而不勞。不擾，則民自循；
>
> 不勞，則民自試。故曰：「上無事而民自試。」〔註178〕

法之設立基礎爲民情，因此法度立而民樂之，命令出而民受之，如此則民輕易守法，樂爲君用，而人主之威名則益顯尊貴。因此明主治國以不擾民、不勞民爲本，不擾民則民自守法，不勞民則民自效力。法令一立，則群臣各守其分，萬民共守其法，毋須多言，而民自正，故《管子・形勢解篇》云：

> 人主立其度量，陳其分職，明其法式，以蒞其民，而不以言先之，
>
> 則民循正。所謂抱蜀者，祠器也，故曰：「抱蜀不言，而廟堂既修。」
>
> 〔註179〕

法令信實，民必從之；順於理，合於情，民樂受之；靜而不擾，佚而不勞，民則自循自試。靜而不擾者，無爲也；民自循者，治也。主上無事；法令明布，民知所遵從，此爲法令運用之極則。故立法原則必在於合情順理，信實不偏。如此，不但對內國治，對外亦能使諸侯信服。如《管子・形勢解篇》所云：

> 明主內行其法度，外行其理義，故鄰國親之，與國信之；有患則鄰
>
> 國憂之，有難則鄰國救之。亂主內失其百姓，外不信於鄰國，國有
>
> 患則莫之憂也，有難則莫之救也；外內皆失，孤特而無黨，故國弱
>
> 而主辱，故曰：「獨國之君，卑而不威。」〔註180〕

明主內行法度，外行其義，則不但萬民遵從，他國亦親之信之，有難之時，各國救之。如《戰國策》中所記鄒忌諷齊王一事，齊王廣納雅言，內修國政，結果「燕、趙、韓、魏聞之，皆朝於齊。此所謂戰勝於朝廷。」〔註181〕反之，若是法度不一，不信於民，則內失百姓，外失與國，內外皆失，國弱而主辱也。

一國之法要能行之久遠，必須符合民情，民之性多好利惡害，故治國之道首在富民。《管子・治國篇》云：

> 凡治國之道，必先富民；民富則易治也，民貧則難治也。奚以知其
>
> 然也？民富則安鄉重家，安鄉重家則敬上畏罪，敬上畏罪則易治也。
>
> 民貧則危鄉輕家，危鄉輕家則敢陵上犯禁，陵上犯禁則難治也。故
>
> 治國常富，而亂國常貧。是以善爲國者，必先富民，然後治之。昔

〔註178〕民國・陳奇猷：《呂氏春秋校釋》，頁437。

〔註179〕民國・鍾肇鵬等：《管子簡釋》，頁437。

〔註180〕同上，頁452。

〔註181〕漢・劉向撰：《戰國策》，頁326。

者七十九代之君，法治不一，號令不同，然俱王天下者何也？必國
富而粟多也。〔註182〕

民富則重家安鄉，敬上畏罪，如此則易治；民貧則輕家危鄉，陵上犯禁，如
此則難治，因此，治國常富，亂國常貧，爲國者應以富民爲首要之務。然而
一國之本在農，因此富國之方首在於重農戰而禁文巧。《管子·治國篇》云：

夫富國多粟，生於農，故先王貴之。凡爲國之急者，必先禁末作文
巧，末作巧禁，則民無所游食。民無所游食，則必事農。民事農則
田墾，田墾則粟多，粟多則國富，國富者兵彊。兵彊者戰勝，戰勝
者地廣。是以先王知眾民彊兵，廣地富國之必生於粟也，故禁末作，
止奇巧，而利農事。〔註183〕

農富粟多則國強，故爲國者必先禁文巧。《韓非子·五蠹》：「夫明王治國之政，
使其商工游食之民少而名卑，以寡趣本務而趨末作。」〔註184〕又：「其商工之
民，修治苦窳之器，聚弗靡之財，蓄積待時而侔農夫之利。」〔註185〕農有使
國富之實，而商工之民以文巧奪其利，如此則國必亂。反之，文巧禁則民急
農，民急農則粟多，粟多則國富，國富則兵強，故先聖王天下之道，皆以重
農而禁巧爲本。

法令之易於推行，在於重農，《管子·治國篇》云：

不生粟之國亡，粟生而死者霸，粟生而不死者王。粟也者，民之歸也；
粟也者，財之所歸也；粟也者，地之所歸也。粟多則天下之物盡至矣。
故舜一徙成邑，二徙成都，參徙成國；舜非嚴刑罰、重禁令，而民歸
之矣。去者必害，從者必利也。先王者善爲民除害興利，故天下之民
歸之。所謂興利者，利農事也；所謂除害者，禁害農事也。農事勝則
入粟多，入粟多則國富，國富則安鄉重家，安鄉重家則雖變俗易習、
毆眾移民、至於殺之，而民不惡也，此務粟之功也。〔註186〕

先王之治國，必以爲民興利除害爲本，所謂之興利，即利其農事；所謂
之除害，即禁止害農之事產生。農事興盛則粟多，粟多則國富，國富則民重
視其家，不欲其受害，因此法令一出，即使改變民俗，或民受命徙居，亦從

〔註182〕民國·鍾肇鵬等：《管子簡釋》，頁355。
〔註183〕同上，頁355。
〔註184〕民國·陳奇猷：《韓非子新校注》，頁1120。
〔註185〕同上，頁1122。
〔註186〕同註182，頁357。

之，此即民重粟務農之功。由此觀之，重農則國富兵強而民易使，令出必行，禁則必止，法方能順利推行。而法行，則能夠兵強，故《管子・九變篇》云：

> 凡民之所以守戰至死而不德其上者，有數以至焉，曰：大者，親戚
> 墳墓之所在也，田宅富厚足居也。不然，則州縣鄉黨與宗族足懷樂
> 也。不然，則上之教訓、習俗、慈愛之於民也厚，無所往而得之。
> 不然，則山林澤谷之利足生也。不然，則地形險阻，易守而難攻也。
> 不然，則罰嚴而可畏也。不然，則賞明而足勸也。不然，則有深怨
> 於敵人也。不然，則有厚功於上也。此民之所以守戰至死而不德其
> 上者也。〔註187〕

貪利惡死為人之常情，而民之所以守戰至死而不卻之因有九，若是能使法度完備而民易得其利，則雖守戰至死不德其上。由此可知，法之信賞必罰，明定去就，則可使民勇於公戰而兵強。

　　綜上所述，《管子》一書中對君王治國之方，實有許多精闢之論點，由道之化育萬物，故而聖人持道處虛以臨萬民，到明主操權持柄以統御眾臣，明定法度以治國，處處皆有道家無為處虛之觀念，也處處皆有後期法家所強調之法、術、勢之概念。故而其書中諸多想法，實為後來之韓非所一再參考而加以發揚者。

二、商君之法治思想

（一）更　法

　　為法者必更法，《商君書・更法篇》云：

> 郭偃之法曰：「論至德者，不和於俗；成大功者，不謀於眾。」法者，
> 所以愛民也；禮者，所以便事也。是以聖人苟可以彊國，不法其故；
> 苟可以利民，不循其禮。〔註188〕

君主立法，所以愛民；而禮者，所以便於事之用。故欲強其國，則不法其故法；欲利民，則不循其舊禮。《商君書・更法篇》云：

> 夫常人安於故習，學者溺於所聞。此兩者所以居官而守法，非所與
> 論於法之外也。三代不同禮而王，五霸不同法而霸，故知者作法，
> 而愚者制焉；賢者更禮，而不肖者拘焉。拘禮之人，不足與言事；

〔註187〕民國・鍾肇鵬等：《管子簡釋》，頁338。
〔註188〕清・嚴萬里：《商君書新校注》，頁1。

制法之人，不足與論變。〔註189〕

常人對舊聞及所習，皆安而不欲改。然三代不同禮而王，五霸不同法而霸，故知禮法不同，其致則一。商君所重者爲法之精神及目標，至於法之條文，則應因時而異。《商君書・更法篇》云：

> 前世不同教，何古之法？帝王不相復，何禮之循？伏羲、神農教而不誅，黃帝、堯、舜誅而不怒，及至文武，各當時而立法，因事而制禮。禮法以時而定，制令各順其宜，兵甲器備，各便其用。臣故曰：「治世不一道，便國不必法古。」〔註190〕

禮法因其俗而變，故古之法未可循，先聖王各因其時而立法，以爲民循，故便利其國者不必法古，循禮者未足譽之。

（二）定　分

《論語・顏淵》篇中，齊景公問政於孔子，孔子回答：「君君，臣臣，父父，子子。」〔註191〕正名思想非獨儒家所專主，乃君王治國之基，因此各派思想家亦往往所見略同地提出。君主治國，必先定上下之分，分定則國易治。《商君書・定分篇》云：

> 法令者，民之命也，爲治之本也，所以備民也。……今法令不明，其名不定，天下之人得議之，其議人異而無定。人主爲法於上，下民議之於下，是法令不定，以下爲上也。此所謂名分之不定也。夫名分不定，堯舜猶將皆折而姦之，而況眾人乎？此令姦惡大起，人主奪威勢，亡國滅社稷之道也。今先聖人爲書，而傳之後世，必師受之，乃知所謂之名；不師受之，而人以其心意議之，至死不能知其名與其意。故聖人必爲法令置官也，置吏也，爲天下師，所以定名分也。名分定，則大詐貞信，民皆愿愨，而各自治也。故夫名分定，勢治之道也；名分不定，勢亂之道也。〔註192〕

法令者，人民之生命，治國之根本，所以保護人民者也。若法令不明，其名不定，天下之人則隨便議論之，國君之法於上，而人民議論於下，則是法令不確定，法令不確定，聖人亦將爲非，故法必定上下之分。

〔註189〕清・嚴萬里：《商君書新校正》，頁1～2。
〔註190〕同上，頁2。
〔註191〕宋・朱熹：《四書集注》，頁142。
〔註192〕同註190，頁43。

（三）君尊則令行

法令之必行，在於君位之尊崇與否，《商君書‧君臣篇》云：

> 處君位而令不行則危；五官分而無常則亂；法制設而私善行，則民不畏刑。君尊則令行，官修則有常事，法制明則民畏刑。法制不明，而求民之從令也，不可得也。民不從令，而求君之尊也，雖堯舜之知，不能以治。明王之治天下也，緣法而治，按功而賞。凡民之所疾戰不避死者，以求爵祿也。明君之治國也，士有斬首捕虜之功，必其爵足榮也，祿足食也。農不離廛者，足以養二親，給軍事。故軍士死節，而農民不偷也。〔註193〕

處君之位而法立民不從，則君危；明主尊其位，設其法度，以刑賞二者，齊一百姓。民之所出生入死者，為求爵位也，明主足其欲，以爵位榮之，而民樂為君用。《商君書‧君臣篇》云：

> 故明主慎法制。言不中法者不聽也；行不中法者不高也；事不中法者不為也。言中法則聽之；行中法則高之；事中法則為之。故國治而地廣，兵彊而主尊。此治之至也，君人者不可不察也。〔註194〕

明主謹慎於法制，言行事為，中法則聽之為之，若不中法則去之。如此，則國治而地廣，兵強而主尊，乃治之極則也。

（四）刑以去刑

重刑之用在於去刑，非陷民於罪也。《商君書‧開塞篇》云：

> 治國刑多而賞少，亂國賞多而刑少（據嚴萬里說增）。故王者刑九而賞一，削國賞九而刑一。夫過有厚薄，則刑有輕重；善有大小，則賞有多少。此二者，世之常用也。刑加於罪所終，則姦不去，賞施於民所義，則過不止。刑不能去姦，而賞不能止過者，必亂。故王者刑用於將過，則大邪不生；賞施於告姦，則細過不失。治民能使大邪不生，細過不失，則國治，國治必彊。一國行之，境內獨治；二國行之，兵則少寢；天下行之，至德復立。此吾以殺刑之反於德，而義合於暴也。〔註195〕

賞罰二者，為明主治國之柄，刑多賞少者國治，賞多而刑少者國亂，故王者

〔註193〕清‧嚴萬里：《商君書新校正》，頁38。
〔註194〕同上，頁39。
〔註195〕同上，頁17。

之治國，多用刑以去姦，少用賞而去徼倖。賞罰之爲用，依過善之厚薄大小而論。刑必用於過之前，過之未萌而刑隨之，則大邪不生；賞若施於民之以爲義者，則過不止，賞必用於告姦，則細過不錯失，此乃預防犯罪，期於以刑止刑。治國者若能使大邪不生，細過無有，則國必治強。一國若行此則國治，二國行之則兵事不起，天下若行之，至德之世則復至。故可知刑之用爲反之於德，而仁義之用則反合於暴也。

民之羣居有亂，故求有君，求有君所以爲治也。《商君書・開塞篇》云：

> 古者民聚生而羣處亂，故求有上也。然則天下之樂有上也，將以爲
> 治也。今有主而無法，其害與無主同；有法不勝其亂，與不法同。
> 天下不安無君，而樂勝其法，則舉世以爲惑也。夫利天下之民者，
> 莫大於治；而治莫康於立君；立君之道，莫廣於勝法；勝法之務，
> 莫急於去姦；去姦之本，莫深於嚴刑。故王者以賞禁，以刑勸；求
> 過不求善，藉刑以去刑。〔註196〕

今有主上而無法，則民亂，有法而不勝其亂者，則與無法相同。天下之大利，莫過於有君而以治，而立君之道在於強化法制。而強化法制莫過於除去姦民，欲去姦民則必以嚴刑峻罰。故王者以賞賜禁姦，以刑罰勸民，究其罪過而不求其善行，藉刑罰之阻嚇而達到去刑之目的。

由以上所論可知，商君所主張之「變法」、「定分」、「尊君」及「刑以去刑」，爲後世變法治國者所宗，亦深刻影響韓非之法治思想。

三、申不害之用術思想

韓法家自然是以言「術」見長的申不害爲代表。《史記・老子韓非列傳》：「申不害者，京人也，故鄭之賤臣。學術以干韓昭侯，昭侯用爲相。內脩政教，外應諸侯，十五年。終申子之身，國治兵彊，無侵韓者。申子之學本於黃老而主刑名。著書二篇，號曰申子。」〔註197〕申不害任相的前後十五年間，〔註198〕內修政而外聯諸侯，使韓國一躍爲強國。《漢書・藝文志・法家》載有

〔註196〕清・嚴萬里：《商君書新校正》，頁17～18。

〔註197〕日・瀧川資言：《史記會注考證》，頁3666～3667。

〔註198〕即西元前351年～前337年。按《史記・六國年表》所記，這段期間大致先後發生：351年，秦衛鞅圍固陽。347年，趙公子范襲邯鄲。341年，齊虜魏太子申，殺將軍龐涓。340年，秦商君伐魏，虜魏公子卬。齊與趙會，伐魏。339年，秦與晉戰岸門。338年，秦大荔圍合陽。而韓國無事。

《申子》六篇，班固自注：「不害，京人，相韓昭侯，終其身諸侯不敢侵韓。」
〔註199〕關於申不害的學說主張，《呂氏春秋・任數篇》載：

> 韓昭釐侯視所以祠廟之牲，其豕小，昭釐侯令官更之。官以是豕來
> 也，昭釐侯曰：『是非嚮者之豕邪？』官無以對。命吏罪之。從者曰：
> 『君王何以知之？』君曰：『吾以其耳也。』申不害聞之，曰：『何
> 以知其聾？以其耳之聰也。何以知其盲？以其目之明也。何以知其
> 狂？以其言之當也。故曰去聽無以聞則聰，去視無以見則明，去智
> 無以知則公。去三者不任則治，三者任則亂。』以此言耳目心智之
> 不足恃也。〔註200〕

申不害以倡論「術」著名，他以為君主不能依恃耳目之官去治國，而須用百
官的耳目為自己的耳目，如此一來，則無所不見，無所不聞，無所不知。

另外，申不害之事蹟又散見於《韓非子》之中，如《韓非子・內儲說上》
載：

> 趙令人因申子於韓請兵，將以攻魏，申子欲言之君，而恐君之疑己
> 外市也，不則恐惡於趙，乃令趙紹、韓沓嘗試君之動貌而後言之，
> 內則知昭侯之意，外則有得趙之功。〔註201〕

由此則可以看出申不害是擅長運用術，來作為自保之道的。《韓非子・內儲說
上》又載：

> 韓昭侯謂申子曰：「法度甚易行也。」申子曰：「法者見功而與賞，
> 因能而受官。今君設法度而聽左右之請，此所以難行也。」昭侯曰：
> 「吾自今以來知行法矣，寡人奚聽矣。」一日，申子請仕其從兄官，
> 昭侯曰：「非所學於子也？聽子之謁敗子之道乎？亡其用子之道敗
> 子之（據陳奇猷説增）謁乎（據陳奇猷説增）？」申子辟舍請罪。
> 〔註202〕

其中的「法者見功而與賞，因能而受官」二者，為韓非所採用，如《韓
非子・主道篇》：「群臣守職，百官有常，因能而使之，是謂習常。」〔註203〕
此為君主御臣之術。

〔註199〕民國・楊家駱：《新校本漢書》，頁1735。
〔註200〕民國・陳奇猷：《呂氏春秋校釋》，頁1065。
〔註201〕民國・陳奇猷：《韓非子新校注》，頁602。
〔註202〕同上，頁708。
〔註203〕同上，頁66～67。

以下幾則更可以窺見申不害的術論為何，《韓非子・外儲說右上》載：

申子曰：「上明見，人備之；其不明見，人惑之。其知見，人惑之；不知見，人匿之。其無欲見，人司之；其有欲見，人餌之。故曰：吾無從知之，惟無為可以規之。」

一曰。申子曰：「慎而言也，人且知女；慎而行也，人且隨女。而有知見也，人且匿女；而無知見也，人且意女。女有知也，人且臧女；女無知也，人且行女。故曰：惟無為可以規之。」〔註204〕

此中強調君主應該以「無為」之術，深藏己意，不可使臣下知道自己的意向，可以說是老子無為之說的深刻化。觀《韓非子・解老篇》中韓非解《老子》第一章話，即可以瞭解：

所以貴無為無思為虛者，謂其意無所制也。夫無術者，故以無為無思為虛也。夫故以無為無思為虛者，其意常不忘虛，是制於為虛也。虛者，謂其意無所制也。今制於為虛，是不虛也。虛者之無為也，不以無為為有常，不以無為為有常則虛，虛則德盛，德盛之謂上德，故曰：「上德無為而無不為也。」〔註205〕

由此處則可以知道，韓非所謂的「無為」是在法度之上，一切由法規範著，一切刑賞都由法來執行，不勞君主去操心，所以才能達致無為。《韓非子・主道篇》說：「明君無為於上，群臣竦懼乎下。」〔註206〕明君雖無為，但是大臣的行為卻有法來監督著，法代君勞，君主有法，所以可以無為而無不為。

另外，《韓非子・外儲說右上》又載：「申子曰：『獨視者謂明，獨聽者謂聰。能獨斷者，故可以為天下主。』」〔註207〕君主可以自己的術來觀察萬物，不被蒙蔽，所以謂「明」；可以聞聽萬事，不被影響，所以謂「聰」，故對於天下事都可以自己作決斷，而不受旁人來干擾，這樣才可以為天下主。又《韓非子・難三篇》說：「申子曰：『失之數而求之信則疑矣。』……『治不踰官，雖知不言。』」〔註208〕前一說表示，君主失去了術，而要求所呈現之事情為可相信者，這是不可能的。後一說則以為官守在於盡自己的本分，若超過了自身之職責，雖知道真相為何，也要拑口不言，以免越職而惹禍上身。

〔註204〕民國・陳奇猷：《韓非子新校注》，頁775。
〔註205〕同上，頁372。
〔註206〕同上，頁67。
〔註207〕同上，頁783。
〔註208〕同上，頁918～919。

四、愼到之重勢思想

愼到爲趙法家之代表。《漢書・藝文志・法家》載有《愼子》四十二篇，班固自注：「名到，先申、韓，申、韓稱之。」〔註209〕今有《愼子》七篇及佚文傳世。有關愼到重勢之思想，《韓非子・難勢篇》云：

> 愼子曰：「飛龍乘雲，騰蛇遊霧，雲罷霧霽，而龍蛇與螾螘同矣，則失其所乘也。賢人而詘於不肖者，則權輕位卑也；不肖而能服於賢者，則權重位尊也。堯爲匹夫不能治三人，而桀爲天子能亂天下，吾以此知勢位之足恃，而賢智之不足慕也。夫弩弱而矢高者，激於風也；身不肖而令行者，得助於眾也。堯教於隸屬而民不聽，至於南面而王天下，令則行，禁則止。由此觀之，賢智未足以服眾，而勢位足以詘賢者也。」〔註210〕

賢人未必皆在位者，而其屈於不肖者之下，乃由於權輕而位卑也；反之，不肖者能使賢者服於下者，則因不肖者之權重位尊。故可知賢者單憑其智，未能使人民服於其下，及其勢尊位高之時，則能達致令行禁止之境。故愼到總結：「吾以此知勢位之足恃，而賢智之不足慕也」，此即爲其重勢不重賢之思想主因。

愼到之言勢，因其所傳世資料不多，故非有一完整性之理論呈現，若據其《愼子》七篇所言，近人黃公偉於《法家哲學體系指歸》之中，予以總結云：「愼到因自然而言『形勢』，因政權而言『權勢』，因法力而言『威勢』，其所謂『古之全大體者望天地，觀江海，因山谷』是形勢也。用於政治則曰『寄治亂於法術，託是非於賞罰』，是權勢也。所謂『大君任法而弗躬』是威勢。統法於『勢』由道而法，此也。」〔註211〕此論可謂頗得愼到用勢之旨。

五、其他法家

（一）鄭子產

關於鄭子產爲政之的事蹟，《韓非子・內儲說上》載：

> 子產相鄭，病將死，謂游吉曰：「我死後，子必用鄭，必以嚴莅人。夫火形嚴，故人鮮灼；水形懦，人多溺。子必嚴子之形，無令溺子

〔註209〕民國・楊家駱：《新校本漢書》，頁 1735。
〔註210〕民國・陳奇猷：《韓非子新校注》，頁 939。
〔註211〕民國・黃公偉：《法家哲學體系指歸》，頁 203～204。

之懦。」故子產死，游吉不肯嚴形，鄭少年相率爲盜，處於萑澤，

將遂以爲鄭禍。游吉率車騎與戰，一日一夜，僅能剋之。游吉喟然

歎曰：「吾蚤行夫子之教，必不悔至於此矣。」〔註212〕

鄭子產爲政主張嚴刑以禁非，因爲嚴刑如火，百姓不敢輕易犯冒；而輕刑如
水，民眾易狎而罹禍。由此可知嚴刑以利民，而輕刑則實害民。

　　韓非對此種主張加以吸收，因而主張重刑止奸。《韓非子・六反篇》說：

今不知治者，皆曰重刑傷民，輕刑可以止奸，何必於重哉？此不察

於治者也。夫以重止者，未必以輕止也；以輕止者，必以重止矣。

是以上設重刑者而奸盡止，奸盡止則此奚傷於民也？所謂重刑者，

奸之所利者細，而上之所加焉者大也；民不以小利蒙大罪，故奸必

止者也。所謂輕刑者，奸之所利者大，上之所加焉者小也；民慕其

利而傲其罪，故奸不止也。〔註213〕

韓非這一段的論說，正足以說明子產論政以嚴之目的，是在於禁民爲非，而
不是在於傷民。

（二）吳　起

　　關於吳起的思想，觀《韓非子》所載的，是著重在於吳起的「守法而信」
這一論調上面。如〈外儲說右上〉載：

吳起，衛左氏中人也。使其妻織組而幅狹於度，吳子使更之，其妻

曰：『諾。』及成，復度之，果不中度，吳子大怒。其妻對曰：『吾

始經之而不可更也。』吳子出之，其妻請其兄而索入，其兄曰：『吳

子，爲法者也。其爲法也，且欲以與萬乘致功，必先踐之妻妾然後

行之，子毋幾索入矣。』其妻弟又重於衛君，乃因以衛君之重請吳

子。吳子不聽，遂去衛而入荊也。〔註214〕

這當中顯示出吳起守法之度，是不可更易的，雖然衛君之請，妻情之重，也
不能改易吳起之守法。又〈內儲說上〉載：

吳起爲魏武侯西河之守。秦有小亭臨境，吳起欲攻之。不去，則甚

害田者；去之，則不足以徵甲兵。於是乃倚一車轅於北門之外而令

之曰：「有能徙此南門之外者賜之上田上宅。」人莫之徙也，及有徙

<hr>

〔註212〕民國・陳奇猷：《韓非子新校注》，頁582～583。

〔註213〕同上，頁1011。

〔註214〕同上，頁795。

之者，還，賜之如令。俄又置一石赤菽東門之外而令之曰：「有能徙
此於西門之外者賜之如初。」人爭徙之。乃下令曰：「明日且攻亭，
有能先登者，仕之國大夫，賜之上田宅。」人爭趨之，於是攻亭一
朝而拔之。〔註215〕

這裏反映出吳起以講信法令而用兵的手法。《論語・顏淵篇》中記錄一段孔子
與子貢論爲政要道，食、兵、信三者不可兼得時，其取捨爲何，孔子回應之：
「自古皆有死，民無信不立。」〔註216〕若不得民信，則法形同虛設。又〈外
儲說左上〉載：

吳起出，遇故人而止之食，故人曰：「諾，今返而御。」吳子曰：「待
公而食。」故人至暮不來，起不食待之，明日早，令人求故人，故
人來方與之食。〔註217〕

以上所引吳起三件行事風格，都是符合韓非所強調「小信成則大信立，故明
主積於信」（同前）〔註218〕之論點。

（三）郭 偃

晉法家之創始者，實際上應屬郭偃其人，《韓非子・南面篇》載：「伊尹
毋變殷，太公毋變周，則湯、武不王矣。管仲毋易齊，郭偃毋更晉，則桓、
文不霸矣。」〔註219〕又載：「故郭偃之始治也，文公有官卒；管仲始治也，
桓公有武車；戒民之備也。」〔註220〕《商君書・更法篇》載：「郭偃之法曰：
『論至德者不和於俗；成大功者不謀於眾。』」〔註221〕另外，《史記・晉世
家》載：「卜偃曰：『畢萬之後必大。萬，盈數也；魏，大名也。以是始賞，
天開之矣。天子曰兆民，諸侯曰萬民，今命之大，以從盈數，其必有眾。』」
〔註222〕《集解》引賈逵曰：「卜偃，晉掌卜大夫郭偃。」〔註223〕另外，《國
語・晉語一》及《左傳》閔公、僖公等（《左傳》作卜偃）多處均有提到其

〔註215〕民國・陳奇猷：《韓非子新校正》，頁595。
〔註216〕宋・朱熹：《四書集注》，頁140。
〔註217〕同註215，頁710。
〔註218〕同上，頁667。
〔註219〕同上，頁333。
〔註220〕同上，頁334。
〔註221〕民國・貝遠辰：《新譯商君書》，頁3。
〔註222〕日・瀧川資言：《史記會注考證》，頁2785。
〔註223〕同上。

事蹟。雖然只有寥寥數語，但是可以窺見郭偃確爲晉文公至襄公時大夫，善卜筮，爲早期之變法者，其言行兼俱儒、法二家之特色。晉國經郭偃改革之後，終於出現了第一部刑法。《左傳》昭公二十九年（前 513）載：「冬，晉趙鞅、荀寅，帥師城汝濱，遂賦晉國一鼓鐵，以鑄刑鼎，著范宣子所爲刑書焉。」〔註224〕此爲公布法之首見者，是法律史上之一大紀元。

第四節　荀子學說之影響

韓非曾師事於荀子，故其思想明顯受有其影響，《史記・老子韓非列傳》云：「韓非者，韓之諸公子也。喜刑名法術之學，而其歸本於黃老。非爲人口吃，不能道說，而善著書。與李斯俱事荀卿。」〔註225〕荀子爲戰國末期儒家之代表人物，而其學說主要以禮治爲其大宗；然韓非及李斯俱爲法家人物，其學皆受有荀子之影響，是以荀子學說必有足以導致韓、李二人之思想由儒家轉向法家之契機。故探討荀子之學說，更是瞭解韓非法治思想之重要課題。

一、性惡論

關於人性之問題，荀子主張性惡說。何謂性？《荀子・正名篇》云：「生之所以然者謂之性；性之和所生，精合感應，不事而自然謂之性。性之好惡喜怒哀樂謂之情。情然而心爲之擇謂之慮，心慮而能爲之動謂之僞。慮積焉，能習焉，而後成謂之僞。」〔註226〕天生自然之所以如此者，謂之「性」，《荀子・榮辱篇》云：

> 凡人有所一同：飢而欲食，寒而欲煖，勞而欲息，好利而惡害，是人之所生而有也，是無待而然者也，是禹桀之所同也。目辨白黑美惡，耳辨聲音清濁，口辨酸鹹甘苦，鼻辨芬芳腥臊，骨體膚理辨寒暑疾養，是又人之所常生而有也，是無待而然者也，是禹桀之所同也。〔註227〕

此爲「生理」之「性」。生理感官各自調合，接受外來之刺激而有所反應，此

〔註224〕唐・孔穎達：《春秋左傳正義》，頁 920。
〔註225〕日・瀧川資言：《史記會注考證》，頁 3668。
〔註226〕清・王先謙：《荀子集解》，頁 379～380。
〔註227〕同上，頁 54。

種能力不待學習而自有之，謂之「性」，此爲「心理」之「性」，是「性」可分爲二。天生心理上有好惡、喜怒、哀樂等各種反應，謂之「情」；有此種情感反應，而心爲之選擇是非可否，則謂之「慮」；心經過抉擇後，命令耳目口鼻形之官能反應而成行爲，是謂之「僞」，此爲感官行爲之「僞」；思慮行爲多次，並積累學習，而後形成習性，謂之「僞」。此爲性、僞之分別。《荀子·正名篇》又云「性者，天之就也；情者，性之質也；欲者，情之應也。以所欲爲可得而求之，情之所必不免也；以爲可而道之，知所必出也。故雖爲守門，欲不可去，性之具也。」〔註228〕「性」爲生理器官之功能，是自然生成者，人之心理、生理方面，對外來之刺激有各種反應者，是爲「情」，《荀子·哀公篇》云「情性者，所以理然不取舍也。」〔註229〕而對於各種外物之喜好及憎惡等感覺，即是「欲」。故由性而有情，由情而有欲，爲人之天生自然者，此天性自然而發展出之欲望，是情之所不能避免者，是不可去之者。

有自然之性，而有自然之欲，故順性之發展，則有「性惡」之說。《荀子·性惡篇》云：

> 人之性惡，其善者僞也。今人之性，生而有好利焉，順是，故爭奪生而辭讓亡焉；生而有疾惡焉，順是，故殘賊生而忠信亡焉；生而有耳目之欲，有好聲色焉，順是，故淫亂生而禮義文理亡焉。然則從人之性，順人之情，必出於爭奪，合於犯分亂理，而歸於暴。故必將有師法之化，禮義之道，然後出於辭讓，合於文理，而歸於治。
> 用此觀之，然則人之性惡明矣，其善者僞也。〔註230〕

人之性本天生自然，其好利、好聲色，爲人生之本能；然順此性之自然發展，如不加以節制之，其勢必陷於爭奪之行起，而辭讓之節亡；殘賊之心生，而忠信之度亡；淫亂作而禮義文理亡。故知縱人之性而自然發展，必至於爭奪起，而合於犯分亂理，終歸之於暴亂之局面。故荀子以爲「人之性惡明矣」。爲避免此種必然之發展，則必須有師法之教化，以導人之性，然後能有辭讓之節，使人之行爲舉止，合於禮法制度而使民安於治理。故荀子以爲「其善者僞也。」

然而人性應如何對治？《荀子·儒效篇》「性也者，吾所不能爲也，然

〔註228〕清·王先謙：《荀子集解》，頁 393。
〔註229〕同上，頁 491。
〔註230〕同上，頁 399～400。

而可化也。積也者，非吾所有也，然而可爲也。注錯習俗，所以化性也；并
一而不二，所以成積也。習俗移志，安久移質。」〔註231〕性爲天生不可去
除，然可以變化；積習之功夫不爲吾人生而有之，然可以作爲。學習與環境
二者，足以化人之本性，只要專一心志，則可得積習之成效。學習累久而移
人之心志，安於此道可變化人之本質，此爲積習之方法。《荀子・儒效篇》
云「居楚而楚，居越而越，居夏而夏，是非天性也，積靡使然也。故人知謹
注錯，愼習俗，大積靡，則爲君子矣；縱性情而不足問學，則爲小人矣。」
〔註232〕人之安於環境，受其影響甚鉅，此非天性所使然，而是學習累積而
來者。故謹於選擇環境，愼於對待學習之人，可爲君子；反之，則爲小人。
荀子又強調「起僞」而「化性」之重要性，《荀子・禮論篇》「性者，本始材
朴也；僞者，文理隆盛也。無性則僞之無所加，無僞則性不能自美。性僞合，
然後聖人之名，一天下之功於是就也。故曰：天地合而萬物生，陰陽接而變
化起，性僞合而天下治。」〔註233〕人之性爲自然生成，是質樸無華者，須
待禮義之道才能文飾之。性爲可變化之主體，而僞爲外在之加工，二者相輔
相成，如鳥之雙翼，缺一不可。人如能變化其本性而歸於禮義之道，必有統
一天下之功。

　　起僞雖可化性，然起僞之方亦必待師法然後正，《荀子・性惡篇》云：

　　　　今人之性惡，必將待師法然後正，得禮義然後治。今人無師法，則
　　　　偏險而不正；無禮義，則悖亂而不治。古者聖王以人之性惡，以爲
　　　　偏險而不正，悖亂而不治，是以爲之起禮義、制法度，以矯飾人之
　　　　情性而正之，以擾化人之情性而導之也。〔註234〕

人爲除其性惡之實，須待師法之敎化然後能歸於平正，必得禮義之規範然後
趨於安治，是荀子非常重視禮樂制度之能規範人性。而此論點，經由韓非吸
收後，則爲「以吏爲師」而重新出發。

二、天　論

　　荀子爲一自然論者，其言天之自然性質，《荀子・天論篇》：

〔註231〕清・王先謙：《荀子集解》，頁124。
〔註232〕同上，頁125。
〔註233〕同上，頁338。
〔註234〕同上，頁400。

> 天行有常，不爲堯存，不爲桀亡。應之以治則吉，應之以亂則凶。
> 彊本而節用，則天不能貧；養備而動時，則天不能病；脩道而不貳，
> 則天不能禍。故水旱不能使之飢，寒暑不能使之疾，祅怪不能使之
> 凶。本荒而用侈，則天不能使之富；養略而動罕，則天不能使之全；
> 倍道而妄行，則天不能使之吉。故水旱未至而飢，寒暑未薄而疾，
> 祅怪未至而凶，受時與治世同，而殃禍與治世異，不可以怨天，其
> 道然也。故明於天人之分，則可謂至人矣。〔註235〕

荀子以爲，天之運行有其常道，不受人事所影響。相對而言，其對人事之影
響者，爲一平行之形勢。人事以平治相應則吉祥，以紛亂相應則凶。人事之
貧病吉凶，皆由自我決定，而非決定於天。國之本在民，而民以食爲天，「強
本而節用」，以農爲本，發展農事，則吉，故政治之治亂與否，亦與大自然無
涉，而是關於人爲之努力。《荀子・天論篇》：

> 治亂，天邪？曰：日月星辰瑞曆，是禹桀之所同也，禹以治，桀以亂；
> 治亂非天也。時邪？曰：繁啓蕃長於春夏，畜積收藏於秋冬，是禹桀
> 之所同也，禹以治，桀以亂；治亂非時也。地邪？曰：得地則生，失
> 地則死，是又禹桀之所同也，禹以治，桀以亂；治亂非地也。〔註236〕

日月星辰曆象之運行，治世與亂世皆同，是治亂與天無關；春耕、夏耘、秋
穫、冬藏之功效，是治世與亂世皆同，是與時無關；得地利則生，失地利則
亡，是治世與亂也皆同也，故與地無關。天時（自然之運行）、地利（農事）、
人和（人爲之努力）三者能參則吉，而天時、地利二者之得否，端在於人事。

人事與自然之間有一定之界限，各不相犯，是人不與天爭職，《荀子・天
論篇》：

> 不爲而成，不求而得，夫是之謂天職。如是者，雖深，其人不加慮
> 焉；雖大，不加能焉；雖精，不加察焉，夫是之謂不與天爭職。天
> 有其時，地有其財，人有其治，夫是之謂能參。舍其所以參，而願
> 其所參，則惑矣。〔註237〕

大自然運行生化之機，有其不可探知之道，故有知者能知此理，則專重於人
事一方而勤其力，而不參與大自然之職，此之謂「不與天爭職」。若不明人與

〔註235〕清・王先謙：《荀子集解》，頁284～285。
〔註236〕同上，頁288。
〔註237〕同上。

天地之間，各有其職事，而放棄本身可改變大自然之能力，欲越人事之範圍
而干涉大自然之運作，是極其迷惑者。是以有知之士，不求知天，唯盡其在
人者，《荀子‧天論篇》云：

> 列星隨旋，日月遞炤，四時代御，陰陽大化，風雨博施，萬物各得其
> 和以生，各得其養以成，不見其事，而見其功，夫是之謂神。皆知其
> 所以成，莫知其無形，夫是之謂天功。唯聖人爲不求知天。〔註238〕

日月、四時、寒暑之代變，有其不可知之力量運作於其中，此謂之「神」；而
萬事萬物之生成及變化，是眾所可見，然其原理卻莫可知曉，此謂之「天功」。
故眾人當盡己之力而成其功效，至於參知天道，唯聖人爲能。

有所謂之「知天」者，《荀子‧天論篇》云：

> 天職既立，天功既成，形具而神生，好惡喜怒哀樂臧焉，夫是之謂
> 天情。耳目鼻口形能各有接而不相能也，夫是之謂天官。心居中虛，
> 以治五官，夫是之謂天君。財非其類以養其類，夫是之謂天養。順
> 其類者謂之福，逆其類者謂之禍，夫是之謂天政。暗其天君，亂其
> 天官，棄其天養，逆其天政，背其天情，以喪天功，夫是之謂大凶。
> 聖人清其天君，正其天官，備其天養，順其天政，養其天情，以全
> 其天功。如是，則知其所爲，知其所不爲矣；則天地官而萬物役矣。
> 其行曲治，其養曲適，其生不傷，夫是之謂知天。〔註239〕

眾人之所當知者，乃所謂「天情」、「天官」、「天君」、「天養」、「福」、「禍」、
「天政」等等，此爲人事之緊要者。若「暗其天君，亂其天官，棄其天養，
逆其天政，背其天情，以喪天功」，是謂「大凶」，乃所當避免者；聖人當「清
其天君，正其天官，備其天養，順其天政，養其天情，以全其天功」。天君者，
心也；天官者，耳目口鼻也，猶如一國之官，耳目口鼻不相能，而官職間亦
各司其職而侵權，則是知所當爲，亦知所不當爲，故可以宰治萬事萬物，是
謂「知天」。

若世有怪事起，當如何處之？《荀子‧天論篇》：

> 星隊木鳴，國人皆恐。曰：是何也？曰：無何也！是天地之變，陰
> 陽之化，物之罕至者也。怪之，可也；而畏之，非也。夫日月之有
> 蝕，風雨之不時，怪星之黨見，是無世而不常有之。上明而政平，

〔註238〕清‧王先謙：《荀子集解》，頁285～286。
〔註239〕同上，頁286～287。

> 則是雖並世起，無傷也；上闇而政險，則是雖無一至者，無益也。
> 夫星之隊，木之鳴，是天地之變，陰陽之化，物之罕至者也；怪之，
> 可也；而畏之，非也。〔註240〕

星墜木鳴之現象出現，是自然現象，以其爲怪，可也；若畏懼而恐荒，則不可也。若爲政者勤於政事，百姓安治，則雖然怪事常見，亦無妨於平治；若生於亂世之中，雖怪事無一至，亦無益於民生。

荀子以爲君子對大自然之態度，應是有所不爲，有所不慮，《荀子・天論篇》：

> 故大巧在所不爲，大智在所不慮。所志於天者，已其見象之可以期
> 者矣；所志於地者，已其見宜之可以息者矣；所志於四時者，已其
> 見數之可以事者矣；所志於陰陽者，已其見和（據楊注改）之可以
> 治者矣。官人守天，而自爲守道也。〔註241〕

君子知天象之規律變化，地象之宜於播種，四時之可從事於百務，陰陽之可以調和變化以治人事。如此則可已，其餘專門之知識，有司存矣。故君子操之在己而不慕其在天者，《荀子・天論篇》：

> 大天而思之，孰與物畜而制之！從天而頌之，孰與制天命而用之！
> 望時而待之，孰與應時而使之！因物而多之，孰與騁能而化之！思
> 物而物之，孰與理物而勿失之也！願於物之所以生，孰與有物之所
> 以成！故錯人而思天，則失萬物之情。〔註242〕

荀子以爲若推崇天之功而敬畏之、思慕之，不如利用大自然之所有而裁制之而得其利。故應掌握其在我有之力，以開創有利之機。

三、法　論

法之所起者何也？乃起於人之性惡。《荀子・性惡篇》云：「故古者聖人以人之性惡，以爲偏險而不正，悖亂而不治，故爲之立君上之埶以臨之，明禮義以化之，起法正以治之，重刑罰以禁之，使天下皆出於治、合於善也。」〔註243〕聖人以爲人之性惡，故起法正以治之，重其刑罰以禁之，故法者起於人之性惡也。荀子以爲治國者必有法，無法則國不能存，《荀子・王霸篇》云：

〔註240〕清・王先謙：《荀子集解》，頁 289～290。
〔註241〕同上，頁 287。
〔註242〕同上，頁 293。
〔註243〕同上，頁 404～405。

> 無國而不有治法，無國而不有亂法；無國而不有賢士，無國而不有
> 罷士；無國而不有愿民，無國而不有悍民；無國而不有美俗，無國
> 而不有惡俗。兩者並行而國在，上偏而國安，下偏而國危；上一而
> 王，下一而亡。故其法治，其佐賢，其民愿，其俗美，而四者齊，
> 夫是之謂上一。如是，則不戰而勝，不攻而得，甲兵不勞而天下服。
> 〔註244〕

　　治法與亂法是無國而不有之者，若爲政者偏於亂法則國亂，若偏於治法則國治，是以「士大夫務節死制，然而兵勁。百吏畏法循繩，然後國常不亂」（同前）〔註245〕。如此，則其國強而威行於天下，不戰而服人之國。

　　國之治與不治，法之行與不行，端在君主之重視與否，《荀子・君道篇》云：

> 有亂君，無亂國；有治人，無治法。羿之法非亡也，而羿不世中；
> 禹之法猶存，而夏不世王。故法不能獨立，類不能自行；得其人
> 則存，失其人則亡。法者，治之端也；君子者，法之原也。故有
> 君子，則法雖省，足以遍矣；無君子，則法雖具，失先後之施，
> 不能應事之變，足以亂矣。不知法之義而正法之數者，雖博，臨
> 事必亂。〔註246〕

法不能獨立而存，必推類俱有；而法類不能自我施行，必待君子而行之。是以法制者，得其人則存，失其人則亡。法制雖完備，亦必待君子而後能公平行之。法制雖待君子而後能行之，其亦有施行之準則，《荀子・大略篇》云：「有法者以法行，無法者以類舉。以其本，知其末，以其左，知其右，凡百事異理而相守也。慶賞刑罰，通類而後應；政教習俗，相順而後行。」〔註247〕法令不能遍及一切事務，若有法令不及之處，則必以法令所禁所行之精神而推類之，是以賞罰之道乃相通而不悖者。故有君子，則法雖省而足以遍。荀子以爲法者，乃爲政之終，《荀子・致士篇》云：「臨事接民，而以義變應，寬裕而多容，恭敬以先之，政之始也；然後中和察斷以輔之，政之隆也；然後進退誅賞之，政之終也。」〔註248〕爲政者寬容愛民，恭敬以先之，是爲政

〔註244〕清・王先謙：《荀子集解》，頁197。
〔註245〕同上，頁206。
〔註246〕同上，頁209。
〔註247〕同上，頁454。
〔註248〕清・王先謙：《荀子集解》，頁241。

之始事；而明察決斷以輔佐治道，是政事之隆盛者；其後，則必以進退誅賞之法行之，此為治之終事也。君主如能重法而治，愛民而為，霸者拱手而致，故云：「重法愛民而霸」（《荀子・彊國篇》）。〔註249〕

四、術　論

　　荀子言法之外，亦有言術之論者。術分有二：一為君術，一為臣術。其以君術為主，以臣術為輔，是為政之所不可免也。臣術者，有持君主之寵而處其位，終身無禍者，《荀子・仲尼篇》云：

> 主尊貴之，則恭敬而傳；主信愛之，則謹慎而嗛；主專任之，則拘守而詳；主安近之，則慎比而不邪；主疏遠之，則全一而不倍；主損絀之，則恐懼而不怨。貴而不為夸，信而不處謙，任重而不敢專。財利至，則善而不及也，必將盡辭讓之義然後受。福事至則和而理，禍事至則靜而理。富則廣施，貧則用節。可貴可賤也，可富可貧也，可殺而不可使為姦也——是持寵處位，終身不厭之術也。〔註250〕

臣下若得主上之重視、親愛、專任者，態度必恭敬謹慎、拘守而不邪侈；若主上疏遠、絀退者，則自我反省而不敢有怨。以戰國樂毅為例，其佐燕昭王振興燕國，報強齊伐燕之仇。燕昭王死，惠王即位。惠王對樂毅用而不信，以騎劫為大將接替樂毅。樂毅離燕而去趙，為趙惠王隆重款待，並封為望諸君，有望觀津（在今河南省商丘東）一地。騎劫戰敗慘殺後，惠王既悔於以騎劫代樂毅，以致敗陣，又忌樂毅奔趙，挾怨以趙軍趁此攻燕，於是派人致書責難樂毅。樂毅慷慨寫下《報燕惠王書》：「夫免身全功，以明先王之跡，臣之上計也。離毀辱之誹（謗），墮先王之名者，臣之所大恐也。臨不測之罪，以幸為利，義之所不敢出也。臣聞：『古之君子，交絕不出惡聲；忠臣去國，不絜其名。』臣雖不佞，數奉教於君子矣。恐侍御者之親左右之說，而不察疏遠之行。故敢獻書以聞，唯君王之留意焉。」〔註251〕此番言論不僅打消惠王之成見，更封樂毅之子樂間為昌國君。禍福之來有以應之，財利之來謙讓而後受之，貴賤貧富加於己身，不可移志而為非，是為臣之術也。

　　若君術者，君主有所操持，故聞見者廣，《荀子・不苟篇》云：

〔註249〕同上，頁 269。
〔註250〕同上，頁 95。
〔註251〕日・瀧川資言：《史記會注考證》，頁 4157～4158。

君子位尊而志恭，心小而道大，所聽視者近，而所聞見者遠。是何邪？則操術然也。故千人萬人之情，一人之情是也；天地始者，今日是也；百王之道，後王是也。君子審後王之道，而論於百王之前，若端拜而議。推禮義之統，分是非之分，總天下之要，治海內之眾，若使一人，故操彌約而事彌大。五寸之矩，盡天下之方也。故君子不下室堂，而海內之情舉積此者，則操術然也。〔註252〕

君主以一執萬，以一人之情推及千萬人之情；以今推古，百王之道，盡在後王。分是非，總天下之要道，治天下若使一人，不下堂而盡知天下之情，是操術然也。

刑、賞二者，爲君主所操以進賢黜惡。刑之所起者何？《荀子·議兵篇》云：

政令以定，風俗以一，有離俗不順其上，則百姓莫不敦惡，莫不毒孽，若祓不祥，然後刑於是起矣。是大刑之所加也，辱孰大焉？將以爲利邪？則大刑加焉。身苟不狂惑戇陋，誰睹是而不改也哉？〔註253〕

百姓有離俗而不順其上，違法犯紀者，百姓怨之如讎敵，於是刑罰因此而起，刑罰起而頑劣者改其行矣。有刑必有賞，《荀子·議兵篇》云：

然後百姓曉然皆知循上之法，像上之志，而安樂之。於是有能化善、脩身、正行、積禮義、尊道德，百姓莫不貴敬，莫不親譽，然後賞於是起矣。是高爵豐祿之所加也，榮孰大焉？將以爲害邪？則高爵豐祿以持養之，生民之屬，孰不願也！雕雕焉縣貴爵重賞於其前，縣明刑大辱於其後，雖欲無化，能乎哉？〔註254〕

刑罰之後，百姓安順守法，於是有脩身正行，能積禮義，尊重道德之人出現，百姓莫大尊敬稱譽之，於是賞賜因此而起。此亦由刑而致德之過程。《荀子·富國篇》云：

然後眾人徒，備官職，漸慶賞，嚴刑罰，以戒其心。使天下生民之屬，皆知己之所願欲之舉在是于也，故其賞行；皆知己之所畏恐之舉在是于也，故其罰威。賞行罰威，則賢者可得而進也，不肖者可

〔註252〕清·王先謙：《荀子集解》，頁41。
〔註253〕同上，頁264。
〔註254〕同上，頁264～265。

得而退也，能不能可得而官也。〔註255〕

君主操此刑賞二者，賢者得其官，不肖者得其罪，任法用術而治天下。

　　然，何者應刑，賞又何加？刑賞之標準，有所謂參驗之術，《荀子·致士篇》云：

> 衡聽、顯幽、重明、退姦、進良之術：朋黨比周之譽，君子不聽；殘賊加累之譖，君子不用；隱忌雍蔽之人，君子不近；貨財禽犢之請，君子不許。凡流言、流說、流事、流謀、流譽、流愬，不官而衡至者，君子慎之。聞聽而明譽之，定其當而當，然後士其刑賞而還與之。如是，則姦言、姦說、姦事、姦謀、姦譽、姦愬，莫之試也；忠言、忠說、忠事、忠謀、忠譽、忠愬，莫不明通，方起以尚盡矣。夫是之謂衡聽、顯幽、重明、退姦、進良之術。〔註256〕

君子不聽朋黨比周之稱譽，不用譖言，不近邪人，不貪財貨。所聞所見必加以明辨，定其眞僞然後給予賞罰，是爲君主參驗之術。荀子主張官當其位，功當其賞，刑當其罪，賞罰二者爲相對之手段，《荀子·正論篇》云：

> 凡爵列、官職、賞慶、刑罰，皆報也，以類相從者也。一物失稱，亂之端也。夫德不稱位，能不稱官，賞不當功，罰不當罪，不祥莫大焉。昔者武王伐有商，誅紂，斷其首，縣之赤旆。夫征暴誅悍，治之盛也。殺人者死，傷人者刑，是百王之所同也，未有知其所由來者也。刑稱罪則治，不稱罪則亂。故治則刑重，亂則刑輕，犯治之罪固重，犯亂之罪固輕也。〔註257〕

荀子主張賞罰相當，必循名責實，治亂世用重典。用重刑則治世來，而亂世往往所用爲輕刑。然刑賞之用，寧僭勿濫，《荀子·致士篇》云：「賞不欲僭，刑不欲濫。賞僭則利及小人，刑濫則害及君子。若不幸而過，寧僭勿濫；與其害善，不若利淫。」〔註258〕賞僭則及於小人，而刑濫則害及君子，爲重賢之故，寧爲利淫，不爲害善。

　　總上所論可知，韓非對於前期各家學派之政治理論，皆有深入之觀察及瞭解，自己並立於實用之角度上，予以吸收及批評。如其於黃老學派之道法

〔註255〕清·王先謙：《荀子集解》，頁166。
〔註256〕同上，頁237～238。
〔註257〕同上，頁303～304。
〔註258〕同上，頁243。

轉化，前期法家之形名相參、法術勢三者互用，荀子性惡論、天論、參驗、刑賞等理論之運用，都已進入純熟之地步。正因爲如此，所以韓非之法治理論，有著前期各家學派之長處，並去除其所失，而使之更適於治國之用。所以，韓非之法治學說，正有上述之優點，故被後世學者稱爲是集法家之大成者。

第五章　韓非法治思想之應用

　　韓非於政治上，主張鎔合法術勢於一爐，其主要目的爲齊一百姓，安定天下。《韓非子・問田篇》云：

　　　堂谿公謂韓子曰：「臣聞服禮辭讓，全之術也；修行退智，遂之道也。今先生立法術，設度數，臣竊以爲危於身而殆於軀。何以效之？所聞先生術曰：『楚不用吳起而削亂，秦行商君而富彊，二子之言已當矣，然而吳起支解而商君車裂者，不逢世遇主之患也。』逢遇不可必也，患禍不可斥也，夫舍乎全遂之道而肆乎危殆之行，竊爲先生無取焉。」

　　　韓子曰：「臣明先生之言矣。夫治天下之柄，齊民萌之度，甚未易處也。然所以廢先王之教，而行賤臣之所取者，竊以爲立法術，設度數，所以利民萌便眾庶之道也。故不憚亂主闇上之患禍，而必思以齊民萌之資利者，仁智之行也。憚亂主闇上之患禍，而避乎死亡之害，知明夫身而不見民萌之資利者，貪鄙之爲也。臣不忍嚮貪鄙之爲，不敢傷仁智之行。先生有幸臣之意，然有大傷臣之實。」〔註1〕

堂谿公以爲儒家之治道，爲遵行禮制，待人謙讓；修養德行，隱藏智巧。遵行禮制、待人謙讓則可以自我保全，修養德行、隱藏智巧則可以求得功名；而韓非獨創法制，設置標準，則必以之危其身。韓非則以爲，雖然治理天下之大權，齊一人民之準則，極其不易；然而，創立法制、設置標準，乃是基於人民之利益而作考量，因此爲求大眾之利，其甚可不顧己身之安危；一心

<hr>

〔註 1〕民國・陳奇猷：《韓非子新校注》，頁 955。

欲齊一人民，以獲取大眾利益，此乃眞正之仁智行爲。由上文中韓非回覆堂
谿公之言，顯示出韓非之所以採用法治之動機，乃是以愛民爲出發點，而非
爲殘民以逞。

第一節　處　勢

一、勢之性質

　　韓非之言處勢，自是承前期法家愼到而來，然而儒者對於愼到之重勢說，
不以爲然，於是有難其重勢之說法者，《韓非子・難勢篇》云：

> 應愼子曰：飛龍乘雲，騰蛇遊霧，吾不以龍蛇爲不託於雲霧之勢也。
> 雖然，夫釋賢而專任勢，足以爲治乎？則吾未得見也。夫有雲霧之勢，
> 而能乘遊之者，龍蛇之材美也。今雲盛而螾弗能乘也，霧醲而螘不能
> 遊也，夫有盛雲醲霧之勢而不能乘遊者，螾螘之材薄也。今桀、紂南
> 面而王天下，以天子之威爲之雲霧，而天下不免乎大亂者，桀、紂之
> 材薄也。且其人以堯之勢以治天下也，其勢何以異桀之勢也，亂天下
> 者也。夫勢者，非能必使賢者用已，而不肖者不用已也，賢者用之則
> 天下治，不肖者用之則天下亂。人之情性，賢者寡而不肖者眾，而以
> 威勢之利濟亂世之不肖人，則是以勢亂天下者多矣，以勢治天下者寡
> 矣。夫勢者，便治而利亂者也，故《周書》曰：「毋爲虎傅翼，將飛
> 入邑，擇人而食之。」夫乘不肖人於勢，是爲虎傅翼也。桀、紂爲高
> 臺深池以盡民力，爲炮烙以傷民性，桀、紂得乘四行者，南面之威爲
> 之翼也。使桀、紂爲匹夫，未始行一而身在刑戮矣。勢者，養虎狼之
> 心，而成暴亂之事者也，此天下之大患也。〔註2〕

儒者認爲，國之治亂並非全由勢而掌控。勢之本身，既不必使賢人用之，亦
不能使不肖者不用之。賢人用之，則天下治；不肖者用之，則天下亂，大有
載舟覆舟之狀。然而人類之性，賢者少而不肖者多；故以威勢資助不肖者，
則使之如虎添翼，而爲害必多。勢位若與人之虎狼之心結合，則成暴亂之事，
此乃天下之大患，由此可知，勢之不可獨重，必待法、術而後能爲治。《韓非
子・難勢篇》云：

勢之於治亂，本末有位也，而語專言勢之足以治天下者，則其智之
所至者淺矣。夫良馬固車，使臧獲御之則爲人笑，王良御之而日取
千里，車馬非異也，或至乎千里，或爲人笑，則巧拙相去遠矣。今
以國位爲車，以勢爲馬，以號令爲轡，以刑罰爲鞭筴，使堯、舜御
之則天下治，桀、紂御之則天下亂，則賢不肖相去遠矣。夫欲追速
致遠，不知任王良；欲進利除害，不知任賢能；此則不知類之患也。
夫堯、舜亦治民之王良也。〔註3〕

勢之本身對於治亂沒有一定之方向，國家所以得治而安，乃賢者所爲；其所
以動亂不定，則由於不肖者所爲，故儒者以爲任勢不如任賢。

韓非採取慎到之勢論，以爲人君治國之必具，故其駁斥儒者之言。韓非
以爲勢有二：一爲自然之勢，一爲人設之勢。《韓非子・難勢篇》云：

復應之曰：其人以勢爲足恃以治官。客曰「必待賢乃治」，則不然矣。
夫勢者，名一而變無數者也。勢必於自然，則無爲言於勢矣。吾所
爲言勢者，言人之所設也。今日堯、舜得勢而治，桀、紂得勢而亂，
吾非以堯、桀爲不然也。雖然，非一人之所得設也。夫堯、舜生而
在上位，雖有十桀、紂不能亂者，則勢治也；桀、紂亦生而在上位，
雖有十堯、舜而亦不能治者，則勢亂也。故曰：勢治者，則不可亂；
而勢亂者，則不可治也。此自然之勢也，非人之所得設也。〔註4〕

韓非以爲：勢若是平治者，便不能使之亂，故堯舜之居上位而有勢，即使有
十桀、紂亦不能亂之；勢若爲亂者，便不能使其平治，故桀紂居上位，雖有
十堯、舜，亦不能使國平治。而堯、舜與桀、紂能否得勢，非人力之所能爲，
此即爲「自然之勢」者。

所謂「人設之勢」者，《韓非子・難勢篇》云：

若吾所言，謂人之所得勢也而已矣，賢何事焉？何以明其然也？客
曰：人有鬻矛與楯者，譽其楯之堅，物莫能陷也，俄而又譽其矛曰：
「吾矛之利，物無不陷也。」人應之曰：「以子之矛陷子之楯何如？」
其人弗能應也。以爲不可陷之楯，與無不陷之矛，爲名不可兩立也。
夫賢之爲勢不可禁，而勢之爲道也無不禁，以不可禁之勢，此矛楯
之說也；夫賢勢之不相容亦明矣。且夫堯、舜、桀、紂千世而一出，

〔註3〕民國・陳奇猷：《韓非子新校注》，頁942。
〔註4〕同上，頁945。

是比肩隨踵而生也，世之治者不絕於中。吾所以為言勢者，中也。中者、上不及堯、舜，而下亦不為桀、紂。抱法處勢則治，背法去勢則亂。〔註5〕

韓非並以矛盾說來說明：賢與勢二者不能兩存。賢者無強制之作用；而勢者則無不為強制者。以無強制力之賢者與無不為強制之勢相比，則兩者不為相容也。世上極賢與極惡者，皆為少見，而中等之人則代而有之，故韓非所論之君，乃指中等之人而言。所謂中等之人，其善不及於堯舜，其惡不比桀紂。以此而處君位，僅須循於法度，善於用權，則能平治天下；若其違背法度，放棄權勢，則國必亂亡。《韓非子‧難勢篇》云：

今廢勢背法而待堯、舜，堯、舜至乃治，是千世亂而一治也。抱法處勢而待桀、紂，桀、紂至乃亂，是千世治而一亂也。且夫治千而亂一，與治一而亂千也，是猶乘驥駬而分馳也，相去亦遠矣。夫棄隱栝之法，去度量之數，使奚仲為車，不能成一輪。無慶賞之勸，刑罰之威，釋勢委法，堯、舜戶說而人辯之，不能治三家。夫勢之足用亦明矣，而曰必待賢則亦不然矣。且夫百日不食以待粱肉，餓者不活；今待堯、舜之賢乃治當世之民，是猶待粱肉而救餓之說也。〔註6〕

今者，若放棄權勢而違背法度，以等堯舜之出，才能平治天下，則必千年方有一治。若遵守法度，善用權勢，待桀紂之出，天下乃亂，是歷千世之平治，方有一世之動亂。以千世平治而動亂一世，與平治一世而動亂千世相比，其相去也不可以道里計。若無賞賜之勸勉，無刑罰之威嚇，放棄權勢與法度，而使賢如堯舜者去家家勸說，逢人而辯，恐怕連三家亦不能平治，如此看來，權勢之重要性可知矣。再者，今之世待人而治，若必待千世一出之堯舜方能平治，則如人之百日不食，而必待美食方才進食一般，為不切實際者。故韓非贊同慎到之勢論，以為任賢不如任勢之實際及快速。

二、韓非重勢之理由

（一）古今不同勢

當今之世，若欲平治，則威勢可行，而仁義無用，《韓非子‧顯學篇》云：

〔註5〕民國‧陳奇猷：《韓非子新校注》，頁945～946。
〔註6〕同上，頁946。

今或謂人曰：「使子必智而壽」，則世必以爲狂。夫智、性也，壽、命
也，性命者，非所學於人也，而以人之所不能爲說人，此世之所以謂
之爲狂也。謂之不能，然則是諭也。夫諭、性也。以仁義敎人，是以
智與壽說也，有度之主弗受也。故善毛嗇、西施之美，無益吾面，用
脂澤粉黛則倍其初。言先王之仁義，無益於治，明吾法度，必吾賞罰
者亦國之脂澤粉黛也。故明主急其助而緩其頌，故不道仁義。〔註7〕

儒者以仁義敎人治國，猶若使人必智且壽，此爲必不可得者。先王之仁義，
不足以治吾國；明法度、必賞罰，則方爲安國之策。《韓非子·顯學篇》云：

故敵國之君王雖說吾義，吾弗入貢而臣；關內之侯雖非吾行，吾必
使執禽而朝。是故力多則人朝，力寡則朝於人，故明君務力。夫嚴
家無悍虜，而慈母有敗子，吾以此知威勢之可以禁暴，而德厚之不
足以止亂也。〔註8〕

敵國不能以仁義來服我，我則能以威勢而使其來朝，由此可知，力多而強者
則人來朝，力寡而弱者則朝於人。明主知此，故必務力於勢。因此君主不可
聽信談論之士，而以仁義爲治；因爲德厚不足以止亂，惟有威勢始可以禁暴。
《呂氏春秋·愼勢篇》云：

湯其無郼，武其無岐，賢雖十全，不能成功。湯、武之賢，而猶藉
知乎勢，又況不及湯、武者乎？故以大畜小吉，以小畜大滅，以重
使輕從，以輕使重凶。自此觀之，夫欲定一世，安黔首之命，功名
著乎槃盂，銘篆著乎壺鑑，其勢不厭尊，其實不厭多。多實尊勢，
賢士制之，以遇亂世，王猶尚少。天下之民，窮矣苦矣。民之窮苦
彌甚，王者之彌易。凡王也者，窮苦之救也。水用舟，陸用車，塗
用輴，沙用鳩，山用樏，因其勢也。因其勢（三字據畢沅說增）者
令行。〔註9〕

以大畜小則吉，以重使輕則從，故欲一統天下，安百姓之命，君之勢不厭尊
高，故勢之用可知矣。

（二）威勢可以禁暴

《荀子·勸學》：「西方有木焉，名曰射干，莖長四寸，生於高山之上，

〔註7〕民國·陳奇猷：《韓非子新校注》，頁1143。
〔註8〕同上，頁1141。
〔註9〕民國·陳奇猷：《呂氏春秋校釋》，頁1109。

而臨百仞之淵，木莖非能長也，所立者然也。」〔註 10〕依此可知，勢位之重要。韓非故而提出有材而無勢，不能制不肖之論，以強調勢之要。《韓非子‧功名篇》云：

> 夫有材而無勢，雖賢不能制不肖。故立尺材於高山之上，則臨千仞
> 之谿，材非長也，位高也。桀爲天子，能制天下，非賢也，勢重也；
> 堯爲匹夫，不能正三家，非不肖也，位卑也。千鈞得船則浮，錙銖
> 失船則沈，非千鈞輕錙銖重也，有勢之與無勢也。故短之臨高也以
> 位，不肖之制賢也以勢。人主者，天下一力以共載之，故安；眾同
> 心以共立之，故尊。人臣守所長，盡所能，故忠。以尊主主御忠臣，
> 則長樂生而功名成。名實相持而成，形影相應而立，故臣主同欲而
> 異使。〔註11〕

桀爲天子，能治理天下之人，在於勢而不在於賢；堯爲匹夫，不能正三家之人，爲其無勢而非其不賢也。人主者，天下之人齊一心力以供之，故能安其位而養其尊。人臣守其所長之職，盡其所能以供驅馳，故能忠於職守。以地位崇高之君主使盡忠之官吏，則可永享安樂而功成名就。《韓非子‧功名篇》云：

> 明君之所以立功成名者四：一曰天時，二曰人心，三曰技能，四曰
> 勢位。非天時雖十堯不能冬生一穗，逆人心雖賁、育不能盡人力。
> 故得天時則不務而自生，得人心則不趣而自勸，因技能則不急而自
> 疾，得勢位則不進而名成。若水之流，若船之浮，守自然之道，行
> 毋窮之令，故曰明主。〔註12〕

明君所以能建立功名者，天時、人心、技能、勢位四者，缺一不可。得天時萬物自生，得人心不使而自行，因技能則不急而民自疾務其事，得勢位，守自然之道，行不窮之令，則眾民易使，功名可就，國之治如水之就下，自然之勢也。

三、主之處勢

（一）除君過

人君之「十過」，爲必須除去者。《韓非子‧十過篇》云：

〔註10〕清‧王先謙：《荀子集解》，頁 4。
〔註11〕民國‧陳奇猷校注：《韓非子新校注》，頁 552。
〔註12〕同上，頁 551。

十過：一曰、行小忠則大忠之賊也。二曰、顧小利則大利之殘也。
三曰、行僻自用，無禮諸侯，則亡身之至也。四曰、不務聽治而好
五音，則窮身之事也。五曰、貪愎喜利則滅國殺身之本也。六曰、
耽於女樂，不顧國政，則亡國之禍也。七曰、離內遠遊而忽於諫士，
則危身之道也。八曰、過而不聽於忠臣，而獨行其意，則滅高名為
人笑之始也。九曰、內不量力，外恃諸侯，則削國之患也。十曰、
國小無禮，不用諫臣，則絕世之勢也。〔註13〕

除十過者，多有克己復禮之儒家思想，韓非於此戒人主應以儒修己而以法治
國，將儒家思想過渡為法家治國理念。人主若犯此十過，小者兵敗身辱，大
者身危國亡，為天下笑，故不可不謹慎從事，必去除此十過，以求長生久視。

（二）以靜制動

人主必持勢而制羣臣，《韓非子‧內儲說下》云：

勢重者，人主之淵也；臣者，勢重之魚也。魚失於淵而不可復得
也，人主失其勢重於臣而不可復收也。古之人難正言，故託之於
魚。〔註14〕

人主，魚也；勢位，淵也。魚若脫於淵，則為人所得；人主若離其勢位，則
制於其臣。故《韓非子‧喻老篇》云：

制在己曰重，不離位曰靜。重則能使輕，靜則能使躁。故曰：「重為
輕根，靜為躁君。故曰君子終日行不離輜重也。」邦者，人君之輜
重也。主父生傳其邦，此離其輜重者也。故雖有代、雲中之樂，超
然已無趙矣。主父，萬乘之主，而以身輕於天下，無勢之謂輕，離
位之謂躁，是以生幽而死。故曰：「輕則失臣，躁則失君」，主父之
謂也。〔註15〕

趙之主父，離其勢位，後死於幽禁。故人主必權柄在握，不離其位，以靜制
動，則群臣可為用也。《韓非子‧外儲說右上》云：

子夏曰：「《春秋》之記臣殺君，子殺父者，以十數矣，皆非一日之
積也，有漸而以至矣。」凡姦者，行久而成積，積成而力多，力多
而能殺，故明主蚤絕之。今田常之為亂，有漸見矣，而君不誅。晏

〔註13〕民國‧陳奇猷：《韓非子新校注》，頁199。
〔註14〕同上，頁622。
〔註15〕同上，頁436。

子不使其君禁侵陵之臣，而使其主行惠，故簡公受其禍。故子夏曰：

「善持勢者蚤絕姦之萌。」〔註16〕

凡臣下之姦事，皆成於日積月累，故明主早絕其道，則能制之。而絕姦萌之方，在於君以術知之。

（三）任數因勢

人主必任數因勢，而天下之事明察。《韓非子・姦劫弒臣篇》云：

人主者，非目若離婁乃爲明也，非耳若師曠乃爲聰也。目必，不任其數，而待目以爲明，所見者少矣，非不弊之術也。耳必，不因其勢，而待耳以爲聰，所聞者寡矣，非不欺之道也。明主者，使天下不得不爲己視，天下不得不爲己聽。故身在深宮之中而明照四海之內，而天下弗能蔽、弗能欺者何也？闇亂之道廢，而聰明之勢興也。

故善任勢者國安，不知因其勢者國危。〔註17〕

人主之耳目非極其聰明者，若僅以耳目之力，則所見不廣。故明主必以天下人之目爲己視，以天下人之耳爲己聽，是以天下之事無不知悉，而不受所蔽。是明主必任其數而見，因其勢而聽，則身在宮中而明昭四海之內。

君主任人，必因其形勢之可而盡其力，則事無不成。《韓非子・觀行篇》云：

天下有信數三：一曰智有所不能立，二曰力有所不能舉，三曰彊有所不能勝。故雖有堯之智，而無眾人之助，大功不立。有烏獲之勁，而不得人助，不能自舉。有賁、育之彊，而無法術，不得長生。故勢有不可得，事有不可成。故烏獲輕千鈞而重其身，非其身重於千鈞也，勢不便也；離朱易百步而難眉睫，非百步近而眉睫遠也，道不可也。故明主不窮烏獲，以其不能自舉；不困離朱，以其不能自見。因可勢，求易道，故用力寡而功名立。時有滿虛，事有利害，物有生死，人主爲三者發喜怒之色，則金石之士離心焉。聖賢之撲淺深矣。故明主觀人，不使人觀己。明於堯不能獨成，烏獲不能自舉，賁、育之不能自勝，以法術則觀行之道畢矣。〔註18〕

智有所不成，力有所不能舉，強有所不能勝，爲明主所必知者。若因可能之

〔註16〕民國・陳奇猷：《韓非子新校注》，頁767。

〔註17〕同上，頁283。

〔註18〕同上，頁522。

勢，求容易之方法，則用力少而立功多。故明主之使人，不求其所不能者，如此，則臣下盡其力而呈其忠，則事易成。

四、御下之勢

（一）臣勢太重

人主之患，在臣勢太重，愛臣太過於親近，必危主上之身；臣下太過尊貴，必易置人主之位。故爲人主上，如無防備，則其臣下必移其威勢而傾覆其國。是以姦臣之勢重，則人主之道衰亡。大臣太重，有如猛狗社鼠，以壞人主之社稷。《韓非子・外儲說右上》云：

> 夫國亦有狗，有道之士懷其術而欲以明萬乘之主，大臣用也。故桓公問管仲「治國最奚患？」對曰：「最患社鼠矣。」公曰：「何患社鼠哉？」對曰：「君亦見夫爲社者乎？樹木而塗之，鼠穿其間，掘穴託其中，燻之則恐焚木，灌之則恐塗阤，此社鼠之所以不得也。今人君之左右，出則爲勢重而收利於民，入則比周而蔽惡於君，內閒主之情以告外，外內爲重，諸臣百吏以爲富，吏不誅則亂法，誅之則君不安，據而有之，此亦國之社鼠也。」故人臣執柄而擅禁，明爲己者必利，而不爲己者必害，此亦猛狗也。夫大臣爲猛狗而齕有道之士矣，左右又爲社鼠而閒主之情，人主不覺，如此，主焉得無壅，國焉得無亡乎？〔註19〕

有法術之士欲進其道以供主上之用，然大臣如猛狗而阻其道；又假人君之勢重以收買人心，在內結黨而蔽其惡於君主，而以其君主之內情以告而求重於外。故大臣太重者，國必危亡。《韓非子・內儲說下》又云：「權勢不可以借人，上失其一，臣以爲百。故臣得借則力多，力多則內外爲用，內外爲用則人主壅。」〔註20〕主上之權勢若下移至大臣手中，則朝廷內外皆爲其所把持，而主上爲其所壅塞，則國必危亡。

法術之士與當途之臣，兩者不爲相容。《韓非子・人主篇》云：

> 且法術之士，與當途之臣，不相容也。何以明之？主有術士，則大臣不得制斷，近習不敢賣重，大臣左右權勢息，則人主之道明矣。今則不然，其當途之臣得勢擅事以環其私，左右近習朋黨比周以制

〔註19〕民國・陳奇猷：《韓非子新校注》，頁784。
〔註20〕同上，頁615。

> 疏遠，則法術之士奚時得進用，人主奚時得論裁？故有術不必用，
> 而勢不兩立，法術之士焉得無危？故君人者非能退大臣之議，而背
> 左右之訟，獨合乎道言也；則法術之士安能蒙死亡之危而進說乎？
> 此世之所以不治也。〔註21〕

法術之士欲進其治國之方與明主所用，則大臣得勢擅事而朋比用私，故有術之士不為主上所用，而同時也和當途之臣勢有所不能兩立。如此，則有術之士不敢挾其術而進，此世所以不治之故也。《韓非子·人主篇》云：

> 明主者，推功而爵祿，稱能而官事，所舉者必有賢，所用者必有能，
> 賢能之士進，則私門之請止矣。夫有功者受重祿，有能者處大官，
> 則私劍之士安得無離於私勇而疾距敵，游宦之士焉得無撓於私門而
> 務於清潔矣？此所以聚賢能之士，而散私門之屬也。〔註22〕

明主之勢者，為賞有功而進賢能者，而所提拔者必是賢良之材，所任用者必然有能，賢能之人為所用，則權臣之請託就必然停止。此為明主聚集賢能之人，而解散權臣黨羽之方法。《韓非子·人主篇》云：

> 今近習者不必智，人主之於人也或有所知而聽之，入因與近習論其
> 言，聽近習而不計其智，是與愚論智也。其當途者不必賢，人主之
> 於人或有所賢而禮之，入因與當途者論其行，聽其言而不用賢，是
> 與不肖論賢也。故智者決策於愚人，賢士程行於不肖，則賢智之士
> 奚時得用，而主之明塞矣。………。今人主非肯用法術之士，聽愚
> 不肖之臣，則賢智之士、孰敢當三子之危而進其智能者乎？此世之
> 所以亂也。〔註23〕

方今之時，左右親近之人不為賢能，人主用有術之人，入而與不肖者論有術之士，且信左右親近之言，而不用賢者，則人主之明智已被蔽塞。此世所以亂之故。

人主之患，在大臣太貴太威二者，《韓非子·人主篇》云：

> 人主之所以身危國亡者，大臣太貴，左右太威也。所謂貴者，無法
> 而擅行，操國柄而便私者也。所謂威者，擅權勢而輕重者也。此二
> 者，不可不察也。夫馬之所以能任重引車致遠道者，以筋力也。萬

〔註21〕 民國·陳奇猷：《韓非子新校注》，頁 1164。
〔註22〕 同上。
〔註23〕 同上。

> 乘之主、千乘之君所以制天下而征諸侯者，以其威勢也。威勢者，
> 人主之筋力也。今大臣得威，左右擅勢，是人主失力，人主失力而
> 能有國者，千無一人。〔註24〕

所謂貴者，無法度而擅自行事，操持國家權柄而便其私門也。所謂威者，擅持權勢而作威作福。《尚書・洪範篇》云：「無偏無陂，遵王之義，無有作好，遵王之道，無有作惡，遵王之路。」〔註25〕即指須遵守先王之道，不可擅自作威作福。威勢者，爲人主制下之具，今大臣得威，左右擅勢，是人主失其氣力，則國危，故必慎此二者，以保其身，以安其國。

（二）察　姦

人主必須因法數、審賞罰，方能明察臣下之姦，《韓非子・有度篇》云：

> 夫爲人主而身察百官，則日不足，力不給。且上用目則下飾觀，上
> 用耳則下飾聲，上用慮則下繁辭。先王以三者爲不足，故舍己能，
> 而因法數，審賞罰。先王之所守要，故法省而不侵。獨制四海之內，
> 聰智不得用其詐，險躁不得關其佞，姦邪無所依。遠在千里外，不
> 敢易其辭；勢在郎中，不敢蔽善飾非。朝廷群下，直湊單微，不敢
> 相踰越。故治不足而日有餘，上之任勢使然也。〔註26〕

上之所有，下必甚焉。爲人主上如果親自考察百官之行，則力有所不逮。且君主以目而視，臣下則於容貌舉動上極力表現；君主以耳而聞，臣子就於言談說得中聽；君主以心思慮，臣子則在言詞之中力求繁富。先王見此蔽，故依法度，審明賞罰，所以法條精簡，而權勢無損。如此，聰明之人不得使巧詐，善辯之人不能逞其口才，奸邪之人無所依附。遠在千里之臣，不敢變更其言辭；近在朝廷之臣，不敢蒙蔽善行，而掩其惡迹。羣臣遵守法度，不敢有逾職守，所以君主用功不多而日有餘裕，此爲君主善於用勢之結果。

人主必待權勢，嚴賞罰，而臣下之姦得見。《韓非子・難三篇》云：

> 管子曰：「見其可，說之有證，見其不可，惡之有形，賞罰信於所見，
> 雖所不見，其敢爲之乎？見其可說之無證，見其不可惡之無形，賞
> 罰不信於所見，而求所不見之外，不可得也。」〔註27〕

〔註24〕民國・陳奇猷：《韓非子新校注》，頁1162。
〔註25〕唐・孔穎達：《尚書正義》，頁456。
〔註26〕同註24，頁107。
〔註27〕同上，頁920。

管子以為：對於臣下行事之可與不可，須有事實去證明，並以其好壞而加以賞罰，則未發覺者，必不敢為非作歹。《韓非子‧難三篇》云：

> 或曰：廣廷嚴居，眾人之所肅也；晏室獨處，曾、史之所慢也。觀人之所肅，非得情也。且君上者，臣下之所為飾也。好惡在所見，臣下之飾姦物以愚其君，必也。明不能燭遠姦，見隱微，而待之以觀飾行，定賞罰，不亦弊乎！」〔註28〕

韓非則以為：大廷廣眾之下，任誰都會整肅自己行為，而獨居之時，雖正人君子也會有散慢之時。故君主為臣下修飾自己行為之對象，若君主表現出自己之好惡，則臣下就會修飾自己而待君主之觀察，以求得好感，若君主依此而定賞罰，則是太過於愚昧。《韓非子‧五蠹篇》云：

> 今人主處制人之勢，有一國之厚，重賞嚴誅，得操其柄，以修明術之所燭，雖有田常、子罕之臣，不敢欺也，奚待於不欺之士？今貞信之士不盈於十，而境內之官以百數，必任貞信之士，則人不足官，人不足官則治者寡而亂者眾矣。故明主之道，一法而不求智，固術而不慕信，故法不敗，而群官無姦詐矣。〔註29〕

人主若處制人之勢，擁有一國之財富，重賞嚴罰，操持其殺生之權柄，以修明之術來明察臣下，雖有跋扈之臣下，也不敢欺詐其主。

（三）勢之不可犯

人君有三難者，關於此者，管子與韓非所言不同。《韓非子‧難三篇》云：

> 人有設桓公隱者曰：「一難，二難，三難，何也？」桓公不能對，以告管仲。管仲對曰：「一難也、近優而遠士。二難也、去其國而數之海。三難也、君老而晚置太子。」桓公曰：「善。」不擇日而廟禮太子。或曰：管仲之射隱不得也。士之用不在近遠。而俳優侏儒，固人主之所與燕也。則近優而遠士，而以為治，非其難者也。〔註30〕

管子以為：人主接近倡優而疏遠賢才，為一難；離開國都而常遊於海，為二難；年老而太子遲立，為三難。而韓非卻指出：賢才之任用，不在親疏；倡優者本為國君之狎玩；如庶子之勢，不與太子同等，而晚立太子亦無妨。故舉商臣作亂弒楚成王、公子根叛亂等事，皆說明君之難非為晚立太子，而是

〔註28〕民國‧陳奇猷：《韓非子新校注》，頁921～922。
〔註29〕同上，頁1109。
〔註30〕同上，頁901～902。

未及早正名處勢也。《韓非子・難三篇》又云：

> 物之所謂難者：必借人成勢而勿使侵害己，可謂一難也。貴妾不使
> 二后，二難也。愛孽不使危正適，專聽一臣而不敢偶君，此則可謂
> 三難也。〔註31〕

其以爲國君之難者：一爲必須借助他人之力以成就己勢；二爲寵幸小妾，而
不使其與元配地位平等；三爲寵愛庶子，而不使其危及嫡子；〔註32〕專一信
任一位臣子，而不使其與主上之勢匹敵。

國之可犯與否，在於其勢之強否。《韓非子・難三篇》云：

> 秦昭王問於左右曰：「今時韓、魏孰與始強？」左右對曰：「弱於始
> 也。」「今之如耳、魏齊孰與曩之孟常、芒卯？」對曰：「不及也。」
> 王曰：「孟常、芒卯率強韓、魏猶無奈寡人何也！」左右對曰：「甚
> 然！」中期推琴而對曰：「王之料天下過矣！夫六晉之時，知氏最強，
> 滅范、中行而從韓、魏之兵以伐趙，灌以晉水，城之未沈者三板。
> 知伯出，魏宣子御，韓康子爲驂乘，知伯曰：「始吾不知水可以滅人
> 之國，吾乃今知之。汾水可以灌安邑，絳水可以灌平陽。」魏宣子
> 肘韓康子，康子踐宣子之足，肘足接乎車上，而知氏分於晉陽之下。
> 今足下雖強，未若知氏；韓、魏雖弱，未至如其在晉陽之下也。此
> 天下方用肘足之時，願王勿易之也。〔註33〕

《孫子兵法・謀攻篇》：「知己知彼，百戰不殆；不知彼而知己，一勝一負；
不知彼，不知己，每戰必殆。」〔註34〕秦昭王過於輕估韓、魏之勢，以爲秦
國可高枕無憂，而中期卻提醒昭王三家分晉之事，以爲現今各國亦有瓜分秦
國之患。《韓非子・難三篇》云：

> 或曰：昭王之問也有失，左右中期之對也有過。凡明主之治國也，
> 任其勢。勢不可害，則雖強天下無奈何也，而況孟常、芒卯、韓、
> 魏能奈我何！其勢可害也，則不肖如如耳、魏齊，及韓、魏猶能害

〔註31〕民國・陳奇猷：《韓非子新校注》，頁902。

〔註32〕《左傳・隱公三年》記石碏諫衛莊公寵州吁一事：「公子州吁，嬖人之子也，
　　　　有寵而好兵，公弗禁。」（民國・楊伯峻：《春秋左傳注》，頁31）莊公弗聽，
　　　　而《史記・衛康叔世家》則記其後續發展云：「（莊公）十三年，鄭伯弟段攻
　　　　其兄，不勝，亡，而州吁求與之友。十六年，州吁收聚衛亡人，以襲殺桓公，
　　　　州吁自立爲衛君。」（日・瀧川資言：《史記會注考證》，頁2701）。

〔註33〕同註31，頁916～917。

〔註34〕魏・曹操等：《十一家注孫子》，頁51～52。

之。然則害與不侵，在自恃而已矣，奚問乎？自恃其不可侵，則強
　與弱奚其擇焉？失在不自恃，而問其奈何也，其不侵也幸矣！〔註35〕
韓非則以為：英明之君主，其治國全憑自己之權力，自我之權力不可損害，
雖各國聯合攻之，亦莫可奈何。反之，若自我之權力可損害，則弱國亦可侵
犯之。正如《孫子兵法・九變篇》所言：「故用兵之法，無恃其不來，恃吾有
以待也；無恃其不攻，恃吾有所不可攻也！」〔註36〕故犯與不犯，在己不在
人。

（四）持三守、去三劫

　　人主之劫有三種，若能持三守，則可除之。《韓非子・三守篇》云：

　　　人主有三守。三守完則國安身榮，三守不完則國危身殆。何謂三守？
　　　人臣有議當途之失、用事之過、舉臣之情，人主不心藏而漏之近習
　　　能人，使人臣之欲有言者，不敢不下適近習能人之心而乃上以聞人
　　　主，然則端言直道之人不得見，而忠直日疏。愛人不獨利也，待譽
　　　而後利之；憎人不獨害也，待非而後害之；然則人主無威而重在左
　　　右矣。惡自治之勞憚，使群臣輻湊之變，因傳柄移藉，使殺生之機、
　　　奪予之要在大臣，如是者侵。此謂三守不完。三守不完則劫殺之徵
　　　也。〔註37〕

臣下若有議論權臣、上級主管、諛臣之實情，君主必得藏之於胸中，若洩漏
於他人，臣下必迎合親信，則信實之士不敢進於前，此為一守，此守著守術
也；君主之賞罰，必待他人毀譽方能行之，則君主之大權旁落，此為二守，
此守者守法也；君主厭惡親自治理國政，而命臣下參與治理，如此，大權下
移，則君主之權侵，此為三守，此則為勢守。法術勢三守不完，則君為臣劫，
此乃君亡國滅之徵也。《韓非子・外儲說左下》云：

　　　齊桓公將立管仲，令群臣曰：「寡人將立管仲為仲父，善者入門而左，
　　　不善者入門而右。」東郭牙中門而立，公曰：「寡人立管仲為仲父，
　　　令日善者左，不善者右，今子何為中門而立？」牙曰：「以管仲之智
　　　為能謀天下乎？」公曰：「能。」「以斷為敢行大事乎？」公曰：「敢。」
　　　牙曰：「君知能謀天下，斷敢行大事，君因專屬之國柄焉。以管仲之

〔註35〕民國・陳奇猷：《韓非子新校注》，頁918。
〔註36〕魏・曹操等：《十一家注孫子》，頁140。
〔註37〕同註35，頁316。

能，乘公之勢以治齊國，得無危乎？」公曰：「善。」乃令隰朋治內，管仲治外以相參。〔註38〕

齊桓公將權勢下移至管仲，若不分其權，則管仲是否爲劫臣，則未可知也。若君主未能保此三守，則劫殺必起於臣下。

有三劫者，《韓非子・三守篇》云：

> 凡劫有三：有名劫，有事劫，有刑劫。人臣有大臣之尊，外操國要以資群臣，使外內之事非己不得行。雖有賢良，逆者必有禍，而順者必有福。然則群臣直莫敢忠主憂國以爭社稷之利害。人主雖賢不能獨計，而人臣有不敢忠主，則國爲亡國矣，此謂國無臣。國無臣者，豈郎中虛而朝臣少哉？群臣持祿養交，行私道而不效公忠。此謂名劫。鬻寵擅權，矯外以勝內，險言禍福得失之形，以阿主之好惡，人主聽之，卑身輕國以資之，事敗與主分其禍，而功成則臣獨專之。諸用事之人，壹心同辭以語其美，則主言惡者必不信矣。此謂事劫。至於守司囹圄，禁制刑罰，人臣擅之，此謂刑劫。三守不完則三劫者起，三守完則三劫者止，三劫止塞則王矣。〔註39〕

君主所受之劫制者有三：一爲名劫，二爲事劫，三爲刑劫。羣臣尸位素餐，徒取其俸祿而養其黨羽，只謀取自我之利益，而不效忠君主；君主雖賢而不能謀劃國事，此爲「名劫」，如《韓非子・外儲說右上》云：

> 季孫相魯，子路爲郈令。魯以五月起眾爲長溝，當此之爲，子路以其私秩粟爲漿飯，要作溝者於五父之衢而飡之。孔子聞之，使子貢往覆其飯，擊毀其器，曰：「魯君有民，子奚爲乃飡之？」子路怫然怒，攘肱而入請曰：「夫子疾由之爲仁義乎？所學於夫子者仁義也，仁義者，與天下共其所有而同其利者也。今以由之秩粟而飡民，不可何也？」孔子曰：「由之野也！吾以女知之，女徒未及也，女故如是之不知禮也！女之飡之，爲愛之也。夫禮，天子愛天下，諸侯愛境內，大夫愛官職，士愛其家，過其所愛曰侵。今魯君有民而子擅愛之，是子侵也，不亦誣乎！」言未卒，而季孫使者至，讓曰：「肥也起民而使之，先生使弟子令徒役而飡之，將奪肥之民耶？」孔子駕而去魯。以孔子之賢，而季孫非魯君也，以人臣之資，假人主之

〔註38〕民國・陳奇猷：《韓非子新校注》，頁728。
〔註39〕同上，頁319。

術，蚤禁於未形，而子路不得行其私惠，而害不得生，況人主乎？

以景公之勢而禁田常之侵也，則必無劫弒之患矣。〔註40〕

季孫氏之擅君權，猶恐子路收買其民，若人主早絕其勢，亦可止其劫；臣下擅君上之權勢，假借外國之勢力，控制國內之政情，使君主與其權勢。事若成功，臣享其利；事若失敗，君分其咎，此為「事劫」；若臣子專擅獄權、禁制刑罰之權者，此為「刑劫」。人主若能持三守，則三劫止息；若不能持三守，則三劫必起。《韓非子・外儲說右下》云：「入齊則獨聞淖齒而不聞齊王，入趙則獨聞李兌而不聞趙王。故曰：人主者不操術，則威勢輕而臣擅名。」〔註41〕是知人主若不親操其權術，則人臣必藉之以為資，而取其利也。

（五）處勢而用刑

明主必處勢而用刑，使民聽從。《韓非子・六反篇》云：

夫姦必知則備，必誅則止；不知則肆，不誅則行。夫陳輕貨於幽隱，雖曾、史可疑也；懸百金於市，雖大盜不取也。不知則曾、史可疑於幽隱，必知則大盜不取懸金於市。故明主之治國也眾其守、而重其罪，使民以法禁而不以廉止。母之愛子也倍父，父令之行於子者十母；吏之於民無愛，令之行於民也萬父。母積愛而令窮，吏用威嚴而民聽從，嚴愛之筴亦可決矣。且父母之所以求於子也，動作則欲其安利也，行身則欲其遠罪也；君上之於民也，有難則用其死，安平則盡其力，親以厚愛關子於安利而不聽，君以無愛利求民之死力而令行。明主知之，故不養恩愛之心而增威嚴之勢。故母厚愛處，子多敗，推愛也；父薄愛教笞，子多善，用嚴也。〔註42〕

對於姦事，一定會被發覺，才會戒備，必定會被懲罰，才會停止。反之，若不知則流淫放肆，不懲罰則仍會實行。是故明主之治國也，設置眾多之官守，而重其刑罰，使人民因為法律而禁止為姦，而非靠廉節之不犯紀。君主不用恩愛之情，而要求人民犧牲盡力，命令往往可貫徹；而父母以親愛之情關愛子女，卻不為接受。是以君子不培養恩愛之心理，而增強威勢，重其刑罰，使民聽令而行。

韓非理想中之君主形象，《韓非子・大體篇》云：

〔註40〕民國・陳奇猷：《韓非子新校注》，頁 767～768。
〔註41〕同上，頁 832。
〔註42〕同上，頁 1008～1009。

上不天則下不遍覆，心不地則物不畢載。太山不立好惡，故能成其高；江海不擇小助，故能成其富。故大人寄形於天地而萬物備，歷心於山海而國家富。上無忿怒之毒，下無伏怨之患，上下交撲，以道爲舍。

故長利積，大功立，名成於前，德垂於後，治之至也。〔註43〕

君主上必效法天之廣大無私，才能徧覆人民；下必效法地之深厚，才能持載萬物，《易·坤卦》云：「象曰：地勢坤。君子以厚德載物。」〔註44〕泰山無好惡，故能成就其崇高，江海不擇選細流，故能成就其深廣。所以君主以天地廣大般之胸懷來統治，則萬物自然成長；以山海般高深之心而計慮於事，則國家富足。君主無忿怒而濫刑，臣民無隱藏怨恨之患，上下和順，一切依道而行。累積久遠之利益，大功建立，聲名成就，德澤流於後世，此則爲最高之政治境界。

第二節 任 法

重法之思想在法家學說當中，爲一重要之主軸，而前期法家如管仲及商君等，更是重法學說之代表。韓非之任法理論，一方面承此二者而來，再加以韓非本身觀察歷史證驗，取其可適用於人君治國者，從而形成其完整之任法學說。

一、明 法

人主之治國，首在於明法。《韓非子·南面篇》云：

人主之過，在已任在臣矣，又必反與其所不任者備之，此其說必與其所任者爲讎，而主反制於其所不任者。今所與備人者，且囊之所備也。人主不能明法而以制大臣之威，無道得小人之信矣。人主釋法而以臣備臣，則相愛者比周而相譽，相憎者朋黨而相非，非譽交爭，則主惑亂矣。人臣者，非名譽請謁無以進取，非背法專制無以爲威，非假於忠信無以不禁，三者，惛主壞法之資也。人主使人臣雖有智能不得背法而專制，雖有賢行不得踰功而先勞，雖有忠信不得釋法而不禁，此之謂明法。〔註45〕

〔註43〕民國·陳奇猷：《韓非子新校注》，頁559。
〔註44〕清·李道平：《周易集解纂疏》，頁67～68。
〔註45〕同註43，頁328。

用人勿疑，疑人勿用。疑人勿用，在於事前之觀察透澈；用人勿疑，在於能夠循名責實。人主之過在於已任命臣行事，而又遣無任之臣監視之，則必制於監臣之手。若君主捨棄法律之監督，而派遣臣子以監督臣子，則臣子間之交相稱譽與毀謗，必接踵而來。臣子以求名而得祿，違法獨斷而樹威，僞言忠信而逃避制裁，此三者爲惑君敗法之根本。君主使臣雖有智而不違法獨斷；雖有善行而賞不過其勞；雖有忠信之美德，不能越法而不禁，此謂之「明法」。

（一）今古不同俗

《韓非子・五蠹篇》云：「故曰：事異則備變。上古競於道德，中世逐於智謀，當今爭於氣力。」〔註46〕上古民心純樸故競行道德，中世則追逐智謀，若當今之世，則是以氣力相爭之時。《商君書・開塞篇》云：

> 夫王道一端，而臣道亦一端；所道則異，而所繩則一也。故曰：「民愚，則知可以王；世知，則力可以王。」民愚則力有餘而知不足；世知則巧有餘而力不足。民之生，不知則學，力盡而服。故神農教耕而王天下，師其知也；湯武致彊而征諸侯，服其力也。夫民愚不懷知而問；世知無餘力而服。故以王天下者并刑；力征諸侯者退德。聖人不法古，不脩今。法古則後於時，修今則塞於勢。周不法商，夏不法虞，三代異勢，而皆可以王。故興王有道，而持之異理。武王逆取而貴順，爭天下而上讓；其取之以力，持之以義。今世彊國事兼并，弱國務力守；上不及虞夏之時，而下不脩湯武[之道]。湯武[之道]塞，故萬乘莫不戰，千乘莫不守。〔註47〕

上古之時人民愚昧，力有餘而智不足，故君主憑藉才智即可稱王。人民愚昧，不以其智而求識，故以智稱王者刑罰不用，此時首要者爲道德；〔註48〕今之世尙智，尙智則巧詐有餘而力不足，力不足者力盡則屈服，故君主憑藉武力即可稱王。世俗尙智，力盡則屈服，故以力稱王者不用德治。聖王之治世，明此原則，故不效法古代，不拘守現狀。《韓非子・內儲說上》以救火一事爲例：「夫逐獸者樂而無罰，救火者苦而無賞，此火之所以無救也。……事急，不及以賞，救火者盡賞之，則國不足以賞於人，請徒行罰。……於是仲尼乃

〔註46〕 民國・陳奇猷：《韓非子新校注》，頁 1092。

〔註47〕 清・嚴萬里：《商君書新校正》，頁 16。

〔註48〕 上古時有堯、舜、禹等聖王之禪位，而《史記・吳太伯世家》及《伯夷列傳》中亦記有季札、伯夷之傳賢讓位。

下令曰：『不救火者比降北之罪，逐獸者比入禁之罪。』令下未遍而火已救矣。」
〔註49〕三代形勢不同，而皆可以稱王，其守王業各自有法。今亂世無法，先王之德治已不符今用，故不攻守無以持國。

今死守先王之政，而不為變通者，則必有所害，《韓非子‧五蠹篇》云：

> 今有構木鑽燧於夏后氏之世者，必為鯀、禹笑矣。有決瀆於殷、周之世者，必為湯、武笑矣。然則今有美堯、舜、湯、武、禹之道於當今之世者，必為新聖笑矣。是以聖人不期脩古，不法常可，論世之事，因為之備。宋人有耕田者，田中有株，兔走，觸株折頸而死，因釋其耒而守株，冀復得兔，兔不可復得，而身為宋國笑。今欲以先王之政，治當世之民，皆守株之類也。〔註50〕

古今之勢易，聖人之治國，不循古代舊制，不效法舊例，必依現今之狀而建立適當之措施。今若以先王之治道而治今之世，實為守株待兔之愚者。

古者風俗純樸，故法省，當今之世，俗趨姦邪，故法宜重。《韓非子‧五蠹篇》云：「夫古今異俗，新故異備，如欲以寬緩之政、治急世之民，猶無轡策而御駻馬，此不知之患也。」〔註51〕今若欲以寬大緩和之政以治急世之民，是不知現世之患者。《韓非子‧南面篇》云：

> 不知治者，必曰：「無變古，毋易常。」變與不變，聖人不聽，正治而已。然則古之無變，常之毋易，在常古之可與不可。伊尹毋變殷，太公毋變周，則湯、武不王矣。管仲毋易齊，郭偃毋更晉，則桓、文不霸矣。凡人難變古者，憚易民之安也。夫不變古者，襲亂之跡；適民心者，恣姦之行也。民愚而不知亂，上懦而不能更，是治之失也。人主者，明能知治，嚴必行之，故雖拂於民心立其治。〔註52〕

明主欲治其國，必須變法，「故治國無法則亂，守法而弗變則悖，悖亂不可以持國。世易時移，變法宜矣。譬之若良醫，病萬變，藥亦萬變。病變而藥不變，嚮之壽民，今為殤子矣。故凡舉事必循法以動，變法者因時而化。若此論則無過務矣」（《呂氏春秋‧察今篇》）。〔註53〕法必因時而化，制其所宜者，故不法古，宜察今而為之制法。

〔註49〕民國‧陳奇猷：《韓非子新校注》頁589。
〔註50〕同上，頁1085。
〔註51〕同上，頁1096。
〔註52〕同上，頁334。
〔註53〕民國‧陳奇猷：《呂氏春秋校釋》，頁935～936。

（二）法之必禁

愛心不足恃，而法必為之禁，《韓非子・五蠹篇》云：

> 故父母之愛不足以教子，必待州部之嚴刑者，民固驕於愛、聽於威
> 矣。故十仞之城，樓季弗能踰者，峭也；千仞之山，跛牂易牧者，
> 夷也。故明王峭其法、而嚴其刑也。布帛尋常，庸人不釋；鑠金百
> 溢，盜跖不掇。不必害則不釋尋常，必害手則不掇百溢，故明主必
> 其誅也。是以賞莫如厚而信，使民利之；罰莫如重而必，使民畏之；
> 法莫如一而固，使民知之。故主施賞不遷，行誅無赦。譽輔其賞，
> 毀隨其罰，則賢不肖俱盡其力矣。〔註54〕

父母之愛，鄉人之勸戒，師長之教誨，不能使不肖子改；而官吏操法以求其姦，
必恐懼變節而改其操，是知民因愛而驕，因威而聽令也。明主行重賞以利民，
行必罰以畏民，法令專一而堅固，則賢不肖皆盡其力也。《荀子・王制篇》云：

> 無德不貴，無能不官，無功不賞，無罪不罰。朝無幸位，民無幸生。
> 尚賢使能，而等位不遺；析愿禁悍，而刑罰不過。百姓曉然皆知夫
> 為善於家，而取賞於朝也；為不善於幽，而蒙刑於顯也。夫是之謂
> 定論。是王者之論也。〔註55〕

此為其師之主張，亦可以得見二人對於賞罰之效，予以同等之重視。

（三）今世法亂

今世之民亂而無法，故須重法以矯之。《商君書・開塞篇》云：

> 古之民樸以厚，今之民巧以偽。故效於古者，先德而治；效於今者，
> 前刑而法；此世之所惑也。今世之所謂義者，將立民之所好，而廢
> 其所惡；此其所謂不義者，將立民之所惡，而廢其所樂也。二者名
> 貿實易，不可不察也。……吾所謂刑（據陶鴻慶説改）者，義之本
> 也；而世所謂義者，暴之道也。夫正民者：以其所惡，必終其所好；
> 以其所好，必敗其所惡。〔註56〕

今之民與古不同，因此，當今治國，莫善於重法、明法於刑前。今以刑罰而
治，則民懼法而不敢為非，不敢為非則享其所愛者，故今世必重法而治。

韓非以為今世之亂，乃由儒俠所造成，《韓非子・五蠹篇》云：

〔註54〕民國・陳奇猷：《韓非子新校注》，頁1099～1100。
〔註55〕清・王先謙：《荀子集解》，頁139～140。
〔註56〕清・嚴萬里：《商君書新校正》，頁16～17。

儒以文亂法，俠以武犯禁，而人主兼禮之，此所以亂也。夫離法者
罪，而諸先生以文學取；犯禁者誅，而群俠以私劍養。故法之所非，
君之所取；吏之所誅，上之所養也。法趣上下四相反也，而無所定，
雖有十黃帝不能治也。故行仁義者非所譽，譽之則害功；文學者非
所用，用之則亂法。〔註57〕

儒以文飾違亂法度，游俠以武力侵犯禁令，〔註58〕其行爲乃法之所禁者，而
卻爲君主所取用；爲官吏所欲誅罰者，卻爲君主所供養，人主兼此二者而禮
遇之，此乃造成亂世之因，故韓非主張標準法之確立，而非一歸於道德；禁
儒俠二者，以平世亂。

（四）奉法者強

國家之勢，強弱無定，《韓非子‧有度篇》云：

國無常強，無常弱。奉法者強則國強，奉法者弱則國弱。荊莊王并
國二十六，開地三千里，莊王之泯社稷也，而荊以亡。齊桓公并國
三十，啓地三千里，桓公之泯社稷也，而齊以亡。燕襄王以河爲境，
以薊爲國，襲涿、方城，殘齊，平中山，有燕者重，無燕者輕，襄
王之泯社稷也，而燕以亡。魏安釐王攻趙救燕，取地河東；攻盡陶、
魏之地；加兵於齊，私平陸之都；攻韓拔管，勝於淇下；睢陽之事，
荊軍老而走；蔡、召陵之事，荊軍破；兵四布於天下，威行於冠帶
之國；安釐死而魏以亡。故有荊莊、齊桓則荊、齊可以霸，有燕襄、
魏安釐則燕、魏可以強。今皆亡國者，其群臣官吏皆務所以亂，而
不務所以治也。其國亂弱矣，又皆釋國法而私其外，則是負薪而救
火也，亂弱甚矣。〔註59〕

國家執行法度之人強，則國強；執行法度之人弱，則國弱。楚莊王、齊桓公、
燕昭王、魏安釐王等君主，其人在其國強，其人亡其國弱，究其原因，則在

〔註57〕民國‧陳奇猷：《韓非子新校注》，頁1104。

〔註58〕《史記‧春申君列傳》記載：「李園既入其女弟立爲王后，子爲太子，恐春申
君語洩而益驕，陰養死士欲殺春申君以滅口，而國人頗有知之者。」（日‧瀧
川資言：《史記會注考證》，頁4093）而後「楚考烈王卒，李園果先入，伏死
士於棘門之內。春申君入棘門，園死士俠刺春申君，斬其頭投之棘門外。於
是遂使吏盡滅春申君之家。而李園女弟初幸春申君有身而入之王所生子者遂
立，是爲楚幽王。」（同前，頁4095）是俠以武犯禁之例也。

〔註59〕同註57，頁84。

於其大臣及官吏皆務於使國家衰亡之作法，卻不從事於使國家安定之。故國已亂又棄法而治，則必趨向滅亡之道。

　　法術若明，則國雖小，必強。《韓非子·飾邪篇》云：「明於治之數，則國雖小，富。賞罰敬信，民雖寡，強。賞罰無度，國雖大兵弱者，地非其地，民非其民也。無地無民，堯、舜不能以王，三代不能以強。」〔註60〕若知治國之方，國土雖小，仍可以富強；賞罰慎重且確實，人民雖少，卻可以強大。若賞罰無常法，國土雖大，而兵力弱小，則其土其民不為己有。《商君書·慎法篇》云：

> 而今夫世俗治者，莫不釋法度而任辯慧，後功力而進仁義，民故不務耕戰。彼民不歸其力於耕，即食屈於內；不歸其節於戰，則兵弱於外。入而食屈於內，出而兵弱於外，雖有地萬里，帶甲百萬，與獨立平原一（貫）也。且先王能令其民蹈白刃，被矢石，其民之欲為之，非如學之所以避害。故吾教令民之欲利者，非耕不得；避害者，非戰不免。境內之民，莫不先務耕戰而得其所樂。故地少粟多，民少兵強。能行二者於境內，則霸王之道畢矣。〔註61〕

世俗之主，莫不釋去法度而任用辯慧之人，看重仁義而輕視功力，故其民不急務於耕戰。「當今爭於氣力」，若民不專致於耕戰，則內者食不足而外者兵弱。故明主之治，使民內務於農耕，外務兵戰，如此，地雖少而粟多，民雖少而兵強，能行此二者於境內，則霸王之道盡於此也。

（五）成就王霸之業

　　法明則國強，《韓非子·飾邪篇》云：「古者先王盡力於親民，加事於明法。彼法明則忠臣勸，罰必則邪臣止。忠勸邪止而地廣主尊者，秦是也。群臣朋黨比周以隱正道、行私曲而地削主卑者，山東是也。亂弱者亡，人之性也。治強者王，古之道也。」〔註62〕古聖王愛民修明法律，法律修明而忠臣勸勉；刑罰必行，則奸臣匿跡。忠臣奮勉，奸臣匿跡，而使國強民富，領土擴張，君主尊崇者，秦國即為一例。若群臣朋比結黨，隱蔽正道，素行不良，而使國弱民貧，領土日見削減，君主地位卑微，六國即是例證。亂弱之國則亡，治強之國王天下，是必然之道。《韓非子·六反篇》云：

〔註60〕民國·陳奇猷：《韓非子新校注》，頁348。
〔註61〕清·嚴萬里：《商君書新校正》，頁41。
〔註62〕同註60，頁344。

聖人之治也，審於法禁，法禁明著則官治；必於賞罰，賞罰不阿則
民用。民用官治則國富，國富則兵強，而霸王之業成矣。霸王者，
人主之大利也。人主挾大利以聽治，故其任官者當能，其賞罰無私。
使士民明焉盡力致死、則功伐可立而爵祿可致，爵祿致而富貴之業
成矣。富貴者，人臣之大利也，人臣挾大利以從事，故其行危至死，
其力盡而不望。此謂君不仁，臣不忠，則（不）可以霸王矣。〔註63〕

聖人之治國，一則審明於法律禁令，法律禁令明確顯著，官吏則平治；二則
操持賞罰之柄，賞罰不阿所親則百姓爲用。民眾爲所用而官吏平治，則國家
富足，國家富足，則兵力強勁，如此則霸王之業可立而待也。

　　明主之治國，以法爲教，以吏爲師，《韓非子・五蠹篇》云：

故明主之國，無書簡之文，以法爲教；無先王之語，以吏爲師；無私
劍之捍，以斬首爲勇。是境內之民，其言談者必軌於法，動作者歸之
於功，爲勇者盡之於軍。是故無事則國富，有事則兵強，此之謂王資。

既畜王資而承敵國之釁，超五帝，侔三王者，必此法也。〔註64〕

境內之民，其言談皆納入法律之軌範當中，無私人之鬥而有陣戰之功。如此，
國家無事則富足，有軍事則兵強，此謂之「王資」。既擁此王者之資，而超越
三王五帝，實屬必然。《韓非子・六反篇》云：

故明主之治國也，適其時事以致財物，論其稅賦以均貧富，厚其爵
祿以盡賢能，重其刑罰以禁姦邪，使民以力得富，以事致貴，以過
受罪，以功致賞而不念慈惠之賜，此帝王之政也。〔註65〕

明主之治國，必先富其國，均平貧富之差距，厚賞爵祿以盡賢才之能，加重
刑罰以禁止姦邪之人。使人民以其力而得其富，以事功而致其貴，以其過而
受其罪，以其戰功而致賞，而不等仁慈之賞賜，此乃爲帝王之政也。

二、人主之用法

（一）察六反

　　世人之毀譽標準有違正道，即有所謂之「六反」。《韓非子・六反篇》云：

畏死難，降北之民也，而世尊之曰貴生之士；學道立方，離法之民

〔註63〕民國・陳奇猷：《韓非子新校注》，頁 1007。
〔註64〕同上，頁 1112。
〔註65〕同上，頁 1017。

也，而世尊之曰文學之士；遊居厚養，牟食之民也，而世尊之曰有
能之士；語曲牟知，偽詐之民也，而世尊之曰辯智之士；行劍攻殺，
暴憿之民也，而世尊之曰磏勇之士；活賊匿姦，當死之民也，而世
尊之曰任譽之士，此六民者，世之所譽也。〔註66〕

貪生怕死，逃避危難者，世謂之「貴生之士」；學道術，立學說，不守法制者，
世謂之「文學之士」；周遊列國，謀食之輩，世謂之「有能之士」；言語曲折，
飾智其貌，為詐偽之民，世謂之「辯智之士」；帶劍行兇，為殘暴之人，世謂
之「磏勇之人」；濟活盜賊，藏匿姦人，為當死之人，世謂之「任譽之士」。
此六種人，皆為世俗所稱譽學習者。《韓非子‧六反篇》云：

赴險殉誠，死節之民，而世少之曰失計之民也；寡聞從令，全法之
民也，而世少之曰樸陋之民也；力作而食，生利之民也而世少之曰
寡能之民也；嘉厚純粹，整穀之民也，而世少之曰愚戇之民也；重
命畏事，尊上之民也，而世少之曰怯懾之民也；挫賊遏姦，明上之
民也，而世少之曰諂讒之民也，此六民者，世之所毀也。〔註67〕

赴難死節之民，世人貶其為「失計之民」；見識少而服從法令之民，世人貶其
為「樸陋之士」；盡力耕作而食，為生產財物之人，而世人貶之為「寡能之士」；
行為善良，品德純粹之人，而世人貶之為「愚戇之民」；尊重命令，慎於處理
事情，為尊上之人，而世人貶之為「怯懾之民」；摧挫盜賊，遏止姦邪，為助
上明察之人，而世人貶之為「諂讒之民」。〈六反篇〉云：

姦偽無益之民六，而世譽之如彼；耕戰有益之民六，而世毀之如此；
此之謂六反。布衣循私利而譽之，世主聽虛聲而禮之，禮之所在，
利必加焉。百姓循私害而訾之，世主壅於俗而賤之，賤之所在，害
必加焉。故名賞在乎私惡當罪之民，而毀害在乎公善宜賞之士，索
國之富強，不可得也。〔註68〕

六種姦偽無益於世之民，而世人稱譽之；六種耕戰有益於世之民，〔註69〕而
世毀之。此謂之六種違反正道之標準。君主蔽於百姓之私見，所稱譽獎賞者，

〔註66〕民國‧陳奇猷：《韓非子新校注》，頁1000。
〔註67〕同上。
〔註68〕同上，頁1000～1001。
〔註69〕「失計之民」戰也；「樸陋之民」法也；「寡能之能」農也；「愚戇之民」法也；
　　　　「怯懾之民」法也；「諂讒之民」戰也，此皆為耕戰守法之徒也。（民國‧陳
　　　　奇猷：《韓非子新校注》，頁1000）。

爲自私行惡，而應加以懲罰之人；所詆毀加害者，爲公正善良，宜加獎賞之人，如此，則欲求國家富強，爲不可得也。

（二）明辨智賢

明君任政須依法度選擇人才，《韓非子・有度篇》云：

故當今之時，能去私曲就公法者，民安而國治；能去私行行公法者，則兵強而敵弱。故審得失有法度之制者加以群臣之上，則主不可欺以詐僞；審得失有權衡之稱者以聽遠事，則主不可欺以天下之輕重。

〔註70〕

當今之世，能有去私心，奉行公法者，則其民安樂，國家平治；能去自私之行爲，而行公法者，則可使兵強，而敵兵相對衰弱。故君主若以有法度之制度，加之於羣臣之上，則不被臣下所欺詐；有權衡輕重之稱具，聽取遠方之事，以之審察事件之得失，則不被臣下以天下治亂之事來欺詐。「今若以譽進能，則臣離上而下比周；若以黨舉官，則民務交而不求用於法。故官之失能者其國亂」（同前）。〔註71〕今若以臣下之稱譽而進有能之士，則臣子必疏離於君上，而比周於其下；若以朋黨之推引而舉官，則人民務力於結交權貴，而不依法度之規定以求進用。故官司使其能者國必亂。「故明主使法擇人，不自舉也；使法量功，不自度也。能者不可弊，敗者不可飾，譽者不能進，非者弗能退，則君臣之間明辨而易治，故主讎法則可也」（同前）。〔註72〕

堯舜聖君，千世而一得，爲國者，不必待聖君而得治。因此，韓非所論之君，乃以中主爲標的，定下標準法（此亦出於對中主自我謀斷力之不信任），使君主以法度簡擇能人，而不以自心好惡進之；使法度量其功，而不以自我之喜怒賞罰。如此，有才能者不被隱蔽，敗事者不可掩飾，空有稱譽者不得進用，受毀謗者不因讒而罷退，如此，君臣之間皆明辨而易於治理。

（三）動無非法

法術爲治國之準繩，《韓非子・用人篇》云：

釋法術而心治，堯不能正一國。去規矩而妄意度，奚仲不能成一輪。廢尺寸而差短長，王爾不能半中。使中主守法術，拙匠守規矩尺寸，

〔註70〕民國・陳奇猷：《韓非子新校注》，頁91。
〔註71〕同上。
〔註72〕同上，頁92。

則萬不失矣。君人者，能去賢巧之所不能，守中拙之所萬不失，則
人力盡而功名立。〔註73〕

若釋法術而以心之愛惡治，則堯亦不能正一國。使中主能守法術，則萬不失
其一也。故明主能去賢之所不能治，守中人之所萬不失一之法，則百姓盡力
而功名就。

君主以法度治國，則臣子不得侵主之勢。《韓非子・有度篇》云：

夫人臣之侵其主也，如地形焉，即漸以往，使人主失端、東西易面
而不自知。故先王立司南以端朝夕。故明主使其群臣不遊意於法之
外，不爲惠於法之內，動無非法。法所以凌過遊外私也，嚴刑所以
遂令懲下也。威不貣錯，制不共門。威制共則眾邪彰矣，法不信則
君行危矣，刑不斷則邪不勝矣。故曰：巧匠目意中繩，然必先以規
矩爲度；上智捷舉中事，必以先王之法爲比。〔註74〕

人臣常侵其主之勢於無形之間，故明主設立法度，使羣臣於法度之外，不得
憑其意而行非；於法度之內，不行隨意施惠，任何行動，皆一歸於法度之規
範。法度所以用來制止過錯，而擯棄營私者，嚴刑所以貫徹法令，而懲戒臣
民者。君主之權勢、命令之發布，皆不可與臣子共享，否則君主之法不能取
信於下，而君主之行危殆；大凡君主對於刑法不能決斷，則不能制姦止邪。《韓
非子・有度篇》云：

故以法治國，舉措而已矣。法不阿貴，繩不撓曲。法之所加，智者
弗能辭，勇者弗敢爭。刑過不避大臣，賞善不遺匹夫。故矯上之失，
詰下之邪，治亂決繆，絀羨齊非，一民之軌，莫如法。屬官威民，
退淫殆，止詐僞，莫如刑。刑重則不敢以貴易賤，法審則上尊而不
侵，上尊而不侵則主強，而守要，故先王貴之而傳之。人主釋法用
私，則上下不別矣。〔註75〕

故以法治國，則人君拱手錯置而已。法度不阿私於權貴，法之所至，雖有智
勇之人，亦不得爭辯。君主以法用刑時，故不迴避大臣；以法行賞時，則雖
匹夫亦不遺漏。法之公平性，使其不爲執政者之專權。故矯正君主之過失，
詰問臣下之姦邪，治理過錯，齊一人民之行爲，莫便於重法；勉勵官吏，使

〔註73〕民國・陳奇猷：《韓非子新校注》，頁542。
〔註74〕同上，頁111。
〔註75〕同上。

人民畏懼，退邪治姦，莫利於嚴刑。刑罰重則地位尊貴者不敢欺侮貧賤；法令審明則君主尊高而不被侵犯，不被侵犯則權勢強大而能守其要道。若君主放棄法度而用私心，則上下貴賤不別矣。

（四）法必明文

　　法律必明令於世，使民有所遵從，《韓非子・定法篇》云：「法者，憲令著於官府，刑罰必於民心，賞存乎慎法，而罰加乎姦令者也，此臣之所師也。」〔註76〕法者，法令由官府明定，使人民確信賞罰必定實施，謹慎於法令者受獎賞，違犯法令者受懲罰，此為羣臣之所遵守者。又云：「法者，編著之圖籍，設之於官府，而布之於百姓者也」（《韓非子・難三篇》）。〔註77〕法令必記載於圖籍之中，設置於官府，而公布於百姓之前。故法之性質為明文、公布及確定。

　　立法須明白確定，《韓非子・用人篇》云：

> 明主立可為之賞，設可避之罰。故賢者勸賞而不見子胥之禍，不肖者少罪而不見傴剖背，盲者處平而不遇深谿，愚者守靜而不陷險危。如此，則上下之恩結矣。古之人曰：「其心難知，喜怒難中也。」故以表示目，以鼓語耳，以法教心。君人者釋三易之數而行一難知之心，如此，則怒積於上，而怨積於下，以積怒而御積怨則兩危矣。明主之表易見，故約立；其教易知，故言用；其法易為，故令行。三者立而上無私心，則下得循法而治，望表而動，隨繩而斲，因攢而縫。如此，則上無私威之毒，而下無愚拙之誅。故上君明而少怒，下盡忠而少罪。〔註78〕

明主立可達之賞以勸功，設可避之罰以去刑，如此，則賢者將勤力求賞而不有危身之禍，庸常之人不有無妄之災，君臣上下之恩情必深結堅固。君主立顯明之表識，而吏民有所遵循，故約束立效；其教導容易知曉，故言出民從；其法度容易遵守，故令出必行。此三者一立，君主便無私心，而臣民亦可循法而行，如此，則可至無為而無不為之境。《韓非子・八說篇》云：

> 書約而弟子辯，法省而民訟簡。是以聖人之書必著論，明主之法必詳事。盡思慮，揣得失，智者之所難也；無思無慮，挈前言而責後功，愚者之所易也。明主慮愚者之所易，以責智者之所難，故智慮

〔註76〕民國・陳奇猷：《韓非子新校注》，頁957。
〔註77〕同上，頁922。
〔註78〕同上，頁543～544。

力勞不用而國治也。〔註79〕

其效果爲：君主一切秉公處理，不因怒而私自施威，官吏有法可循，不致因愚魯而招致懲罰。《商君書・定分篇》云：

> 夫微妙意志之言，上智之所難也。夫不待法令繩墨而無不正者，千萬之一也，故聖人以千萬治天下。故夫智者而後能知之，不可以爲法，民不盡知。賢者而後知之，不可以爲法，民不盡賢。故聖人爲法，必使之明白易知。名正，愚智遍能知之。爲置法官，置主法之吏，以爲天下師，令萬民無陷於險危。故聖人立天下而無刑死者，非不刑殺也，法令明白易知，爲置法官，吏爲之師，以道之知。萬民皆知所避就——避禍就福，而皆以自治也。故明主因治而終治之，故天下大治也。〔註80〕

法令必須明白易曉，不作微妙意志之言，如此則名正而言順。民不盡有智，故君主必定以明法使民知之；爲之置官吏，使主法令之判決，以爲天下所師法之對象，使萬民無陷於法令而不能自拔之患。故聖人立天下而無死於刑者，非不以刑誅殺也，乃法令明白，易於遵守，易於避免之故。萬民皆知避禍就福，而達至自我治理，不致違法之地步，此即刑期於無刑，明主因其治而治之，故天下乃大治。

（五）以刑去刑

法令既明，又重刑少賞，則民死其賞，《韓非子・飭令篇》云：「重刑少賞，上愛民，民死賞。多賞輕刑，上不愛民，民不死賞。利出一空者，其國無敵；利出二空者，其兵半用；利出十空者民不守。」〔註81〕君主治國，多重刑少賞賜，此爲君主愛民之表現，人民亦肯爲賞賜而犧牲。賞賜由君主單獨行之，全民皆爲君主效力，國家便威強無匹，如《韓非子・內儲說上》云：

> 越王問於大夫文種曰：「吾欲伐吳可乎？」對曰：「可矣。吾賞厚而信，罰嚴而必。君欲知之，何不試焚宮室？」於是遂焚宮室，人莫救之，乃下令曰：「人之救火者，死，比死敵之賞。救火而不死者，比勝敵之賞。不救火者，比降北之罪。」人塗其體、被濡衣而走火者，左三千人，右三千人。此知必勝之勢。〔註82〕

〔註79〕民國・陳奇猷：《韓非子新校注》，頁1040。
〔註80〕清・嚴萬里：《商君書新校正》，頁43～44。
〔註81〕同註79，頁1174。
〔註82〕同上，頁594。

此為賞厚而信實，罰嚴而必然之利也。

　　君主用重刑，乃刑以去刑。《荀子・宥坐篇》記錄孔子為魯相，朝七日而誅少正卯一事。孔子為此說明：「人有惡者五，而盜竊不與焉：一曰：心達而險；二曰：行辟而堅；三曰：言偽而辯；四曰：記醜而博；五曰：順非而澤——此五者有一於人則不得免於君子之誅，而少正卯兼有之。故居處足以聚徒成群，言談足飾邪營眾，強足以反是獨立，此小人之桀雄也，不可不誅也。」〔註83〕並提出「湯誅尹諧」、「文王誅潘止」、「周公誅管叔」、「太公誅華仕」、「管仲誅付裡乙」、「子產誅鄧析史付」等為例加以證明。孔子之憂，在於因小而見大，故而不得不以重刑遏罪之滋。法之目的在預防犯罪，故而《韓非子・飭令篇》云：「重刑明民，大制使人，則上利。行刑、重其輕者，輕者不至，重者不來，此謂以刑去刑。罪重而刑輕，刑輕則事生，此謂以刑致刑，其國必削。」〔註84〕使用重刑，先使其民明瞭，然嚴其刑，則民必利其上是務。刑罰施行之原則：於輕罪者重其刑，如此，則輕者不至前，而重者亦不敢犯。此謂「以刑去刑」；若重罪而輕其刑，刑罰輕則姦事必生，此謂以輕刑招致繁刑，其國必定削弱。《韓非子・內儲說上》云：

　　　　殷之法刑棄灰於街者，子貢以為重，問之仲尼，仲尼曰：「知治之道
　　　　也。夫棄灰於街必掩人，掩人人必怒，怒則鬥，鬥必三族相殘也。
　　　　此殘三族之道也，雖刑之可也。且夫重罰者，人之所惡也，而無棄
　　　　灰，人之所易也。使人行之所易，而無離所惡，此治之道。」〔註85〕

又云：「公孫鞅之法也重輕罪。重罪者人之所難犯也，而小過者人之所易去也，使人去其所易無離其所難，此治之道。夫小過不生，大罪不至，是人無罪而亂不生也。」〔註86〕重刑非所以網民以罪，乃以刑而止刑，刑期於無刑。

三、臣民之準則

（一）明賞禁姦

　　法制為治理人民之根本，更是人民行為之軌範。《荀子・宥坐篇》記孔子在處理一樁父子相訟事件時提及：「不教其民，而聽其獄，殺不辜也。」

〔註83〕清・王先謙：《荀子集解》，頁472。又《尹文子・大道下》亦有類似文句。
〔註84〕民國・陳奇猷：《韓非子新校注》，頁1174～1175。
〔註85〕同上，頁585。
〔註86〕同上，頁587。

〔註87〕法令明確，民易遵守，能有效趨利避害，方爲立法原則。《韓非子‧心度篇》云：

> 聖人之治民，度於本，不從其欲，期於利民而已。故其與之刑，非所以惡民，愛之本也。刑勝而民靜，賞繁而姦生，故治民者，刑勝、治之首也，賞繁、亂之本也。夫民之性，喜其亂而不親其法。故明主之治國也，明賞則民勸功，嚴刑則民親法。勸功則公事不犯，親法則姦無所萌。〔註88〕

聖人之治民，爲不使人民縱欲爲姦，其意在利民而已。故制定刑罰，非所以殘害人民，乃爲愛民之根本。治民之本，使刑過於賞賜，則民畏其威而安其利；若賞賜過於刑，則姦邪必生而民亦無所懼。人之本性，喜放任而惡約束，故明主之治民，賞賜明確而民勸其功，則公事無所敗壞；嚴厲刑罰，則人民循守法度，姦事不生。《韓非子‧制分篇》云：

> 是故夫至治之國，善以止姦爲務。是何也？其法通乎人情，關乎治理也。然則去微姦之道奈何？其務令之相規其情者也。則使相關奈何？曰：蓋里相坐而已。禁尚有連於己者，理不得相關，惟恐不得免。有姦心者不令得忘，關者多也。如此，則慎己而關彼。發姦之密，告過者免罪受賞，失姦者必誅連刑。如此，則姦類發矣。姦不容細，私告任坐使然也。〔註89〕

止姦之道，在於務使人民相關探姦者之情也。其法爲使各里之人相互保證，而連坐其罪。如此，人民者自我謹慎不觸犯法令，而著意於窺探作姦之人。《大學》引曾子所言「十目所視，十手所指，其嚴乎！」〔註90〕使人戒謹於其所不睹，恐懼於其所不聞，使民形成團體力量，由禮之行事得宜，進入法之防微杜漸。《商君書‧開塞篇》云：「賞施於告姦，則細過不失。」〔註91〕使告發姦邪者，得賞賜；不舉發者，必受連坐之罪。《韓非子‧心度篇》云：

> 故治民者，禁姦於未萌；而用兵者，服戰於民心。禁先其本者治，兵戰其心者勝。聖人之治民也，先治者強，先戰者勝。夫國事務先而一民心，專舉公而私不從，賞告而姦不生，明法而治不煩，能用

〔註87〕清‧王先謙：《荀子集解》，頁473。
〔註88〕民國‧陳奇猷：《韓非子新校注》，頁1176～1177。
〔註89〕同上，頁1187。
〔註90〕宋‧朱熹：《四書集注》，頁11。
〔註91〕清‧嚴萬里：《商君書新校正》，頁17。

> 四者強，不能用四者弱。夫國之所以強者，政也；主之所以尊者，
> 權也。故明君有權有政，亂君亦有權有政，積而不同，其所以立異
> 也。故明君操權而上重，一政而國治。故法者，王之本也；刑者，
> 愛之自也。〔註92〕

人主治理國政，必須先籌畫而齊一人民之心力，專門提舉公正之人而杜絕私
門，告姦有賞則姦乃不生，嚴明法度而治理則法毋須繁雜，能用此四者國強，
不能用者國弱。明主掌握權力而君位重，齊一政治而國家平治。故法令者，
王者之根本也，刑罰者，愛民之源始也。

（二）閉外塞私

立國用民之道，在於能閉外權而杜私門，行法自恃。《韓非子・心度篇》
云：

> 能越力於地者富，能趨力於敵者強，強不塞者王。故王道在所開，
> 在所塞。塞其姦者必王，故王術不恃外之不亂也，恃其不可亂也。
> 恃外不亂而治立者削，恃其不可亂而行法者興。故賢君之治國也，
> 適於不亂之術。貴爵則上重，故賞功爵任而邪無所關。好力者其爵
> 貴，爵貴則上尊，上尊則必王。國不事力而恃私學者，其爵賤，爵
> 賤則上卑，上卑者必削。故立國用民之道也，能閉外塞私而上自恃
> 者，王可致也。〔註93〕

國家強大富足，在於能否趨使人民盡力於農戰。若強大富足極力發展，則可
以王天下。率一天下，主在於發展農戰，塞阻姦邪，則必王天下，故王者之
術為不恃外國之不來侵犯，而恃吾不可為人所犯。《孫子兵法・九變篇》云：
「故用兵之法，無恃其不來，恃吾有以待也；無恃其不攻，恃吾有所不可攻
也。」〔註94〕毋恃人之有禮不相犯，而恃其有法而不得犯。故明主之治理國
家，必重視爵賞，則人民致力於耕戰，阻塞私學遊說之人，不待外國不來侵
犯，而恃吾有嚴法以治之，如此，則王業可立而待也。

（三）不令而自然

君主賞罰分明，則可不賞而民務其力。《韓非子・制分篇》云：

〔註92〕民國・陳奇猷：《韓非子新校注》，頁 1177。
〔註93〕同上，頁 1181。
〔註94〕魏・曹操等：《十一家注孫子》，頁 140。

夫凡國博君尊者，未嘗非法重而可以至乎令行禁止於天下者也。是以君
人者分爵制祿，則法必嚴以重之。夫國治則民安，事亂則邦危。法重者
得人情，禁輕者失事實。且夫死力者，民之所有者也，情莫不出其死力
以致其所欲。而好惡者，上之所制也，民者好利祿而惡刑罰。上掌好惡
以御民力，事實不宜失矣，然而禁輕事失者，刑賞失也。〔註95〕

凡國家廣大，君位崇高者，莫不是法制嚴屬，而可以達致乎令行禁止之地步
者。故人君之分賞爵位、制定俸祿，法度必重而嚴屬。法度嚴屬則得人民之
實情，禁令輕微則不得其實。人民皆喜好利祿而厭惡刑罰，故人主掌握此二
者，以治理民力，則其實不失。《韓非子・制分篇》云：

其治民不秉法，為善也如是，則是無法也。故治亂之理，宜務分刑
賞為急。治國者莫不有法，然而有存有亡，亡者、其制刑賞不分也，
治國者，其刑賞莫不有分。有持異以為分，不可謂分。至於察君之
分，獨分也，是以其民重法而畏禁，願毋抵罪而不敢胥賞。故曰：
不待刑賞而民從事矣。〔註96〕

君主若不以法度治民，而喜用賞賜，如此則如同無有法度一般。明主之刑賞
分明，各有其作用，有功者必得其賞，有過者必得其罰。如此，其民則重視
法令而畏於犯令，只期於不罹於罪而不敢求賞。此之謂不用賞賜，而人民皆
務於其所當務者。

安國之法，不令自然。《韓非子・安危篇》云：

使天下皆極智能於儀表，盡力於權衡，以動則勝，以靜則安。治世
使人樂生於為是，愛身於為非。小人少而君子多，故社稷常立，國
家久安。奔車之上無仲尼，覆舟之下無伯夷。故號令者，國之舟車
也。安則智廉生，危則爭鄙起。故安國之法，若饑而食，寒而衣，
不令而自然也。先王寄理於竹帛，其道順，故後世服。〔註97〕

若使天下之人皆竭其智與能於遵法守度，則以此而動則功成，以此而靜則安
定。太平盛世，使人民樂愛生命而行為正直，不喜為非作歹。小人少而君子
多，故國家常存而久安。號令者，為國家之舟車，國家若安定，則聰明睿智
之人出；若幽闇危險，則爭奪鄙陋之事起。故使國家安定之方法，乃如饑而

〔註95〕民國・陳奇猷：《韓非子新校注》，頁 1183～1184。
〔註96〕同上，頁 1184。
〔註97〕同上，頁 526。

欲飽，寒而欲煖，不須命令即自如此。

（四）止息辯說

言無二貴，法不兩適，《韓非子・問辯篇》云：

> 明主之國，令者、言最貴者也，法者、事最適者也。言無二貴，法
> 不兩適，故言行而不軌於法令者必禁。若其無法令而可以接詐應變
> 生利揣事者，上必采其言而責其實，言當則有大利，不當則有重罪，
> 是以愚者畏罪而不敢言，智者無以訟，此所以無辯之故也。〔註98〕

明主所治之國，有二者爲最貴：一爲命令，其爲言語中之最貴，命令之外，
不得再有貴者；二爲法律，其爲事之最適當，法律之外，不得再有最適當者。
故言語舉止若有不軌於法者，必嚴厲禁止。臣民若有不遵於法令之言，然其
可以應接欺詐變故，而生國家之利益，忖度事情之演變者，則人主必定採用
其言，後循其言而責求其效用。其言若適當則予其大利，若不當則有大罪，
如此，不僅愚者畏罪而不敢胡言，智者亦無法乘勢訟辯。此所以無爭辯之因。

亂世則不重功用而尚巧說，《韓非子・問辯篇》云：「亂世則不然，主有令
而民以文學非之，官府有法民以私行矯之，人主顧漸其法令，而尊學者之智行，
此世之所以多文學也。」〔註99〕亂世之時，人主有命令而人民以古典經籍否定
之，官府出法令，人民以個人行爲矯正之，如前文所述少正卯「言僞而辯」、「記
醜而博」。以似是而非之言混淆視聽，使法同虛設。故人主尊學者之智與行而傷
害其法，此乃世俗重視古典經籍之故也。《韓非子・問辯篇》云：

> 夫言行者，以功用爲之的彀者也……今聽言觀行，不以功用爲之的
> 彀，言雖至察，行雖至堅，則妄發之說也。是以亂世之聽言也，以
> 難知爲察，以博文爲辯；其觀行也，以離群爲賢，以犯上爲抗。人
> 主者說辯察之言，尊賢抗之行，故夫作法術之人，立取舍之行，別
> 辭爭之論，而莫爲之正。是以儒服帶劍者眾，而耕戰之士寡；堅白
> 無厚之詞章，而憲令之法息。故曰：上不明，則辯生焉。〔註100〕

無論言論及行爲，皆必以功用作爲主要目的。現今人主聽人之言而觀其行，
皆不以功用爲目的，言論雖至爲察辯，行爲雖至爲堅確，然皆漫無目的之言
談而已。《史記・廉頗藺相如列傳》中記趙奢、趙括父子二人言兵事，「趙括

〔註98〕民國・陳奇猷：《韓非子新校注》，頁950。
〔註99〕同上。
〔註100〕同上，頁950〜951。

自少時，學兵法言兵事，以天下莫能當。嘗與其父奢言兵事，奢不能難，然不謂善。括母問奢其故，奢曰：『兵，死地也，而括易言之。使趙不將括即已，若必將之，破趙軍者必括也。』」〔註101〕而後在長平一戰中，秦將白起大敗趙軍，趙括戰死而趙軍四十萬降卒遭阬殺，趙國就此沒落。是故人主務聽巧妙深奧之言說，而摒棄正直制法之能士，則儒、俠愈多，耕戰之人愈少，堅白、無厚之言論愈爲辯，則法律之效愈削。

明主之治國，首重嚴明賞罰，次在禁姦於未然，末在於服戰於民心。法家制定法令，首在明文易曉，公布易知，而人民皆知去就，人主不用其私。重刑意在止刑，在簡明法令，以杜繁刑。國家之強大富足，端在於耕戰之士之多寡，耕戰之士多，則國強主尊，人主以此爲本，行賞罰二柄，去無用之言論、儒俠之士，如此則令行禁止，上下齊一，而王霸之業可成。

第三節　用　術

韓非有鑑於歷史上許多臣下利用有利之條件，以取得君主之權勢，進而獲得自身之利益，而危亂朝政，使得國家趨向衰亡。故提出人主必用其術，以知臣下之姦，並及早防制之，使權位安穩，國家平治。

一、術之性質

術之性質有二：一爲術乃人主之所執，故不可放之於臣下。《韓非子・定法篇》云：「術者，因任而授官，循名而責實，操殺生之柄，課群臣之能者也，此人主之所執也。」〔註102〕所謂術，乃根據臣下之能力而授予官職，並依其言論以求實效，其中生、殺兩大權責，均由君主所完全掌握。二爲術乃密藏於君，不可外現。《韓非子・難三篇》云：「術者，藏之於胸中，以偶眾端而潛御群臣者也。」〔註103〕術乃藏於君主之胸中，以之則能統合各方情勢而暗中駕馭臣下。《史記・滑稽列傳》中記齊威王初時「好爲淫樂長夜之飲，沉湎不治，委政卿大夫。百官荒亂，諸侯並侵，國且危亡。」〔註104〕淳于髡以隱語諫之，威王「於是乃朝諸縣令長七十二人，賞一人，誅一人，奮兵而出。

〔註101〕日・瀧川資言：《史記會注考證》，頁4180。
〔註102〕民國・陳奇猷：《韓非子新校注》，頁957。
〔註103〕同上，頁922～923。
〔註104〕同註101，頁5430～5431。

諸侯振驚，皆還齊侵地。威行三十六年。」〔註105〕此史實於《史記‧田敬仲完世家》中亦有云，而略有所異：

> 於是威王召即墨大夫而語之曰：「自子之居即墨也，毀言日至。然吾使人視即墨，田野辟，民人給，官無留事，東方以寧。是子不事吾左右以求譽也。」封之萬家。召阿大夫語曰：「自子之守阿，譽言日聞。然使使視阿，田野不辟，民貧苦。昔日趙攻甄，子弗能救。衛取薛陵，子弗知。是子以幣厚吾左右以求譽也。」是日，烹阿大夫，及左右嘗譽者皆並烹之。……於是齊國震懼，人人不敢飾非，務盡其誠。齊國大治。諸侯聞之，莫敢致兵於齊二十餘年。〔註106〕

威王即位之初始，雖沉湎不治，然而，若無對國勢朝政加以暗中觀察，又何以於淳于髡諫言之後，能立刻召即墨及阿二大夫，並分析二人政事表現而加以賞罰。威王以飲樂之舉掩其明察之實，使己之欲不外現，而人人不敢飾非。

人之常情皆為趨利而避害，故人主依照名實偶合之情況而能加以刑賞。名實相合，有其名而成其事，則賞；名實相悖，有其名而無其功，則罰。人主掌握生、賞之權，則能以之勸民，而民樂為用；人主掌握殺、刑之權，則能以之止暴，而民不犯禁。故刑賞、生殺二柄握於君，則君勢貴，民重君，君勢貴且重則其令必行而其禁必止。然而，臣下為求富貴，必以迎合國君之喜好為務，君之所好己亦好之，君之所惡己亦惡之，如此則必不得見臣下之實情。君上不得臣下之實情，則易因喜而謬賞，因怒而濫刑，所任非人，而潔直之士不得用，如此則國危矣。《韓非子‧八說篇》云：

> 任人以事，存亡治亂之機也。無術以任人，無所任而不敗。人君之所任，非辯智則修潔也。任人者，使有勢也；智士者未必信也；為多其智，因惑其信也；以智士之計，處乘勢之資而為其私急，則君必欺焉。為智者之不可信也，故任修士；智者，使斷事也，修士者未必智；為潔其身，因惑其智；以愚人之所惛，處治事之官而為其所然，則事必亂矣。故無術以用人，任智則君欺，任修則君事亂，此無術之患也。〔註107〕

任臣得當與否，為國家存亡治亂之關鍵。國君所任之臣，無非智士與修士二者。

〔註105〕日‧瀧川資言：《史記會注考證》，頁5431。
〔註106〕同上，頁3209～3210。
〔註107〕民國‧陳奇猷：《韓非子新校注》，頁1024～1025。

有智之士未必忠誠，由於國君賞識其智謀，故必賜以權勢，若其以己之計謀再加之以君上所賜予之權勢，而從事私己之事，則國君必受欺蒙。另外，有德之人未必有能，由於國君欣賞其高潔，故必使之任職，若其以己之愚昧無能再加之自以為高潔地治事，則國政必亂。智士有謀而未必忠，修士有德而未必才，故明君以術兼之，使智士之謀與修士之德皆為所用，其私與愚不得現，則國可治。反之，國君無術以知臣任官，則國必亂。《韓非子·八說篇》云：

> 明君之道，賤德義貴，下必坐上，決誠以參，聽無門戶，故智者不得
> 詐欺。計功而行賞，程能而授事，察端而觀失，有過者罪，有能者得，
> 故愚者不任事。智者不敢欺，愚者不得斷，則事無失矣。〔註108〕

故明主治國之道在於：賤位者可議論高貴者；上級有罪情而下屬不予告發則必須連坐；以驗證名實是否相合之方而判斷實情；廣收意見而無門戶之見。《周易·泰卦》象傳曰：「泰，小往大來，吉亨。則是天地交，而萬物通也；上下交而其志同也。」〔註109〕打破既定之界線，天地通則泰；去除貴賤之別，使其志同，一歸於國之利，則國泰。要求有其名則須有其實，循名責實，論功行賞，以過予罰，使智者不得欺騙君主，而愚者亦不得妄加決斷，則政事無差矣。

二、人主自持之術

　　人主之術有內外二者，內以自持，外則用以治下。自持之方在於處虛守靜、參合形名與掌握二柄。

（一）持虛守靜

　　道為萬物之始，亦為萬理之源，故明君持虛守靜以應道。《韓非子·主道篇》云：「道者，萬物之始、是非之紀也。是以明君守始以知萬物之源，治紀以知善敗之端。」〔註110〕道為萬物之本源，亦為事物之判準原則，故明主以道知萬物之生滅，以道明事物之成敗。〈揚權篇〉云：

> 夫道者，弘大而無形；德者，覈理而普至。至於群生，斟酌用之，
> 萬物皆盛，而不與其寧。道者、下周於事，因稽而命，與時生死。
> 參名異事，通一同情。故曰道不同於萬物，德不同於陰陽，衡不同
> 於輕重，繩不同於出入，和不同於燥溼，君不同於群臣。凡此六者，

〔註108〕民國·陳奇猷：《韓非子新校注》，頁1025。
〔註109〕清·李道平：《周易集解纂疏》，頁163～164。
〔註110〕同註108，頁66。

> 道之出也。道無雙，故曰一。是故明君貴獨道之容。君臣不同道，
> 下以名禱，君操其名，臣效其形，形名參同，上下和調也。〔註111〕

道體廣大無形，難可言述，然其布於萬物之上，則各成其理；德則爲萬物普
遍存在之內在屬性。故萬物依道、德而生成，道、德則不因萬物之亡滅而停
息。萬物各異，然而皆因道而生，以道而亡。故道能以一而統合眾端，明主
治國應體道行事，以君之一術而統馭各異之臣民。君臣所行之道不同，所謂
「君君、臣臣、父父、子子」，〔註112〕君有君道，臣有臣道；君上以術統馭臣
民之道（主張），臣下以己之道貢獻於君，二者相互謀合，則君臣無事上下皆
安。〈主道篇〉云：

> 故虛靜以待令，令名自命也，令事自定也。虛則知實之情，靜則知
> 動者正。有言者自爲名，有事者自爲形，形名參同，君乃無事焉，
> 歸之其情。故曰：君無見其所欲，君見其所欲，臣自將雕琢；君無
> 見其意，君見其意，臣將自表異。故曰：去好去惡，臣乃見素，去
> 舊去智，臣乃自備。〔註113〕

道體虛靜，故能不偏，而周行於萬物。明主以虛靜之態度行事，則事無所隱
匿。視臣下之言、行是否相合，則君主毋須費事，而事物之實情自然呈現。《尚
書‧洪範篇》：「無偏無陂，遵王之義；無有作好，遵王之道；無有作惡，尊
王之路。」〔註114〕君主不宜將個人好惡呈現，而應行事一歸於法。《呂氏春秋‧
貴公篇》「天下非一人之天下也，天下之天下也。陰陽之和，不長一類；甘露
時雨，不私一物；萬民之主，不阿一人。」〔註115〕天下非君主一人私有，因
此君主不可以一己之私心行事。君主若表現己之所欲，則臣下必文飾個人言
行，以迎合君上之所好，楚王好細腰，宮中多餓死，〔註116〕而齊桓好紫衣，

〔註111〕民國‧陳奇猷：《韓非子新校注》，頁 152。
〔註112〕《論語‧顏淵篇》：「齊景公問政於孔子。孔子對曰：『君君，臣臣，父父，子子。』
　　　　公曰：『善哉！信如君不君，臣不臣，父不父，子不子，雖有粟，吾得而食諸？』」
　　　　（宋‧朱熹：《四書集注》，頁 142）按，孔子言此時，魯國正處於魯桓公後裔
　　　　三桓與宗室爲難之時。三桓，指孟孫、叔孫、季孫。三桓，不僅四分宗室，而
　　　　後更逐昭公，使昭公奔齊；攻哀公，使哀公奔於衛，去如鄒，遂如越。而齊國
　　　　更有田氏家族之專權，故據此論之，君臣之上下無分，則國亂。
〔註113〕同註111，頁 66。
〔註114〕唐‧孔穎達：《尚書正義》，頁 456。
〔註115〕民國‧陳奇猷：《呂氏春秋校釋》，頁 44。
〔註116〕「楚王好細腰」事見《戰國策‧楚策一》：「昔者先君靈王好小要，楚士約
　　　　食，馮而能立，式而能起。食之可欲，忍而不入；死之可惡，然而不避。」

一國盡服紫，〔註117〕皆爲此例。故君主不表現其好惡，則臣下難以投君之所好，只得以實情相對；君主不表現其成見，則臣下無從知君之所欲，必應之以謹愼行事。故明主治國之術，首先在於持虛守靜。

（二）參合形名

道體虛無靜一，難可言狀，然其下貫於萬物之上，則萬物各有其理，聖人依形而制名，故有其形必有其名，參合形名，即可了知萬物。君主治國體道，亦以參合形名爲準，使官備而各有其實。《韓非子・主道篇》云：

> 道在不可見，用在不可知。虛靜無事，以闇見疵。見而不見，聞而不聞，知而不知。知其言以往，勿變勿更，以參合閱焉。官有一人，勿令通言，則萬物皆盡。函；掩其跡，匿其端，下不能原；去其智，絕其能，下不能意。保吾所以往而稽同之，謹執其柄而固握之。絕其能望，破其意，毋使人欲之。不謹其閉，不固其門，虎乃將存。不愼其事，不掩其情，賊乃將生。弒其主，代其所，人莫不與，故謂之虎。處其主之側，爲姦臣，聞其主之忒，故謂之賊。散其黨，收其餘，閉其門，奪其輔，國乃無虎。〔註118〕

君主治國之術，必須是由外無從觀察，而於臣下不能了知之情形下施行。君主保持虛靜，以視而未見、聽而未聞之態度，暗中觀察臣下之舉措，以驗證之方法考察其言行是否一致。一官一人，勿使官員間訊息互通，則事情眞相自然顯現。君主隱藏自己之念頭及行跡，則臣下無從探測；君上不用自己之智慧及才能，則臣下無法臆度揣摩。使君爲君、臣爲臣，臣無所窺視君之所欲，則不敢妄爲；斷絕臣下貪念君位之奢想，於是君臣之高下位勢自然呈現。反之，君主不謹愼行事，任意展現自我意圖及才能，則臣下必有所迎逆，於

（漢・劉向撰：《戰國策》，頁520）《墨子・兼愛中》：「昔者晉文公好士之惡衣，故文公之臣皆牂羊之裘，韋以帶劍，練帛之冠，入以見於君，出以踐於朝。是其故何也？君說之，故臣爲之也。昔者楚靈王好士細要，故靈王之臣皆以一飯爲節，肱息然後帶，扶牆然後起。比期年，朝有黧黑之色。是其故何也？君說之，故臣能之也。昔越王句踐好士之勇，教馴其臣，和合之焚舟失火，試其士曰：『越國之寶盡在此！』越王親自鼓其士而進之。士聞鼓音，破碎亂行，蹈火而死者左右百人有餘。越王擊金而退之。」（清・孫詒讓：《墨子閒詁》，頁96～98）其餘如《晏子春秋》、《韓非子・二柄》、《尹文子・大道上》等書亦有所記。

〔註117〕「齊桓好紫衣」事見《韓非子・外儲說左上》。

〔註118〕民國・陳奇猷：《韓非子新校注》，頁74。

是盜國弒君之事生，而民亦加以依附。《史記‧秦始皇本紀》：「趙高說二世曰：『先帝臨制天下久，故群臣不敢為非進邪說。今陛下富於春秋，初即位，奈何與公卿廷決事？事即有誤，示群臣短也。天子稱朕，固不聞聲。』於是二世常居禁中，與高決諸事。」〔註119〕趙高言於二世，使其用術虛靜處禁中以阻臣下之窺，然事決於趙高則未阻趙高之窺。君失其術，反使臣下窺伺君過，故君主欲防止姦臣為禍害國，則必先散其黨羽、收其餘孽、封其門庭、鏟除幫兇，如此則國內無篡權奪位之臣。《韓非子‧揚權篇》亦云：

> 喜之則多事，惡之則生怨。故去喜去惡，虛心以為道舍。上不與共之，民乃寵之。上不與義之，使獨為之。上固閉內扃，從室視庭，參呎尺已具，皆之其處。以賞者賞，以刑者刑。因其所為，各以自成。善惡必及，孰敢不信！規矩既設，三隅乃列。〔註120〕

君主表現其喜好，則臣下迎合討好之事多；君主表現其憎惡，則臣下心生怨恨。《韓非子‧內儲說上》：「韓昭侯握爪而佯亡一爪，求之甚急，左右因割其爪而效之，昭侯以此察左右之誠不。」〔註121〕故君主去其愛惡之情，以虛心納道而行事，則臣下無所匿其姦。君主不與上下共享權力，則民尊君；君主不與臣下共議事，則能獨行事。應賞則賞，該罰則罰，賞罰二權掌於君手中，然而一切臣民之得賞或被罰，皆根據其所作所為，為其自己造成。對於臣、民之善惡情事，給予相應之賞罰，則其必忠且誠；規章制度訂定清楚，則行事循法依理而行即可，君毋須多為。

（三）二　柄

君主治國之術，必掌其二柄。《韓非子‧二柄篇》云：

> 明主之所導制其臣者，二柄而已矣。二柄者，刑、德也。何謂刑德？曰：殺戮之謂刑，慶賞之謂德。為人臣者畏誅罰而利慶賞，故人主自用其刑德，則群臣畏其威而歸其利矣。故世之姦臣則不然，所惡則能得之其主而罪之，所愛則能得之其主而賞之。今人主非使賞罰之威利出於己也，聽其臣而行其賞罰，則一國之人皆畏其臣而易其君，歸其臣而去其君矣，此人主失刑德之患也。〔註122〕

〔註119〕日‧瀧川資言：《史記會注考證》，頁490～491。
〔註120〕民國‧陳奇猷：《韓非子新校注》，頁157。
〔註121〕同上，頁609。
〔註122〕同上，頁120。

明主以刑、德二柄制其臣。所謂刑，即殺戮；所謂德，則爲獎賞。臣下畏懼刑罰而喜好獎賞，故君主掌生殺賞罰大權，則臣下必因懼罰樂賞而服令於君。然而姦臣卻非如此，由君主處取得權力而懲罰其個人所憎惡者、獎賞其個人所喜愛者。因此，君主若任由此繼續發展，而不掌握刑、德二柄，使賞罰之權盡出於君，結果必導致人民畏懼權臣而看輕君主，甚且歸附權臣而背叛君主，此即君失二柄之患。人主有刑、德之術則足以制其臣，釋刑、德之術於臣，則反爲臣所制，求國無危則難矣。昔者簡公失德而使田常用之，於是見弒；〔註123〕宋君失刑而使子罕用之，〔註124〕因而見劫。故可知刑、德二柄爲君之所獨用，缺一不可，釋其一於其臣，則主危國亡。

賞罰二柄之施行原則，在於審察臣下之言行是否相合。《韓非子・主道篇》云：

> 符契之所合，賞罰之所生也。故群臣陳其言，君以其言授其事，事以責其功。功當其事，事當其言則賞；功不當其事，事不當其言則誅。明君之道，臣不陳言而不當。是故明君之行賞也，暖乎如時雨，百姓利其澤；其行罰也，畏乎如雷霆，神聖不能解也。故明君無偷賞，無赦罰。賞偷則功臣墮其業，赦罰則姦臣易爲非。是故誠有功則雖疏賤必賞，誠有過則雖近愛必誅。近愛必誅，則疏賤者不怠，而近愛者不驕也。〔註125〕

賞罰之根據，在於計畫與成效間相互驗證。君主依臣下之主張而授予官職，並以此要求其實際成效。成效與任務相當，則賞；成效與任務不相合，則罰，以維持法之公平性。因此，臣下不得提出不切實際之主張。君主之行賞，如

〔註123〕事見《史記・齊太公世家》。

〔註124〕事見《左傳・襄公二十九年》：「鄭子展卒，子皮即位，於是鄭饑，而未及麥，民病，子皮以子展之命餼國人粟，戶一鍾，是以得鄭國之民，故罕氏常掌國政，以爲上卿，宋司城子罕聞之，曰：『鄰於善，民之望也。』宋亦饑，請於平公，出公粟以貸，使大夫皆貸，司城氏貸而不書，爲大夫之無者貸，宋無飢人，叔向聞之，曰：『鄭之罕，宋之樂，其後亡者也，二者其皆得國乎！民之歸也，施而不德，樂氏加焉，其以宋升降乎？』」（民國・楊伯峻撰：《春秋左傳注》，頁 1157～1158）據《韓非子・外儲說右上》所記子路爲郈令，以其私秩粟爲漿飯，要作溝者於五父之衢而飧之一事，孔子聞之，曰：「夫禮，天子愛天下，諸侯愛境內，大夫愛官職，士愛其家，過其所愛曰侵。今魯君有民而子擅愛之，是子侵也，不亦誣乎！」（民國・陳奇猷：《韓非子新校注》，頁 767～768）是視擅愛爲侵之權也。

〔註125〕民國・陳奇猷：《韓非子新校注》，頁 81。

時雨之覆於萬物，百姓皆能蒙其澤；其行罰，亦如雷霆之可畏，即便爲神聖亦不能解。君主不隨意行賞，所賞必爲言實相合而有功者，故有功則即使爲疏遠、卑賤之人，亦必予賞；反之，若行賞隨便，無功亦能有賞，則有能之臣不專力於其事。遇有罰，君主不加以赦免，所罰之人必爲言實不合而害於國事者，故即使爲親近喜愛之人有害於政，亦必罰而不加寬貸；反之，若君主隨意赦免罪罰，則奸臣必爲惡而無所忌憚。因此，君賞有則，不避疏遠卑賤，則疏遠卑賤之人努力王政；君罰有則，不避所愛親近，則所愛親近之人不敢驕橫。此則爲君主用術，掌二柄之用。

三、人主所以治國之術

人主所以治國之術有八：一爲因情；二爲主道；三爲起亂；四爲立道；五爲類柄；六爲參言；七爲聽法；八爲主威。

（一）因　情

人主治國之術在順人情，人之常情爲趨利避害，好賞而惡罰，故君主必掌握賞罰二權以治天下。《韓非子・八經篇》云：

> 凡治天下，必因人情。人情者，有好惡，故賞罰可用；賞罰可用則禁令可立而治道具矣。君執柄以處勢，故令行禁止。柄者，殺生之制也；勢者，勝眾之資也。廢置無度則權瀆，賞罰下共則威分。是以明主不懷愛而聽，不留說而計。故聽言不參則權分乎姦，智力不用則君窮乎臣。故明主之行制也天，其用人也鬼。天則不非，鬼則不困。〔註126〕

若欲平治天下，必須順乎人情。人之常情好利而惡害，故以賞罰二者則可建立法令，治國之措施亦將完備。君主掌握賞罰二權，又具其勢位，故能達致令行而禁止。反之，若是賞罰無度，大權旁落，則君威爲臣所分，其勢爲臣所乘。故明主不以個人喜好理物謀事，而以順天應道爲則，運用權勢公正無私、神鬼莫測，如此則不致陷於困境。《韓非子・八經篇》云：

> 勢行教嚴逆而不違，毀譽一行而不議。故賞賢罰暴，舉善之至者也；賞暴罰賢，舉惡之至者也；是謂賞同罰異。賞莫如厚，使民利之；譽莫如美，使民榮之；誅莫如重，使民畏之；毀莫如惡，使民恥之。

〔註126〕民國・陳奇猷：《韓非子新校注》，頁1045。

然後一行其法，禁誅於私。家不害功罪，賞罰必知之，知之道盡矣。
〔註127〕

君主運用權勢，重在嚴厲，則臣民不敢有所違抗；善惡原則統一，則不致引起議論。賞賢而罰暴，為鼓勵行善之良方；賞暴罰賢，則為鼓勵行惡之不當措施。賞賜豐厚，則臣民以之為利；讚譽美善，則臣民有所榮焉；懲罰嚴厲，則臣民畏之；貶斥兇惡，則臣民以之為恥。而後再堅行法規，防止賞罰之權旁落於臣家，當賞則賞，該罰則罰，皆根據明察之結果判定，如此則治國之法完備。故知治國之先在順應民人好利惡害之情。

（二）主　道

君為寡，而臣民為眾，單憑君主個人，無法勝過眾人之力，僅靠其個人之智慧，無法盡知萬物之理，故與其用一人之智力，不如用一國之智力，如此則萬物盡知、萬理盡得矣。《韓非子·八經篇》云：

> 力不敵眾，智不盡物。與其用一人，不如用一國。故智力敵而群物勝，揣中則私勞，不中則（在）[任]過。下君盡己之能，中君盡人之力，上君盡人之智。是以事至而結智，一聽而公會。聽不一則後悖於前，後悖於前則愚智不分；不公會則猶豫而不斷，不斷則事留。自取一，則毋墮壑之累。故使之諷，諷定而怒。是以言陳之日，必有笑籍，結智者事發而驗，結能者功見而論（據陳奇猷說增）。謀成敗，成敗有徵，賞罰隨之。事成則君收其功，規敗則臣任其罪。君人者合符猶不親，而況於力乎？事智猶不親，而況於懸乎？故非用人也不取同，同則君怒。使人相用則君神，君神則下盡。下盡（下）則臣上不因君而主道畢矣。〔註128〕

君主之智無法盡知萬物，若妄加揣度而謀中，則有損其神；不中，則必須由己獨立承擔責任。故下等之君竭盡個人之精力，中等之君使臣民皆盡其力，英明之主則使臣民皆盡其智。國有事，則集眾人之智，主上分別聽取臣民之不同意見，使臣民皆各自表述其主張。而後國君取其中之意見，並責令臣民加以完成。臣下提出其主張時，必須加以記錄，而後則根據事情之成敗，審驗謀劃者之計策結果，並依此結果而加以賞罰。因此，事成則君主得其功，而益顯其神聖；事敗則罪歸於臣，使臣民不得不為君盡力竭智；臣下竭其智

〔註127〕民國·陳奇猷：《韓非子新校注》，頁1045。
〔註128〕同上，頁1049。

－154－

能於國君所任之事，則無心於暗結黨羽、貪圖君位，如此則君無爲而國自治，駕馭臣下之術備矣。

（三）起　亂

君與臣之利益相異，故明主詳審公益私利之別，姦臣則無機可乘。國家產生危亂之原因有六，《韓非子・八經篇》云：

> 亂之所生六也：主母，后姬，子姓，弟兄，大臣，顯賢。任吏責臣，
> 主母不放。禮施異等，后姬不疑。分勢不貳，庶適不爭。權藉不失，
> 兄弟不侵。下不一門，大臣不擁。禁賞必行，顯賢不亂。〔註129〕

君主之近親：母親、妻妾、子孫、兄弟等，及權臣、賢人，皆爲危亂之源。但若以法任官，以君之貴勢督臣，則太后不爲肆；按禮儀而別貴賤高低，則后妃不敢攀比；權不下庶子，則庶子不與嫡子爭位；權位不失，則兄弟不侵君位；臣民不受權臣籠絡，則君主不爲之所蔽；賞罰堅定必行，則賢人不爲亂。故可知君掌刑賞二柄而不失，則勢尊而臣民服，令行而禁必止，如此則雖有六亂源，而其亂不生。

臣之爲亂，乃因其有所憑藉，《韓非子・八經篇》云：「臣有二因，謂外內也。外曰畏，內曰愛。所畏之求得，所愛之言聽，此亂臣之所因也。」〔註130〕於是一則藉助他國勢力而作亂，二則憑藉君主左右親信而爲禍。故君主任命重官有其則，「其位至而任大者，以三節持之，曰質、曰鎮、曰固」。〔註131〕表面上優待臣下之親屬，而實際則爲軟禁，此則爲「質」。爵祿豐厚而且必行，此則爲「鎮」。參驗臣下之言行而嚴加督責，此則爲「固」。如此則「賢者止於質，貪饕化於鎮，姦邪窮於固」。〔註132〕

君上有五患，必先察而後能止，《韓非子・八經篇》云：「父兄賢良播出曰遊禍，其患鄰敵多資。僇辱之人近習曰狎賊，其患發忿疑辱之心生。藏怒持罪而不發曰增亂，其患徼幸妄舉之人起。大臣兩重、提衡而不跨曰卷禍，其患家隆劫殺之難作。脫易不自神曰彈威，其患賊夫酖毒之亂起。」〔註133〕君主之父兄逃至他國，此謂「遊禍」，其禍在於增加敵國之力。〔註134〕君主與

〔註129〕民國・陳奇猷：《韓非子新校注》，頁 1053。

〔註130〕同上。

〔註131〕同上。

〔註132〕同上。

〔註133〕同上，頁 1054。

〔註134〕同上，頁 1061，奇猷案：「播送父兄賢良於敵國，敵國將資之以禍我，故曰

受過刑辱之人過於親近，此謂「狎賊」，其禍在於其人忿恨羞辱之心將猝然而起。〔註135〕君主忍怒而不揭發臣下之罪，此謂「增亂」，其禍在於臣下僥倖之心起而又輕舉妄動。〔註136〕君主同時重用二臣，而使二臣勢鈞力敵，此謂「卷禍」，其患在於私門過大，相互爭奪而劫殺君主。〔註137〕君主生活隨便而無威，使后妃無畏於君，此謂「彈威」，其患在於會有后妃以毒酒飲君奪命之事產生。此五種禍患，若君主不能明察而早作防範，則必有劫殺君上之事產生。故明主為政，必先知亂之所起，然後能止亂。

（四）立　道

　　君主建立參驗之道，則臣下不敢有所妄為。《韓非子・八經篇》云：

　　　　參伍之道：行參以謀多，揆伍以責失；行參必拆，揆伍必怒。不拆則
　　　　瀆上，不怒則相和。拆之徵足以知多寡，怒之前不及其眾。觀聽之勢，
　　　　其徵在比周而賞異也。誅毋謁而罪同。言會眾端，必揆之以地，謀之
　　　　以天，驗之以物，參之以人。四徵者符，乃可以觀矣。〔註138〕

君主考察臣下之方法，為透過各個方面，對於臣下之主張、計劃、執行、成效等進行交互衡量、剖析，遇臣有過則嚴加斥責，如此則眾臣不敢朋比為奸、結黨營私。觀察臣下之言行，若有相互勾結之跡象，則賞賜不與之合作之臣，以散其黨羽；臣下若有知姦不報之情形，則將之與姦人同罪。故君主對於事物之審察，必根據天時、地利、事理、人情四方加以衡量，按照天時、參考地利、運用事理、適應人情，則是非曲直能斷矣。

　　掌握四種徵驗臣下之方，則能預知臣下之姦，而破臣下之謀。〈八經篇〉云：

　　　　遊禍。楚伍子胥奔吳，吳因之以伐楚；晉重耳奔秦，秦因之以謀晉；皆其例。」
〔註135〕民國・陳奇猷《韓非子新校注》，頁 1061，引太田方言：「齊懿公刖邴歜之父而
　　　　使歜僕，納閻職之妻而使職驂乘，後二人謀弒懿公，即是類。」又歜、職弒懿
　　　　公事，《左傳・文公十八年》：「齊懿公之為公子也，與邴歜之父爭田，弗勝，及
　　　　即位，乃掘而刖之，而使歜僕，納閻職之妻，而使職驂乘。夏，五月，公游於
　　　　申池，二人浴於池，歜以撲抶職，職怒，歜曰，人奪女妻而不怒，一抶女庸何
　　　　傷，職曰，與刖其父而弗能病者何如，乃謀弒懿公，納諸竹中，歸舍爵而行。」
〔註136〕《史記・鄭世家》：「昭公二年，自昭公為太子時，父莊公欲以高渠彌為卿，
　　　　太子忽惡之，莊公弗聽，卒用渠彌為卿。及昭公即位，懼其殺己，冬十月辛
　　　　卯，渠彌與昭公出獵，射殺昭公於野。」（日・瀧川資言：《史記會注考證》，
　　　　頁 2991～2992）
〔註137〕如三桓亂魯、三家分晉。
〔註138〕民國・陳奇猷：《韓非子新校注》，頁 1063～1064。

　　參言以知其誠，易視以玫（據王先慎說改）其澤。執見以得非常。
一用以務近習，重言以懼遠使，舉往以悉其前，即邇以知其內，疏
置以知其外，握明以問所闇，詭使以絕黷泄，倒言以嘗所疑，論反
以得陰姦，設諫以綱獨爲，舉錯以觀姦動，明說以誘避過，卑適以
觀直諂，宣聞以通未見，作鬥以散朋黨，深一以警眾心，泄異以易
其慮。似類則合其參，陳過則明其固，知罪辟罪以止威，陰使時循
以省衰（據陳奇猷說改），漸更以離通比。〔註139〕

分析臣下言論，以明其忠誠；多方觀察，以了解臣下各種表現；掌握已形之狀，
則能知臣下未現之行。一官專職，使近臣亦能專力負責於其責；反復強調禁令，
使遠官亦有所畏懼。以過去事例以分析眼前情況，接近親昵之人以掌握內情，
安撫疏遠之人以知外界情況。掌握已知之事進而探知未知之事，以難測之行杜
絕臣下不恭之態度。以說反話探知所疑之事，由反面進行對姦邪活動之了解。
將話說明，以引導臣下避免犯罪；表現謙卑，以觀察臣下之正直或諂媚；宣告
已知情況，促使姦人內部鬥爭，進而使之自行瓦解。……如此之行，皆是按天
時、地利、事理、人情四方而加以考察，使臣下不得有所隱瞞，君主則能於姦
事發生之前，或初萌之時而加以遏阻，故即使爲相室與廷臣、廷臣與下屬、軍
官與士兵、使臣與隨員、縣令與下屬、君之侍從與其屬官、后妃與宮女等最易
相互勾結之情況，亦無由串通勾結以危害國君，擾亂國政。

（五）類　柄

　　明主掌政之要，在於賞罰二柄，行使二柄必須周密而不外現，《韓非子・
八經篇》云：

　　明主，其務在周密。是以喜見則德償，怒見則威分。故明主之言隔
塞而不通，周密而不見。故以一得十者下道也，以十得一者上道也。
明主兼行上下，故姦無所失。伍、官、連、縣而鄰，謁過賞，失過
誅。上之於下，下之於上，亦然。是故上下貴賤相畏以法，相誨以
和。民之性，有生之實，有生之名。爲君者有賢知之名，有賞罰之
實。名實俱至，故福善必聞矣。〔註140〕

君主行事之要，在於周密而不洩。若現其欲，則必有與之附和而圖謀恩德者；
若現其惡，則必有私用刑罰以分君威者。故明主之欲不外現，行事亦周密而不

〔註139〕民國・陳奇猷：《韓非子新校注》，頁1064。
〔註140〕同上，頁1072。

外洩。以一人察知眾人之罪，以眾人察知一人之罪，明主組織民眾，使上下親疏，皆服君務以告發奸人。告發奸情則有賞，隱匿奸情不予告發則有罰。《論語·陽貨》：「子曰：『鄉原，德之賊也。』」〔註141〕鄉原之人即無犯法，亦無害人，然而孔子嚴厲指責，原因即在於其亂德。《孟子·盡心下》：「萬章曰：『一鄉皆稱原人焉，無所往而不為原人，孔子以為德之賊，何哉？』曰：『非之無舉也，刺之無刺也，同乎流俗，合乎污世，居之似忠信，行之似廉潔，眾皆悅之，自以為是，而不可與入堯舜之道，故曰「德之賊」也。孔子曰：「惡似而非者：惡莠，恐其亂苗也；惡佞，恐其亂義也；惡利口，恐其亂信也；惡鄭聲，恐其亂樂也；惡紫，恐其亂朱也；惡鄉原，恐其亂德也。」』」〔註142〕隱匿奸情，狀似仁善，而實則不僅亂德，亦為悖法。因此，若有奸而不予告發則該有罰；反之，告發奸人，狀似嚴刻，而實則為守法護國，因此，告發奸人則應有賞。如此則無論上下貴賤，皆因畏罰而相互警戒，因喜功而相互勸勉。人之情或在希冀美名，或在期盼賞賜，或在畏懼責罰；人主兼有賞罰之權，則福善之名成立。

（六）參　言

　　君主對於臣下之言必先進行驗證，考察其言之真假，衡量其言之效用，《韓非子·八經篇》云：

> 聽不參則無以責下，言不督乎用則邪說當上。言之為物也以多信，不然之物，十人云疑，百人然乎，千人不可解也。訥者言之疑，辯者言之信。姦之食上也，取資乎眾，籍信乎辯，而以類飾其私。人主不饜忿而待合參，其勢資下也。有道之主，聽言、督其用，課其功，功課而賞罰生焉，故無用之辯不留朝。〔註143〕

君主若不考察臣下之言，則奸臣必以邪說迎合君主、惑亂君主。奸臣藉其辯才，而取得信任，再以相似之事例以掩其奸謀，君主若不立刻盛怒斥責，促使情勢持續發展，此即為君助臣勢。明主聽取臣下主張，仔細了解其用處，考核其功效，而後定其賞罰，故無用之言無所施。

　　人主之誘於臣者有二：一為事誘，一為言誘。《韓非子·南面篇》云：「人主有誘於事者，有壅於言者，二者不可不察也。」〔註144〕所謂「事誘」，〈南

〔註141〕宋·朱熹：《四書集注》，頁182。
〔註142〕同上，頁421～422。
〔註143〕民國·陳奇猷：《韓非子新校注》，頁1074。
〔註144〕同上，頁330。

面篇〉云：

> 人臣易言事者，少索資，以事誑主，主誘而不察，因而多之，則是
> 臣反以事制主也，如是者謂之誘，誘於事者困於患。其進言少，其
> 退費多，雖有功其進言不信，不信者有罪，事有功者必賞，則群臣
> 莫敢飾言以惛主。主道者，使人臣前言不復於後，後言不復於前，
> 事雖有功，必伏其罪，謂之任下。〔註145〕

將事情說得容易，要求之代價甚少，再以所辦之事欺主；君主受其引誘，未
加明察而獎賞之，則反為臣下所制，此即為「誘於事」者。進言時所求之代
價甚少，而行事時所費卻多，即使事成，而其所言非實，則雖事有成效，亦
不應獎賞，如此，則臣下不敢以不實之言惑主。使臣下之言行前後一致，方
為使臣之方。

所謂「言誘」，〈南面篇〉云：

> 人臣為主設事而恐其非也，則先出說設言曰：「議是事者，妒事者也。」
> 人主藏是言不更聽群臣，群臣畏是言不敢議事，二勢者用，則忠臣
> 不聽而譽臣獨任，如是者謂之壅於言，壅於言者制於臣矣。主道者，
> 使人臣必有言之責，又有不言之責。言無端末、辯無所驗者，此言
> 之責也。以不言避責、持重位者，此不言之責也。人主使人臣言者
> 必知其端以責其實，不言者必問其取舍以為之責，則人臣莫敢妄言
> 矣，又不敢默然矣，言默則皆有責也。〔註146〕

臣下替君主謀劃，為防他人議論，故先言議論此事之人，必為妒事者；君主
聽信此言，於是不再聽取他人意見；群臣亦因此言，而不敢從事議論，如此，
則忠臣之見不聽，而專任享有虛名之臣擅權，此即為「壅予言」者。聽信臣
下之虛詞，則必為其所蒙蔽。故君主為政，必使臣下知發言不當、言而不實
皆有所罰。以臣下所言，而責其實效；對於未言之臣，亦應了解其取捨態度，
以明其責，如此，則未有不言之臣，亦未有言而不當之臣。「夫有功者必賞，
則爵祿厚而愈勸；遷官襲級，則官職大而愈治。夫爵祿大而官職治，王之道
也」（《韓非子‧顯學篇》）。〔註147〕參驗臣下之言，而後刑於所當刑，而賞其
有功者，此即王者之治道。

〔註145〕民國‧陳奇猷：《韓非子新校注》，頁330。
〔註146〕同上，頁330～331。
〔註147〕同上，頁1137。

（七）聽　法

　　法之作用在禁姦止邪，故法行則國家安定，法敗則臣民妄為，國亂而家危。《韓非子・八經篇》云：

> 官之重也，毋法也；法之息也，上闇也。上闇無度則官擅為，官擅為故奉重，無前則徵多，徵多故富。官之富重也，亂功之所生也。
>
> 明主之道，取於任，賢於官，賞於功；言程、主喜俱必利，不當、主怒俱必害，則人不私父兄而進其仇讎。〔註148〕

官之權勢過大，乃由於國家欠缺法制；法令無用，則源於君主昏庸無勢。君主昏庸無勢而又法令不全，則官吏得以胡作非為；官吏胡作非為，則其俸祿無限增加；俸祿增加無度官徵稅亦隨之增加。官俸增則官富，徵稅增則民貧，此為動亂產生之源。故明主治國，選取適任之員，禮遇忠職之人，賞賜有功之臣。臣下所舉之人合於標準，則推薦與被薦者均予以獎賞；臣下所舉之人不合標準，則對於推薦與被薦者均予以懲罰；如此，則臣下舉人以才而不以親。

　　臣下權過輕則不足以推行法令，權太重則易侵上而欺下，故其勢足以行法即可。〈八經篇〉云：「勢足以行法，奉足以給事，而私無所生，故民勞苦而輕官。」〔註149〕君主所給予臣下之權勢，足以執行法令為準；其俸祿以辦好公事為則，如此則奸邪無由產生，而民眾雖耕作勞苦卻不以賦稅為重。法之源則在於賞罰分明，〈八經篇〉云：「刑之煩也，名之繆也，賞譽不當則民疑。」〔註150〕施刑煩亂、賞譽荒謬不當，則引起臣民思想混亂、無所適從。故明主施政行法，必使法有其公正性與必然性，〈八經篇〉云：

> 明主之道，賞必出乎公利，名必在乎為上。賞譽同軌，非誅俱行，然則民無榮於賞之內。有重罰者必有惡名，故民畏。罰所以禁也，民畏所以禁則國治矣。〔註151〕

明主治國，賞則必施乎有功於國者，譽則必加於忠於職守而為君主效勞者。賞譽一致，罰非並行，則臣民必因畏罰而不敢行姦，如此則國家安定矣。

（八）主　威

　　君有威勢，則民從而臣服，故主威不可分人。《韓非子・八經篇》云：

〔註148〕民國・陳奇猷：《韓非子新校注》，頁1079。

〔註149〕同上。

〔註150〕同上。

〔註151〕同上。

行義示則主威分，慈仁聽則法制毀。民以制畏上，而上以勢卑下，
故下肆很觸而榮於輕君之俗則主威分。民以法難犯上，而上以法撓
慈仁，故下明愛施而務賕紋之政，是以法令隳。尊私行以貳主威，
行賕紋以疑法，聽之則亂治，不聽則謗主，故君輕乎位而法亂乎官，
此之謂無常之國。〔註152〕

君主表彰俠義之行，則分散己之威勢；若聽施民以慈之言，則國之法制毀。
臣以君勢而畏之，君若去其威勢而以謙卑態度待下，則臣下敢於違法犯令，
且以輕君之行為榮，如此則君之威勢為臣所分。民以法而不敢違抗於君，若
君去令之威勢，而遷就待民仁慈之教，則臣下以施捨及賄賂之行籠絡上下，
而國之法為之而壞。任憑臣下分散己之威勢，又不顧臣下私自進行賄賂而動
搖國法，落得君輕而法壞，此即為無法之國。因此明主之治，必以法度為行
事原則。《韓非子‧八經篇》云：

明主之道，臣不得以行義成榮，不得以家利為功。功名所生，必出
於官法；法之所外，雖有難行，不以顯焉；故民無以私名。設法度
以齊民，信賞罰以盡民能，明誹譽以勸沮。〔註153〕

明主之治，使臣下不得因俠義之行而得譽，亦不得因私家之利而得名，任何
功名之加，必本於國法。設立法度以統一天下之行，賞罰有信以使臣民各盡
其能，明令貶揚以勸善止惡。名號、賞罰、法令三而合一，則君尊而利，此
即為有法之國。

　　人主治國之策為八經，故人主以八經為準，禁惡於未然，除奸於事前，
勸臣勵民以效於君，則國治而民安。

四、人主之患

（一）愛　臣

　　人主之患，首在羣臣太過富裕，《韓非子‧愛臣篇》云：

愛臣太親，必危其身；人臣太貴，必易主位；主妾無等，必危嫡子；
兄弟不服，必危社稷。臣聞千乘之君無備，必有百乘之臣在其側，
以徙其民而傾其國；萬乘之君無備，必有千乘之家在其側，以徙其
威而傾其國。是以姦臣蕃息，主道衰亡。是故諸侯之博大，天子之

〔註152〕民國‧陳奇猷：《韓非子新校注》，頁1082。
〔註153〕同上。

　　害也；群臣之太富，君主之敗也。將相之管主而隆國家，此君人者
　　所外也。萬物莫如身之至貴也，位之至尊也，主威之重，主勢之隆
　　也，此四美者不求諸外，不請於人，議之而得之矣。故曰人主不能
　　用其富，則終於外也。此君人者之所識也。〔註154〕

愛臣太過親近君主，則會危及君主之生命；大臣太過尊貴，必定奪取君主之
地位。〔註155〕后妃之間若無等級之差別，則必定有奪嫡之禍害。〔註156〕君主
所必識之者：萬物莫如己身之至貴，勢位之至尊，權威之至重，勢力之至強。
此四者若不能持，則必外放於他國，身死人手。

（二）諸侯太重

　　君主之大患，次在諸侯太重，《韓非子・愛臣篇》云：

　　昔者紂之亡，周之卑，皆從諸侯之博大也；晉之分也，齊之奪也，
　　皆以群臣之太富也。夫燕、宋之所以弒其君者，皆以類也。故上比
　　之殷、周，中比之燕、宋，莫不從此術也。是故明君之蓄其臣也，
　　盡之以法，質之以備。故不赦死，不宥刑，赦死宥刑，是謂威淫，
　　社稷將危，國家偏威。是故大臣之祿雖大，不得藉威城市；黨與雖
　　眾，不得臣士卒。故人臣處國無私朝，居軍無私交，其府庫不得私
　　貸於家，此明君之所以禁其邪。是故不得四從；不載奇兵；非傳非
　　遽，載奇兵革，罪死不赦。此明君之所以備不虞者也。〔註157〕

觀古之先例，商紂之滅亡，周室之衰微，皆由於諸侯之強大。〔註158〕三家分

〔註154〕民國・陳奇猷：《韓非子新校注》，頁 59。

〔註155〕《史記・齊太公世家》記簡公即位之初監止有寵於公而爲政，時田成子憚之，
　　　　驟顧於朝。御鞅言於簡公，田、監不可並重，公弗聽。爾後田常弒簡公於徐
　　　　州。田常立簡公弟驁，是爲平公。平公即位，田常相之，專齊之政，割齊安
　　　　平以東爲田氏封邑。

〔註156〕《史記・晉世家》記獻公十二年有寵於驪姬，驪姬生奚齊。「獻公有意廢太
　　　　子，……於是使太子申生居曲沃，公子重耳居蒲，公子夷吾居屈。獻公與驪
　　　　姬奚齊居絳。晉國以此知太子不立也。……獻公子八人，而太子申生、重
　　　　耳、夷吾皆有賢行。及得驪姬，乃遠此三子。」（日・瀧川資言：《史記會注
　　　　考證》，頁 2783～2784）太子居曲沃，而庶子與君同居絳，此嫡庶不別。爾
　　　　後，有太子自殺於新城，重耳、夷吾出奔之事。

〔註157〕同註154，頁 62。

〔註158〕殷商之時，諸侯文王三分天下有其二。語見《論語・泰伯》：「三分天下有其
　　　　二，以服事殷。」何晏集解引包咸曰：「殷紂淫亂，文王爲西伯而有聖德，天
　　　　下歸周者三分有二。」（清・劉寶楠：《論語集解》，頁 312）春秋之時，諸侯

晉、田恆篡齊、子之奪燕、子罕劫宋，皆爲羣臣太富。故君主防治之道，必用法令周密制之，使其不生邪心。大臣不得徵稅，不得擁有軍隊，〔註159〕不得與外國私交，此皆爲明主禁姦之法。

（三）任賢妄舉

人主之患，在任賢而劫其君；妄舉而事不成。此君見其意，而無術以知奸所致。《韓非子・二柄篇》云：

> 人主有二患：任賢，則臣將乘於賢以劫其君；妄舉，則事沮不勝。故人主好賢，則群臣飾行以要君欲，則是群臣之情不效；群臣之情不效，則人主無以異其臣矣。故越王好勇，而民多輕死；楚靈王好細腰，而國中多餓人；齊桓公妒而好內，故豎刁自宮以治內，桓公好味，易牙蒸其子首而進之；燕子噲好賢，故子之明不受國。故君見惡則群臣匿端，君見好則群臣誣能。人主欲見，則群臣之情態得其資矣。故子之託於賢以奪其君者也，豎刁、易牙因君之欲以侵其君者也，其卒子噲以亂死，桓公蟲流出戶而不葬。此其故何也？人君以情借臣之患也。人臣之情非必能愛其君也，爲重利之故也。今人主不掩其情，不匿其端，而使人臣有緣以侵其主，則群臣爲子之、田常不難矣。故曰：去好去惡，群臣見素。群臣見素，則大君不蔽矣。〔註160〕

人主任賢而羣臣修飾其行以要君之所欲，則羣臣之實情不爲呈現，如此，君主不能分辨臣子之賢能與否；人主任意提拔官吏，其好惡爲臣下所見，故羣臣匿其惡，人主無所見其情，因而事情敗壞。故人主必去自我之好惡，如此則臣下無所測主上之心意，其實情無所隱藏，一一浮現，人主固不蔽於所見。

五、人主除患之術

人主所欲知者爲「八姦」，此爲防止臣下爲非作歹之方法，如不禁止此「八姦」者，而進用賢士，勸勉立功，則國之滅亡，可立而待也。《韓非子・內儲說

秦襄公過周制。語見《史記・周本紀》：「平王立，東遷於雒邑，辟戎寇。平王之時，周室衰微，諸侯彊並弱，齊、楚、秦、晉始大，政由方伯。」（日・瀧川資言：《史記會注考證》，頁 296）爾後，各國不斷兼併周天子王畿，至周赧王時甚而有築臺逃債一事，赧王亡後，秦取周九鼎寶器入秦宗廟。

〔註159〕趙盾弒晉靈公（事見《史記・晉世家》）、崔杼弒齊莊公（事見《史記・齊太公世家》）皆類此事。

〔註160〕民國・陳奇猷：《韓非子新校注》，頁 130～131。

上》云：「主之所用也七術，所察也六微。」〔註161〕人主所用以控制臣下者有「七術」，此乃藏於人主之胸中，而潛御羣者也。人主所伺察臣下，有所謂之「六微」，「微」即「伺察」之意，人主以此「六微」來觀察臣下之私利行爲，以防止權勢之下借。另有「御下六術」，亦爲人主所持而駕御羣臣者。現分述如下：

（一）知八姦

凡人臣之所爲姦作惡者有八術。茲分述如下：

一曰在同床。《韓非子·八姦篇》云：「何謂同床？曰：貴夫人，愛孺子，便僻好色，此人主之所惑也。託於燕處之虞，乘醉飽之時，而求其所欲，此必聽之術也。爲人臣者內事之以金玉，使惑其主，此之謂同床。」〔註162〕君主所寵愛者，爲夫人、妃子、美女，此皆爲臣下所利用以迷惑君主者，此謂「同床」。〔註163〕

二曰在旁。《韓非子·八姦篇》云：「何謂在旁？曰：優笑侏儒，左右近習，此人主未命而唯唯，未使而諾諾，先意承旨，觀貌察色以先主心者也。此皆俱進俱退，皆應皆對，一辭同軌以移主心者也。爲人臣者內事之以金玉玩好，外爲之行不法，使之化其主，此之謂在旁。」〔註164〕侏儒、倡優、近侍等，擅於揣摩主上之意志，察顏觀色，同進同退，左右主上之意，臣下利用此等之人，改變主上之心意，此謂「在旁」。〔註165〕

三曰父兄。《韓非子·八姦篇》云：「何謂父兄？曰：側室公子，人主之所親愛也，大臣廷吏，人主之所與度計也，此皆盡力畢議，人主之所必聽也。

〔註161〕民國·陳奇猷：《韓非子新校注》，頁560。

〔註162〕同上，頁181。

〔註163〕如《史記·殷本紀》載紂王「愛妲己，妲己之言是從。於是使師涓作新淫聲，北里之舞，靡靡之樂。厚賦稅以實鹿臺之錢，而盈鉅橋之粟。益收狗馬奇物，充仞宮室。益廣沙丘苑臺，多取野獸蜚鳥置其中。慢於鬼神。大冣樂戲於沙丘，以酒爲池，縣肉爲林，使男女裸相逐其間，爲長夜之飲。」（日·瀧川資言：《史記會注考證》，頁220～221）再如《史紀·周本紀》載：「當幽王三年，王之後宮見而愛之，生子伯服，竟廢申后及太子，以褒姒爲后，伯服爲太子。太史伯陽曰：『禍成矣，無可奈何！』」（同前，頁294）此即例證。

〔註164〕同註161，頁181。

〔註165〕《殷本紀》載：紂王「而用費中爲政。費中善諛，好利，殷人弗親。紂又用惡來。惡來善毀讒，諸侯以此益疏。」（日·瀧川資言：《史記會注考證》，頁223～224）又《周本紀》載：「幽王以虢石父爲卿用事，國人皆怨。石父爲人佞巧善諛，好利，王用之。」（同前，頁295）

爲人臣者事公子側室以音聲子女，收大臣廷吏以辭言，處約言事事成則進爵益祿，以勸其心使犯其主，此之謂父兄。」〔註166〕王室之庶公子，爲君主之所親愛者；朝廷大臣，爲與君主共商大計之人，其於言議也，君主必聽。臣子利用音樂美色事奉庶公子，以巧言說服大臣，約定建言於君上，以進爵加祿，使其犯主之心意，此謂之「父兄」。〔註167〕

四曰養殃。《韓非子·八姦篇》云：「何謂養殃？曰：人主樂美宮室臺池、好飾子女狗馬以娛其心，此人主之殃也。爲人臣者盡民力以美宮室臺池，重賦歛以飾子女狗馬，以娛其主而亂其心、從其所欲，而樹私利其間，此謂養殃。」〔註168〕人主喜好宮室臺池，狗馬玩好，而臣下盡力治備之，使人主放縱意志，而自己從中樹立私利，此謂之「養殃」。〔註169〕

五曰民萌。《韓非子·八姦篇》云：「何謂民萌？曰：爲人臣者散公財以說民人，行小惠以取百姓，使朝廷市井皆勸譽己，以塞其主而成其所欲，此之謂民萌。」〔註170〕臣下分散公家之財以取悅人民，收攬百姓，使全國上下皆稱讚自己，以蒙蔽君主而得其所欲，此謂之「民萌」。〔註171〕

六曰流行。《韓非子·八姦篇》云：「何謂流行？曰：人主者，固壅其言談，希於聽論議，易移以辯說。爲人臣者求諸侯之辯士、養國中之能說者，使之以語其私，爲巧文之言，流行之辭，示之以利勢，懼之以患害，施屬虛辭以壞其主，此之謂流行。」〔註172〕君主本不與外界交通，因此容易受臣

〔註166〕民國·陳奇猷校注：《韓非子新校注》，頁181～182。

〔註167〕《屈原賈生列傳》載：「時秦昭王與楚婚，欲與懷王會。懷王欲行，屈平曰：『秦，虎狼之國，不可信，不如毋行。』懷王稚子子蘭勸王行：『奈何絕秦歡！』懷王卒行。入武關，秦伏兵絕其後，因留懷王，以求割地。懷王怒，不聽。亡走趙，趙不內。復之秦，竟死於秦而歸葬。」（日·瀧川資言：《史記會注考證》，頁4239～4240）

〔註168〕同註166，頁182。

〔註169〕《景公欲厚葬梁丘據晏子諫》載：「梁丘據死，景公召晏子而告之，曰：『據忠且愛我，我欲豐厚其葬，高大其壟。』晏子曰：『敢問據之忠與愛于君者，可得聞乎？』公曰：『吾有喜于玩好，有司未能我具也，則據以其所有共我，是以知其忠也；每有風雨，暮夜求必存，吾是以知其愛也。』」（民國·陶梅生：《新譯晏子春秋》，頁121）

〔註170〕同註166。

〔註171〕《田敬仲完世家》載：「田釐子乞事齊景公爲大夫，其收賦稅於民，以小斗受之，其粟予民，以大斗，行陰德於民，而景公弗禁。由此田氏得齊眾心，宗族益彊，民思田氏。」（日·瀧川資言：《史記會注考證》，頁3196）

〔註172〕同註166，頁182。

子辯說而轉移心志。爲人臣者尋求各國之辯士，以蒙蔽君主之視聽，此謂之「流行」。〔註173〕

七曰威強。《韓非子‧八姦篇》）「何謂威強？曰：君人者，以群臣百姓爲威強者也。群臣百姓之所善則君善之，非群臣百姓之所善則君不善之。爲人臣者，聚帶劍之客、養必死之士以彰其威，明爲己者必利，不爲己者必死，以恐其群臣百姓而行其私，此之謂威強。」〔註174〕君主以臣民之力爲威強，臣民之所善者，君則以之爲善，不善者亦如之。臣子以劍客死士來威嚇百姓，進而求得自己之利益，此謂之「威強」。〔註175〕

八曰四方。《韓非子‧八姦篇》）「何謂四方？曰：君人者，國小則事大國，兵弱則畏強兵，大國之所索，小國必聽，強兵之所加，弱兵必服。爲人臣者，重賦歛，盡府庫，虛其國以事大國，而用其威求誘其君；甚者舉兵以聚邊境而制歛於內，薄者數內大使以震其君，使之恐懼，此之謂四方。」〔註176〕君主因國土狹小，國勢危弱，必侍奉大國，聽命於大國。臣子不思強國之方而特重人民之賦，盡本國之庫國，以侍奉大國，利用大國之威勢以要脅君主，此謂之「四方」。〔註177〕

人主必知此八姦而加以防備，《韓非子‧八姦篇》云：「凡此八者，人臣之所以道成姦，世主所以壅劫，失其所有也，不可不察焉。」〔註178〕故知臣子之所以成其姦謀，人主之所以被蒙蔽，皆由於未察此八姦之故。

〔註173〕《史記‧呂不韋列傳》載：「始皇九年，有告嫪毐實非宦者，常與太后私亂，生子二人，皆匿之。與太后謀曰：『王即薨，以子爲後』。於是秦王下吏治，具得情實，事連相國呂不韋。九月，夷嫪毐三族，殺太后所生兩子，而遷太后於雍。諸嫪毐舍人皆沒其家而遷之蜀。王欲誅相國，爲其奉先王功大，及賓客辯士爲游說者眾，王不忍致法。」（日‧瀧川資言：《史記會注考證》，頁4283～4284）

〔註174〕民國‧陳奇猷：《韓非子新校注》，頁182。

〔註175〕《春申君列傳》載：「李園既入其女弟立爲王后，子爲太子，恐春申君語泄而益驕，陰養死士欲殺春申君以滅口，而國人頗有知之者。」（日‧瀧川資言：《史記會注考證》，頁4093）

〔註176〕同註174。

〔註177〕《昭公四年》：「秋七月，楚子以諸侯伐吳，宋大子、鄭伯先歸，宋華費遂、鄭大夫從，使屈申圍朱方，八月，甲申，克之，執齊慶封而盡滅其族，將戮慶封，椒舉曰：『臣聞無瑕者可以戮人，慶封惟逆命，是以在此，其肯從於戮乎？播於諸侯，焉用之』。王弗聽，負之斧鉞，以徇於諸侯，使言曰：『無或如齊慶封，弒其君，弱其孤，以盟其大夫。』」（民國‧楊伯峻撰：《春秋左傳注》，頁1253）

〔註178〕同註174，頁182～183。

（二）七　術

「七術」者乃君上以御臣下之方，若「人主無法術以御其臣，雖長年而美材，大臣猶將得勢，擅事主斷，而各爲其私急。而恐父兄豪杰之士，借人主之力，以禁誅於己也，故弒賢長而立幼弱，廢正的而立不義」（《韓非子・姦劫弒臣》）。〔註 179〕其說如下：

一曰眾端參觀。《韓非子・內儲說上》云：「觀聽不參則誠不聞，聽有門戶則臣壅塞。」〔註 180〕人主對臣下觀行聽言，若不加以檢驗者，就不得其眞相。若聽下之言有所門戶者，臣下欲進之意見，則被堵塞。「夫矢來有鄉，則積鐵以備一鄉；矢來無鄉，則爲鐵室以盡備之。備之則體不傷。故彼以盡備之不傷，此以盡敵之無姦也」（同前）。〔註 181〕人主若不知姦者之所起，則盡其可備而備之，則不患也。〔註 182〕

二曰必罰明威。《韓非子・內儲說上》云：「愛多者則法不立，威寡者則下侵上。是以刑罰不必則禁令不行。」〔註 183〕恩愛太過者法度不能建立，威勢少者則下必侵犯主上。是以刑罰不確實則禁令不能有效施行。〔註 184〕

三曰信賞盡能。《韓非子・內儲說上》云：「賞譽薄而謾者，下不用也，賞譽厚而信者下輕死。」〔註 185〕獎賞稱譽輕微而又欺詐，則臣下就不肯效命；獎賞優厚而又信實，則臣下輕於赴死。〔註 186〕

〔註 179〕民國・陳奇猷：《韓非子新校注》，頁 297～298。

〔註 180〕同上，頁 562。

〔註 181〕同上，頁 580。

〔註 182〕《內儲說上》：「衛靈公之時，彌子瑕有寵，專於衛國。侏儒有見公者曰：『臣之夢踐矣。』公曰：『何夢？』對曰：『夢見竈，爲見公也。』公怒曰：『吾聞見人主者夢見日，奚爲見寡人而夢見竈？』對曰：『夫日兼燭天下，一物不能當也。人君兼燭一國，一人不能壅也，故將見人主者夢見日。夫竈，一人煬焉，則後人無從見矣。今或者一人，有煬君者乎？則臣雖夢見竈，不亦可乎！』」（同上，頁 570～571）

〔註 183〕同上，頁 563。

〔註 184〕《內儲說上》云：「殷之法，刑棄灰於街者，子貢以爲重，問之仲尼，仲尼曰：『知治之道也。夫棄灰於街必掩人，掩人，人必怒，怒則鬥，鬥必三族相殘也。此殘三族之道也，雖刑之可也。且夫重罰者，人之所惡也，而無棄灰，人之所易也。使人行之所易，而無離所惡，此治之道。』」（同上，頁 585）

〔註 185〕同上，頁 565。

〔註 186〕《內儲說上》：「越王慮伐吳，欲人之輕死也，出見怒竈乃爲之式，從者曰：『奚敬於此？』王曰：『爲其有氣故也。』明年之請以頭獻王者歲十餘人。由此觀之，譽之足以殺人矣。」（同上，頁 598）

四曰一聽責下。《韓非子・內儲說上》云：「一聽，則智愚不分，責下，則人臣不參。」〔註187〕君主對於臣下之意見，若直聽之，則愚智不可分辨；若督責臣下，臣下則不敢以無能而參雜於有能之中。〔註188〕

五曰疑詔詭使。《韓非子・內儲說上》云：「數見久待而不任，姦則鹿散。使人問他則不鬻私。」〔註189〕屢次召見同一人，使其在側良久，而不任其事，為姦之黨則如鹿奔而散；派人前去問他事，則私心之人不能得逞。〔註190〕

六曰挾知而問。《韓非子・內儲說上》云：「挾智而問，則不智者至；深智一物，眾隱皆變。」〔註191〕人主對臣下明知故問，則原先不知者可得知；深度地瞭解一事，則眾多隱匿之情事皆會起變化。〔註192〕

七曰倒言反事。《韓非子・內儲說上》云：「倒言反事以嘗所疑則姦情得。」〔註193〕人主故意說相反之言語，做相反之事情，用以試探臣下之可疑者，則其姦情可得。〔註194〕

凡姦臣之類皆欲取信於君而得勢為非者，故人主必有術以御下，《韓非子・姦劫弒臣》：「人主誠明於聖人之術，而不苟於世俗之言，循名實而定是非，因參驗而審言辭。……左右安能以虛言惑主，而百官安敢以貪漁下？」〔註195〕如此一來，「是以臣得陳其忠而不弊，下得守其職而不怨。此管仲之所以治齊，而商君之所以強秦也」（同前）。〔註196〕此為用術以知姦之效。

〔註187〕民國・陳奇猷：《韓非子新校注》，頁566。
〔註188〕《韓非子・內儲說上》云：「魏王謂鄭王曰：『始鄭、梁一國也，已而別，今願復得鄭而合之梁。』鄭君患之，召群臣而與之謀所以對魏，鄭公子謂鄭君曰：『此甚易應也。君對魏曰：以鄭為故魏而可合也，則弊邑亦願得梁而合之鄭。』魏王乃止。」（同上，頁601）
〔註189〕同上，頁567。
〔註190〕《韓非子・內儲說上》云：「周主亡玉簪，令吏求之，三日不能得也，周主令人求而得之家人之屋閒，周主曰：『吾知吏之不事事也。求簪，三日不得之，吾令人求之，不移日而得之。』於是吏皆聳懼，以為君神明也。」（同上，頁607）
〔註191〕同上，頁568。
〔註192〕《韓非子・內儲說上》云：「韓昭侯握爪而佯亡一爪，求之甚急，左右因割其爪而效之，昭侯以此察左右之誠不。」（同上，頁609）
〔註193〕同上，頁570。
〔註194〕《韓非子・內儲說上》云：「子之相燕，坐而佯言曰：『走出門者何白馬也？』左右皆言不見。有一人走追之，報曰：『有。』子之以此知左右之誠信不。」（同上，頁613）
〔註195〕同上，頁282。
〔註196〕同上。

（三）六　微

　　「六微」者，乃在顯示人臣微妙之事。君上必察此六種微妙之事，以防其姦。

　　一曰權借在下。《韓非子‧內儲說下》云：「權勢不可以借人，上失其一，臣以為百。故臣得借則力多，力多則內外為用，內外為用則人主壅。」〔註197〕君主之權勢不可假借於人臣，君上若失其一，則臣下得之以為百。故人臣得主上之勢則力多，力多則朝廷內外為其所利用，內外為其所用則人主為其所壅蔽。「賞罰者，利器也。君操之以制臣，臣得之以擁主。故君先見所賞則臣鬻之以為德，君先見所罰則臣鬻之以為威。故曰：『國之利器，不可以示人』」（同前）。〔註198〕賞罰二者，為人主制下之利器。君主操此利器以制羣臣，而臣下得此利器則可以蒙蔽君上。君主若示所欲賞罰之道，則人臣借之作威作福，故君主之利器，不可示以人知。

　　二曰利異外借。《韓非子‧內儲說下》云：「君臣之利異，故人臣莫忠，故臣利立而主利滅。是以姦臣者，召敵兵以內除，舉外事以眩主，苟成其私利，不顧國患。」〔註199〕君臣之間利益不同，故人臣不肯盡忠。臣下得其利，則主上之利滅。是以姦臣常招引敵兵以清除國內之政敵，從事國與國之間立盟締約之事，以眩惑主上，苟可以成其私利之事，則不顧本國之禍害。

　　三曰託於似類。《韓非子‧內儲說下》云：「似類之事，人主之所以失誅，而大臣之所以成私也。」〔註200〕類似之事，人主易被迷惑，此乃人主往往懲罰錯誤，而大臣之所以能成就其私之故。

　　四曰利害有反。《韓非子‧內儲說下》云：「事起而有所利，其尸主之；有所害，必反察之。是以明主之論也，國害則省其利者，臣害則察其反者。」〔註201〕事件之產生，如其有利，則利益歸於當事之人；若有所害，則必於獲利者之處追究實情。故明主之明察事件，國家受害，則省察獲得其利者，臣下有害，則明察其受利之人。

　　五曰參疑內爭。《韓非子‧內儲說下》云：「參疑之勢，亂之所由生也，

〔註197〕民國‧陳奇猷：《韓非子新校注》，頁615。
〔註198〕同上，頁622～623。
〔註199〕同上，頁617。
〔註200〕同上，頁618。
〔註201〕同上，頁619。

故明主愼之。」〔註202〕臣子之與主上,庶子之與嫡子,妃之與后,其權勢相比擬時,亂即由此中而出,故明主愼其事。

　　六曰敵國廢置。《韓非子·內儲說下》云:「敵之所務在淫察而就靡,人主不察則敵廢置矣。」〔註203〕敵對者所從事之務,乃在迷亂我君之明察,而使其日漸靡爛,君主若不察覺,則將被敵所用計移置,社稷不保。

　　韓非有鑑於當時各諸侯國多爲積弱不振,國貧民亂之事實,以爲如此亂象之原因在於臣下太重、左右太信,因而提出君主用術之學說。《韓非子·孤憤篇》云:

萬乘之患,大臣太重;千乘之患,左右太信;此人主之所公患也。且人臣有大罪,人主有大失,臣主之利與相異者也。何以明之哉?曰:主利在有能而任官,臣利在無能而得事;主利在有勞而爵祿,臣利在無功而富貴;主利在豪傑使能,臣利在朋黨用私。是以國地削而私家富,主上卑而大臣重。故主失勢而臣得國,主更稱蕃臣,而相室剖符,此人臣之所以謟主便私也。故當世之重臣,主變勢而得固寵者,十無二三。是其故何也?人臣之罪大也。臣有大罪者,其行欺主也,其罪當死亡也。〔註204〕

無論國之大小,大臣權勢過大、左右近臣太受信任,均爲君主之共同禍害。君臣之間其利益往往爲相對立者,君之利在於人之有能而任之,臣之利則在無其能而得其任;君之利在人有功而後封其爵、賜其祿,臣之利則在無其功而享富貴;君之利在使豪傑之士施展才能,而臣之利則在結黨營私。君臣之利益相互矛盾,故國家土地被削而臣之家反富,君之勢降而臣之權反增;於是造成臣侵權奪國,而君反稱爲臣。因此韓非以爲重臣侵主而使國本動搖者,其罪當死。大臣太重使君權受侵,而忠廉之士則因不願與重人同流合污而遠離君側,君上權輕,國政爲姦臣所控,則國必趨於亡。《韓非子·孤憤篇》云:

智士者遠見,而畏於死亡,必不從重人矣。賢士者修廉,而羞與姦臣欺其主,必不從重人矣。是當塗者之徒屬,非愚而不知患者,必污而不避姦者也。大臣挾愚污之人,上與之欺主,下與之收利侵漁,朋黨比周,相與一口,惑主敗法,以亂士民,使國家危削,主上勞

〔註202〕民國·陳奇猷:《韓非子新校注》,頁620。
〔註203〕同上。
〔註204〕同上,頁251。

辱，此大罪也。臣有大罪而主弗禁，此大失也。使其主有大失於上，

臣有大罪於下，索國之不亡者，不可得也。〔註205〕

有智之士能以近知遠，知重臣控國之害，然卻因不屑與重人合流，於是不得親近於君。重臣黨羽眾多，上以欺詐君主，下以共同謀利，敗壞法紀，擾亂士民，不僅使君主受辱，對國家亦進行侵削。臣有亂亡國家之極大罪過，而君不禁止，此即為君之最大過失。上有君之大過，下有臣之大罪，則國必亡。因此韓非提出術之觀念，君掌其術，則臣無所匿其姦，而重臣不生。君權重則位勢尊，位勢尊則臣民必服於君，如此則能達致令行而禁止之效，故術不僅為君主掌握臣下之重要方式，亦為「勢」、「法」能行之必要條件。

第四節　法術勢之相互關係

韓非集前期法家之大成，融合商君之法、慎到之勢及申不害之術三者，為後期法家之法治理論，作了完美之重整。君主必有人設之勢，上體道之原理，因人情，以制定法律，作為自己及臣民所共同遵守之標準；再持術以自守，明察臣子、學者、內寵之姦。以刑罰二柄，使臣下趨於國利而避其私害，以成就王霸之業。故法、術、勢三者之關係，必為表裏相襯，合則皆美，分則盡傷。

一、法術之互用

人主處勢、明法、操術，《韓非子・難三篇》云：

人主之大物，非法則術也。法者，編著之圖籍，設之於官府，而布之於百姓者也。術者，藏之於胸中，以偶眾端而潛御群臣者也。故法莫如顯，而術不欲見。是以明主言法，則境內卑賤莫不聞知也，不獨滿於堂。用術，則親愛近習莫之得聞也，不得滿室。〔註206〕

韓非以為：人主之治，法必公布於世，使人民知所遵循，而術者人主自我操持，潛御羣臣，故不可知。「廣廷嚴居，眾人之所肅也；晏室獨處，曾、史之所僈也。觀人之所肅，非行情也。且君上者，臣下之所為飾也。好惡在所見，臣下之飾姦物以愚其君，必也。明不能燭遠姦，見隱微，而待之以觀飾行，

〔註205〕民國・陳奇猷：《韓非子新校注》，頁 251～252。

〔註206〕同上，頁 922～923。

定賞罰，不亦弊乎！」〔註207〕君主不憂於人臣之飾姦物以蔽上，因用其術以知之之故，此爲古聖王之所持以治天下者；「今則不然，不課賢不肖，論有功勞，用諸侯之重，聽左右之謁，父兄大臣上請爵祿於上，而下賣之以收財利及以樹私黨。故財利多者買官以爲貴，有左右之交者請謁以成重。功勞之臣不論，官職之遷失謬。是以吏偷官而外交，棄事而財親。是以賢者懈怠而不勸，有功者隳而簡其業，此亡國之風也。」〔註208〕今世則有亡國之風，左右請謁，父兄大臣賣官鬻爵、樹立私黨以蒙蔽主上，故而賢者不勸，此乃君無術而法不行也。《韓非子·難三》：「知下明則禁於微，禁於微則姦無積，姦無積則無比周。無比周則公私分，公私分則朋黨散，朋黨散則無外障距內比周之患。知下明則見精沐，見精沐則誅賞明，誅賞明則國不貧。」〔註209〕有術以知姦，則君上不下蔽，而賞功罰惡無私，則君臣相安，國富而易治。

綜上所論，故知法術二者皆不可偏，《韓非子·定法篇》云：

> 問者曰：「申不害、公孫鞅，此二家之言孰急於國？」應之曰：「是不可程也。」人不食，十日則死；大寒之隆，不衣亦死。謂之衣食孰急於人，則是不可一無也，皆養生之具也。今申不害言術，而公孫鞅爲法。術者，因任而授官，循名而責實，操殺生之柄，課群臣之能者也，此人主之所執也。法者，憲令著於官府，刑罰必於民心，賞存乎愼法，而罰加乎姦令者也，此臣之所師也。君無術則弊於上，臣無法則亂於下，此不可一無，皆帝王之具也。〔註210〕

術者，爲人主所執以御臣下者；法者，爲君臣之所共同服從者。君無術者萬事皆爲人所蔽，臣無法則亂而不知所遵循，故二者皆爲帝王之治具，缺一不可。故「釋法術而心治，堯不能正一國。去規矩而妄意度，奚仲不能成一輪。廢尺寸而差短長，王爾不能半中。使中主守法術，拙匠守規矩尺寸，則萬不失矣。君人者，能去賢巧之所不能，守中拙之所萬不失，則人力盡而功名立。」〔註211〕抱法用術，則中主治國萬不失矣。

申、商二者所主張之術、法，皆有其缺點。對於申不害的「術」論，《韓非子·定法篇》中作了批評說：

〔註207〕民國·陳奇猷：《韓非子新校注》，頁 921～922。
〔註208〕同上，頁 196。
〔註209〕同上，頁 907。
〔註210〕同上，頁 957～958。
〔註211〕同上，頁 542。

申不害，韓昭侯之佐也。韓者，晉之別國也。晉之故法未息，而韓
之新法又生；先君之令未收，而後君之令又下。申不害不擅其法，
不一其憲令則姦多故。利在故法前令則道之，利在新法後令則道之，
利在故新相反，前後相勃。則申不害雖十使昭侯用術，而姦臣猶有
所謔其辭矣。故託万乘之勁韓，十七（據顧廣圻說改）年而不至於
霸王者，雖用術於上，法不勤飾於官之患也。〔註212〕

韓非以爲「法」與「術」二者皆爲帝王之具，缺一不可。君無「法」則百姓
無所適從，政令便無從推行；君無「術」則不可駕御群臣，君位便會受到侵
害。申不害只注重「術」而忽視「法」的重要性，所以使奸臣妨主，十七年
而韓國不能達到霸主的地位，此即爲韓非所批評者。《韓非子・定法篇》云：

問者曰：「主用申子之術、而官行商君之法，可乎？」對曰：「申子
未盡於法也。申子言『治不踰官，雖知弗言』。治不踰官，謂之守職
也可；知而弗言，是不謂過也。人主以一國目視，故視莫明焉；以
一國耳聽，故聽莫聰焉。今知而弗言，則人主尚安假借矣？」商君
之法曰：「斬一首者爵一級，欲爲官者爲五十石之官；斬二首者爵二
級，欲爲官者爲百石之官。」官爵之遷與斬首之功相稱也。今有法
曰：斬首者令爲醫匠，則屋不成而病不已。夫匠者，手巧也；而醫
者，齊藥也；而以斬首之功爲之，則不當其能。今治官者，智能也；
今斬首者，勇力之所加也。以勇力之所加、而治智能之官，是以斬
首之功爲醫匠也。故曰：二子之於法術，皆未盡善也。〔註213〕

韓非以爲君主之所以目明耳聰，能爲天下主之因，乃在於能用天下人之眼爲
眼，用天下人之耳爲耳，所以能無所不知，無所不曉。今申不害卻提出「治
不踰官」之論調，使君主失去眾人之耳目，無以知曉天下之事，如此則造成
君主於治理國政上，有所蒙蔽，故此爲韓非所深切反對者。

於治官方面，《韓非子・八姦》：「明主之爲官職爵祿也，所以進賢材勸有
功也。故曰：賢材者，處厚祿任大官；功大者，有尊爵受重賞。官賢者量其
能，賦祿者稱其功。是以賢者不誣能以事其主，有功者樂進其業，故事成功
立。」〔註214〕韓非本著因能而授官、循名而責實之態度，要求對於官吏之派

〔註212〕民國・陳奇猷：《韓非子新校注》，頁 959。
〔註213〕同上，頁 962～963。
〔註214〕同上，頁 196。

任，必須具有與職位相當之才能；而在考核官吏方面，則應以其職位督責其功，官職必須與能力相當，如此乃能官盡其能，減少冗官產生。然而，商君之法卻以斬首之功而賞予爵位，如此便會打破上述之治官平衡關係。斬首只是有勇力，而爲官則須有智力，以徒有勇力之人擔任需要智力之職位，此則必使能力與官位不相符，而官不得其人，朝政則不免於亂。

　　韓非的法治思想，受公孫鞅的法治思想影響甚大，但是他對於公孫鞅的法治方法，也有所批評及修正。《韓非子‧定法篇》云：「公孫鞅之治秦也，設告相坐而責其實，連什伍而同其罪，賞厚而信，刑重而必，是以其民用力勞而不休，逐敵危而不卻，故其國富而兵強。」〔註215〕商君之治秦，設立告姦受賞，誣告反坐罪之法，以求實情，使人民十家或五家連保，若一家有姦而他家不檢舉，則同其罪。賞賜厚重而信實，刑罰嚴屬而必然施行。如此，秦民出力務業，雖勞苦而不敢怠惰；於戰陣中追亡逐北，不敢退卻，故其國家富足，兵力強大，爲其優點。《韓非子‧定法篇》云：

> 然而無術以知姦，則以其富強也資人臣而已矣。及孝公、商君死，
> 惠王即位，秦法未敗也，而張儀以秦殉韓、魏。惠王死，武王即位，
> 甘茂以秦殉周。武王死，昭襄王即位，穰侯越韓、魏而東攻齊，五
> 年而秦不益尺土之地，乃城其陶邑之封，應侯攻韓八年，成其汝南
> 之封；自是以來，諸用秦者皆應、穰之類也。故戰勝則大臣尊，益
> 地則私封立，主無術以知姦也。商君雖十飾其法，人臣反用其資。
> 故乘強秦之資，數十年而不至於帝王者，法不勤飾於官，主無術於
> 上之患也。〔註216〕

然其無術以察覺姦邪，故其富強只爲姦臣之所資用而已。之後，惠王時，張儀犧牲秦國之利以詔韓、魏；武王時甘茂以秦之利益而經營周地；昭襄王即位，穰侯越韓、魏二國，東向攻打齊國，前後五年，秦國之地不加，而其個人陶邑卻有所加封；應侯攻韓八年，僅成其汝河南方之封地；自此之後，秦若戰勝敵國，大臣加尊，領土擴大，爲君無術以知姦邪之故也。故商君雖致力於法治，卻爲大臣營私之具，秦不能稱帝，實爲官吏謹愼整頓法律，而君無術知於上之患也。

〔註215〕民國‧陳奇猷：《韓非子新校注》，頁959。
〔註216〕同上。

二、法術勢之互用

　　有勢方得行法，《韓非子‧八經篇》云：「勢足以行法。」〔註217〕勢與法共用則治，「抱法處勢則治，背法去勢則亂」（《韓非子‧難勢篇》），〔註218〕「寄治亂於法術，託是非於賞罰，屬輕重於權衡。」（《韓非子‧大體篇》），〔註219〕法術爲國家治亂之關鍵，「無威嚴之勢，賞罰之法，雖堯、舜不能以爲治」（《韓非子‧姦劫弒臣篇》）。〔註220〕君主無勢、無法，則雖聖王亦不能以爲治國，「故君輕乎位而法亂乎官，此之謂無常之國」（《韓非子‧八經篇》）。〔註221〕君主之勢輕，而法亂於官吏，此之謂無常之國，滅亡無日。人主若無法術以用，則失其勢。《韓非子‧姦劫弒臣篇》云：「人主無法術以御其臣，雖長年而美材，大臣猶將得勢擅事主斷，而各爲其私急。」〔註222〕又《韓非子‧備內篇》云：「大臣比周，蔽上爲一，陰相善而陽相惡，以示無私，相爲耳目，以候主隙，人主掩蔽，無道得聞，有主名而無實，臣專法而行之，周天子是也。偏借其權勢則上下易位矣，此言人臣之不可借權勢也。」〔註223〕法爲人主所定，術爲人主所持，若持定不得法，則必失其勢於臣下。君主操持法術勢有其必循之理，《韓非子‧八姦》：

> 明君之於內也，娛其色而不行其謁，不使私請。其於左右也，使其身必責其言，不使益辭。其於父兄大臣也，聽其言也必使以罰任於後，不令妄舉。其於觀樂玩好也，必令之有所出，不使擅進不使擅退，群臣虞其意。其於德施也，縱禁財，發墳倉，利於民者，必出於君，不使人臣私其德。其於說議也，稱譽者所善，毀疵者所惡，必實其能、察其過，不使群臣相爲語。其於勇力之士也，軍旅之功無踰賞，邑鬥之勇無赦罪，不使群臣行私財。其於諸侯之求索也，法則聽之，不法則距之。〔註224〕

故有道之君在內不使私請，於父兄大臣必任賢使能，不使德出於下人，不使

〔註217〕民國‧陳奇猷：《韓非子新校注》，頁1079。
〔註218〕同上，頁946。
〔註219〕同上，頁555。
〔註220〕同上，頁293。
〔註221〕同上，頁1082。
〔註222〕同上，頁297。
〔註223〕同上，頁323。
〔註224〕同上，頁190。

說議公行，使民怯私鬥而勇於公戰，外能拒諸侯之不法求索，是為人君法術勢操用之功效。

法術勢三者操持若一，則可致霸王之功。《韓非子‧八經篇》云：「君執柄以處勢，故令行禁止。柄者，殺生之制也；勢者，勝眾之資也。廢置無度則權瀆，賞罰下共則威分。」〔註225〕君主處勢執二柄行法，則無不治，「人主者不操術，則威勢輕而臣擅名」（《韓非子‧外儲說右下》），〔註226〕人主不操術則勢輕，「故明主之道，一法而不求智，固術而不慕信，故法不敗，而群官無姦詐矣」（《韓非子‧五蠹篇》），〔註227〕一法固術而治，則羣官無得欺詐君上，「操法術之數，行重罰嚴誅，則可以致霸王之功。治國之有法術賞罰，猶若陸行之有犀車良馬也，水行之有輕舟便檝也，乘之者遂得其成」（《韓非子‧姦劫弒臣篇》）。〔註228〕君主若擅於利用法術之數，行重罰嚴誅，循名責實，以課羣臣之能者，以賞罰二柄，促民重耕戰，如此，則國富兵強，可致霸王之業。

三、韓非之理想治世

韓非治國之精神，總括而言，可說是針對中主之治而定，即國家有一套完整之法治架構，雖為中主亦可得治，不待聖王。其主張治理國家之方法，在於運用君主特有之威勢，從而制訂明確可遵循之法律科條，使其成為一切行為之準則，臣民上下皆一歸於法治之下。施行嚴格之刑罰，使臣民納入法律之中，使得姦臣不敢行私以詐主，百姓不敢為非以求徼倖；並以優厚之賞賜，使臣民喜於供獻己力，怯於私鬥而勇於公戰，使國家富強，以建立其王霸之業。

韓非法治所欲達至之理想境界，《韓非子‧大體篇》云：

> 故至安之世，法如朝露，純樸不散；心無結怨，口無煩言。故車馬不疲弊於遠路，旌旗不亂於大澤，萬民不失命於寇戎，雄駿不創壽於旗幢；豪傑不著名於圖書，不錄功於盤盂，記年之牒空虛。故曰：利莫長於簡，福莫久於安。使匠石以千歲之壽操鉤，視規矩，舉繩墨，而正太山；使賁、育帶干將而齊萬民；雖盡力於功，極盛於壽，

〔註225〕民國‧陳奇猷：《韓非子新校注》，頁1045。
〔註226〕同上，頁832。
〔註227〕同上，頁1109。
〔註228〕同上，頁293。

太山不正，民不能齊。故曰：古之牧天下者，不使匠石極巧以敗太
山之體，不使賁、育盡威以傷萬民之性。因道全法，君子樂而大姦
止；憺然閒靜，因天命，持大體。故使人無離法之罪，魚無失水之
禍。如此，故天下少不可。〔註229〕

韓非以爲最安定之社會，爲法律如朝露一般澄澈，人民純樸之性不失，心無
怨恨，口無怨言。甲兵可以陳而無用，人民無死於戰亂之禍，豪傑之功自不
必記載於圖籍之中，故史冊自是一片空白。故云利益莫於事簡，福澤莫久於
社會安定。眾皆遵循自然之法則，健全社會之制度，君子長樂而姦邪禁止。
君主能恬然淡泊，因循天命，持守大體，人民皆無觸法之罪名，如此，天下
莫不善。《老子》第八十章云：「小國寡民，使有什伯之器而不用，使人重死
而不遠徙。雖有舟輿，無所乘之；雖有甲兵，無所陳之。使民復結繩而用之。
甘其食，美其服，安其居，樂其俗，鄰國相望，雞犬之聲相聞，民至老死，
不相往來。」〔註230〕韓非所主張之至世，非爲君主儼如天神，百姓慘如罪奴，
百官日以剝削爲能事，此爲一般對法家治國之刻板印象。其法治思想，實則
正如《老子》之中所主張者，社會進化至有法而不用，人民安其俗，樂其居，
美其服，無生離死別之患，此乃韓非所欲達至之理想治世。

四、韓非理想治世之體現

（一）秦　代

秦始皇一統天下，建無上之功業，令行禁止，見《孤憤》、《五蠹》而興
「寡人得見此人與之遊，死不恨矣」〔註231〕之感。其故有二：一者大臣太重，
二者國有五蠹。大臣太重者，《韓非子·孤憤》中提出：「萬乘之患，大臣太
重，千乘之患，左右太信。此人主之所公患也。」〔註232〕大臣太重、左右太
信則「朋黨比周以蔽主，言曲以便私者，必信於重人矣。故其可以功伐借者，
以官爵貴之；其不可借以美名者，以外權重之。……故主上愈卑，私門益尊。」
〔註233〕國有五蠹者，《韓非子·五蠹》中指出：五蠹者乃「假仁義稱先王，盛

〔註229〕民國·陳奇猷：《韓非子新校注》，頁555。
〔註230〕魏·王弼：《老子道德經注》，頁46～47。
〔註231〕〈老子韓非列傳〉，日·瀧川資言：《史記會注考證》，頁3681。
〔註232〕同註229，頁251。
〔註233〕同上，頁245～246。

服而飾說之學者」、「借外力，行詐稱以成私利之言古者」、「聚徒眾犯禁以顯名之帶劍者」、「以貨賂重謁而積於私門之患御者」、「蓄積待時以聚財之商工之民者」，此五者無利於邦而厚取利，是乃邦之蠹也。知術之士，必遠見而明察；能法之士，必強毅而勁直。然於上知術能法之士耿介而不得用，於下五蠹之民得尊而不除，則國之破亡削滅近矣。

觀秦國發展之跡，自平王東遷，封山西之地予秦，使秦之發展走向與山東六國迴異之途。山東六國一馬平川，文化、經濟較易發展，故韓、魏諸國雖小，仍可與大國相抗。秦國東有潼關、函谷關，南有大山。使秦進可攻，退可守，即便於戰時，國內農業及經濟發展仍得以不間斷。因此，即使秦國處西北廣大之地，政經、文化發展皆晚於山東諸國，然自孝公時商鞅變法，則已一步步躍上中原之政治舞臺。

自孝公、惠文、武、昭襄，秦國已然奠基。始皇以十三之齡踐祚，對外先後有：蒙驁擊韓、取魏酸棗二十城；五國共擊秦；王翦擊鄴、閼與、取九城；桓齮定平陽、武城、宜安等之戰事。對內則先是有呂不韋為相，爾後又有長信侯嫪毐掌權，《史記·秦始皇本紀》：「嫪毐封為長信侯。予之山陽地，令毐居之。宮室犬馬、衣服苑囿馳獵，恣毐。事無小大皆決於毐。」〔註234〕始皇九年長信侯嫪毐更矯王御璽發兵，欲攻蘄年宮為亂。如此內憂外患，無怪乎始皇能與韓非遙相心印。然秦僅三世，有統一之功，而無治世之實，故而韓非理想治世，須待漢代四百年之大一統王朝方得實現。

（二）漢　代

秦末因焚書坑儒，六藝之術幾絕。「故漢興，然後諸儒始得修其經藝，講習大射鄉飲之禮。叔孫通作漢禮儀，因為太常，諸生弟子共定者，咸為選首，於是喟然嘆興於學。然尚有干戈，平定四海，亦未暇遑庠序之事也。孝惠、呂后時，公卿皆武力有功之臣。孝文時頗徵用，然孝文帝本好刑名之言。及至孝景，不任儒者，而竇太后又好黃老之術，故諸博士具官待問，未有進者」

〔註234〕〈秦始皇本紀〉：「嫪毐封為長信侯。予之山陽地，令毐居之。宮室車馬衣服苑囿馳獵恣毐。事無小大皆決於毐。又以河西太原郡更為毐國。九年，長信侯毐作亂而覺，矯王御璽及太后璽以發縣卒及衛卒、官騎、戎翟君公、舍人，將欲攻蘄年宮為亂。王知之，令相國昌平君、昌文君發卒攻毐。……十年，相國呂不韋坐嫪毐免。」（日·瀧川資言：《史記會注考證》，頁421）關於此事，《資治通鑑》卷第六亦有所記。

（《史記·儒林列傳》）。〔註235〕漢初自孝惠高后直至文景之時，尚武功及刑名之言，而竇太后時又好黃老之學，此時諸博士不僅難以儒業得幸，且有觸忌犯諱之虞，乃聊備一員，無所用其學哉。

　　公元前141年，孝景帝崩，武帝即位，次年改元建元。武帝爲景帝中子，愛好文學，崇尚儒術名，講文治，修武功，在位時期爲西漢人才最盛之時。《漢書·公孫弘傳贊》：「群士慕嚮，異人並出。……儒雅則公孫弘、董仲舒、兒寬；篤行則石建、石慶；質直則汲黯、卜式；推賢則韓安國、鄭當時；定令則趙禹、張湯；文章則司馬遷、相如；滑稽則東方朔、枚皋；應對則莊助、朱買臣；曆數則唐都、洛下閎；協律則李延年；運籌則桑弘羊；奉使則張騫、蘇武；將率則衛青、霍去病；受遺則霍光、金日磾；其餘不可勝記！」〔註236〕群賢畢集，廣得異材，不僅與武帝本人雄才大略有關，更是他求賢若渴，不拘一格選拔人才的直接效驗。而其選拔人才的有效手段，便是經常性地下令郡國及百官公卿舉賢才、薦奇士和下令郡國立學校、修儒學。此時文士碩儒頗有爲博士者，如《詩》有博士轅固生、韓嬰，《書》有博士張生、歐陽，《春秋》則有胡毋生、董仲舒。《史記·儒林列傳》：「言《春秋》於齊魯自胡毋生，於趙自董仲舒。」〔註237〕胡、董二人皆爲公羊大家，但胡限於說經，是爲經師；董則長於論事，乃一鴻儒。而此選拔人才和提倡儒學則亦發自董仲舒。「董仲舒，廣川人也。以治春秋，孝景時爲博士。下帷講誦，弟子傳以久次相受業，或莫見其面，蓋三年，董仲舒不觀於舍園，其精如此。進退容止，非禮不行，學士皆師尊之。今上即位，爲江都相」（《史記·儒林列傳》）。〔註238〕董仲舒以治《春秋》聞名，並以此爲進入朝政之階。

　　建元元年新年伊始，即「詔丞相、御史、列侯、中二千石、二千石、諸侯相舉賢良直言極諫之士」（《漢書·武帝紀》）。〔註239〕此次應舉者百餘人，莊助爲舉首；公孫弘以明於《春秋》中選，爲博士；轅固生亦以賢良應徵。其餘學申不害、商鞅、韓非法家之言，操蘇秦、張儀縱橫之說者，一概罷黜，不予錄取。然其時好黃老而惡經儒之竇太后尚在，故而使整個建元時期，儒學尚受壓抑。直至竇太后亡故，儒學復甦，董仲舒方應時而出，適時喊出「罷

〔註235〕日·瀧川資言：《史記會注考證》，頁5284～5285。
〔註236〕民國·楊家駱：《新校本漢書》，頁2633～2634。
〔註237〕同註235，頁5285～5286。
〔註238〕同上，頁5304。
〔註239〕同註236，頁155～156。

黜百家，獨尊儒術」。「及竇太后崩，武侯田蚡為丞相，絀黃老刑名百家之言，延文學儒者數百人，而公孫弘以《春秋》白衣為天子三公，封以平津侯。天下學士，靡然向風矣！」（《史記‧儒林列傳》）。〔註240〕

元光元年（前 134），武帝又令郡國舉孝廉、策賢良，而董仲舒以賢良對策。漢武帝連問三策，董仲舒亦連答三章，其中心議題乃天人關係問題，史稱《天人三策》。首策中雖言災異之生，生於「廢德教而任刑罰。刑罰不中，則生邪氣，邪氣積於下，怨氣畜於上，上下不和，則陰陽繆盭而妖孽生矣，此災異所緣起也。」〔註241〕然第二策中對武帝以黃老無為與孔孟有為之問時，則以為「所遇之時異也」，故而堯、舜之時能「眾聖輔德，賢能佐職，教化大行，天下和洽，……是以垂拱無為而天下治」（《漢書‧董仲舒傳》）。〔註242〕周代文武之時，「紂尚在上，尊卑混亂，百姓散亡，故文王悼痛而欲安之，是以日昃而不暇食也」（同前）。〔註243〕無論無為或有為皆為因時而制其宜，故當今之時乃漢承秦敝，非有為不得治。董仲舒雖以儒為宗，然其思想歷經漢初黃老之洗禮，已然調合儒道，而非先秦時期之純儒。

董仲舒認為，國之興在於人才及吏治，二者若思想不一致，則易導致政治不統一。故曰：「今師異道，人異論，百家殊方，指意不同，是以上亡以持一統，法制數變，下不知所守。」（同前）〔註244〕因此建議：「諸不在六藝之科、孔子之術者，皆絕其道，勿使並進。邪辟之說滅息，然後統紀可一而法度可明，民知所從矣。」（同前）。〔註245〕獨尊調和後之儒術，罷黜各派駁雜思想，再以「聖化」〔註246〕之吏為師，將思想下貫至學子，上達於天子，如此以思想之一致，進而完成政治之一統。

1.《春秋繁露》中所見之韓非思想體現

首言法。漢代於論法之言，如《史記‧禮書》：「人道經緯，萬端規矩，無所不貫，誘進以仁義，束縛以刑罰，故德厚者位尊，祿重者寵榮，所以總一海

〔註240〕日‧瀧川資言：《史記會注考證》，頁 5286。
〔註241〕民國‧楊家駱：《新校本漢書》，頁 2500。
〔註242〕同上，頁 2508～2509。
〔註243〕同上，頁 2509。
〔註244〕同上，頁 2523。
〔註245〕同上。
〔註246〕《春秋繁露‧玉杯》：「是故善為師者，既美其道，有慎其行；齊時蚤晚，任多少，適疾徐；造而勿趨，稽而勿苦；省其所為，而成其所湛，故力不勞，而身大成，此之謂聖化，吾取之。」（民國‧賴炎元：《春秋繁露今註今譯》，頁 26。）

內，而整齊萬民也。」〔註247〕聖主執政之道，在一統海內而使萬民齊一，勸民以仁義，不行則以刑罰束之。先王知「教笞不可廢於家，刑罰不可捐於國，誅伐不可偃於天下」，〔註248〕故即便爲聖世亦不敢廢刑，「有不由命者，然後俟之以刑，則民知罪矣。故刑一人而天下服。罪人不尤其上，知罪之在己也。是故刑罰省而威行如流，無他故焉，由其道故也。」〔註249〕刑之用有巧拙耳。「文德者，帝王之利器；威武者，文德之輔助也。」〔註250〕以威武廣制，次博施以仁德，其本末有序，此三代之盛因，故漢興而襲之，此爲漢代重法治之言。

董仲舒特重罪之始作者，「誅犯始者，省刑絕惡，疾始也。」〔註251〕此與韓非「輕罪重罰」近之，皆重視罪刑之初始，因小見大，以杜絕罪行擴大，此則省刑也。《春秋繁露·盟會要》：「天下者無患，然後性可善，性可善，然後清廉之化流，清廉之化流，然後王道舉，禮樂興，其心在此矣。」〔註252〕董仲舒以爲，人性固善，但於天下無患之時乃現。天下無患，然後方能興禮樂、舉王道。天下之亂，弒君亡國之事生，多爲「細惡不絕之所致」（同前），《春秋繁露·制度》：「凡百亂之源，皆出嫌疑纖微，以漸浸稍長，至於大。聖人章其疑者，別其微者，絕其纖者，不得嫌，以蚤防之。」〔註253〕故明主應重提防，早「明尊卑之分」、「別賢不肖」、「公心以是非，賞善誅惡」〔註254〕方能除患而正國。

文帝時齊太倉令淳于意坐罪應處肉刑一事，雖因其女緹縈上書文帝，帝有所感而「其除肉刑，有以易之；及令罪人各以輕重，不亡逃，有年而免。」〔註255〕然經丞相張蒼、御史大夫馮敬上奏：「當黥者，髡鉗爲城旦舂；當劓者，笞三百；當斬左止者，笞五百；當斬右止，及殺人先自告，及吏坐受賕枉法，守縣官財物而即盜之，已論命復有笞罪者，皆棄市。」〔註256〕此外有輕刑之名，而內實殺人。原斬右趾者更爲死刑；斬左趾者易以笞五百，當劓者則更

〔註247〕日·瀧川資言：《史記會注考證》，頁 1617。
〔註248〕同上，頁 1724。
〔註249〕同上，頁 1629。
〔註250〕民國·楊家駱：《新校本漢書》，頁 1091。
〔註251〕民國·賴炎元：《春秋繁露今註今譯》，頁 102。
〔註252〕同上，頁 132。
〔註253〕同上，頁 208。
〔註254〕同上，頁 132。
〔註255〕同註250，頁 1098。
〔註256〕同註250，頁 1099。

爲笞三百，狀似輕刑，而受笞者率多死。未於刑生之初遏之，徒就刑之項目商議，言爲愛民，實則爲害民也。

次言術。一曰君之欲不外見。《春秋繁露‧保位權》：「爲人君者，居無爲之位，行不言之教。」〔註257〕使臣爲君之聲，爲君之影，故君主「虛心靜處，聰聽其響，明視其影，以行賞罰之象。」〔註258〕如此，則群臣分職而治，各敬其事。《春秋繁露‧王道》：「故明王視於冥冥，聽於無聲，天覆地載，天下萬國莫敢不悉靖其職，受命者不示臣下以知之至也，故道同則不能相先，情同則不能相使，此其教也。」〔註259〕聖主之欲不外見，內則臣下無以投君之所好，而悉靖其職行所當行；外則敵無以誘之，而得以保國。

二曰王用正諫之士。《春秋繁露‧王道》指出：國有正諫之士而不用，卒皆取亡。如伍子苟以取越之事諫吳王，吳王不聽，後越果大滅吳國；百里蹇叔以襲鄭諫秦穆公，穆公不聽，果爲晉敗於殽中；宮之奇以晉假道於虞之事諫虞公，虞公不聽，後虞果亡於晉。

三曰君執德威二柄。《春秋繁露‧保位權》：「故聖人之制民，使之有欲，不得過節；使之敦樸，不得無欲；無欲有欲，各得以足，而君道得矣。國之所以爲國者，德也，君之所以爲君者，威也，故德不可共，威不可分，德共則失恩，威分則失權，失權則君賤，失恩則民散，民散則國亂，君賤則臣叛。」〔註260〕民無欲，則君無以勸賞，過欲，則易爲亂，無以別上下之尊卑，故明君之爲政，「務致民令有所好，有所好，然後可得而勸也，故設賞以勸之；有所好，必有所惡，有所惡，然後可得而畏也，故設罰以畏之；既有所勸，又有所畏，然後可得而制；制之者，制其所好，是以勸賞而不得多也；制其所惡，是以畏罰而不可過也；所好多，則作福；所惡多，則作威；作威則君亡權，天下相怨；作福則君亡德，天下相賊。」〔註261〕施之以德，以勸賞民；示之以威，則使民畏罰，如此，民不至於作威作福賊怨天下。

四曰循名而考其實。《春秋繁露‧考功名》：「考績絀陟，計事除廢，有益者謂之公，無益者謂之煩，擥名責實，不得虛言，有功者賞，有罪者罰。」〔註262〕

〔註257〕民國‧賴炎元：《春秋繁露今註今譯》，頁 165。
〔註258〕同上。
〔註259〕同上，頁 105。
〔註260〕同上，頁 164。
〔註261〕同上，頁 164。
〔註262〕同上，頁 169。

聖主治國，循名而責實，有賢愚之質，方有賞罰之實，「故是非不能混，喜怒不能傾，姦軌不能弄，萬物各得其冥，則百官勸職，爭進其功。」（同前）不以君王一己之喜怒爲賞爲罰，而以實功爲論，則百官不事姦軌之事，而能各盡其職。

　　三言勢。一曰明君臣之勢。《春秋繁露·王道》：「春秋立義，天子祭天地，諸侯祭社稷，諸山川不在封內不祭。有天子在，諸侯不得專地，不得專封，不得專執天子之大夫，不得舞天子之樂，不得致天子之賦，不得適天子之貴。」〔註263〕君有君位，臣有臣位，高下有別，此乃天經地義，如若君不君而臣不臣，則國亂矣。「吳王夫差行強於越，臣人之主，妾人之妻，卒以自亡。」〔註264〕晉屬公行暴道，殺無罪人；陳侯佗淫乎蔡，以身出入民間，此皆非人君之行也，至身死人手而國夷滅，亦無怪矣。

　　二曰別尊卑之勢。《春秋繁露·王道》：「立適以長不以賢，立子以貴不以長，立夫人以適不以妾。」〔註265〕明主知長幼尊卑之有別，故立嫡不立長，不以妾爲妻。「晉獻公行逆理，殺世子申生，以驪姬立奚齊卓子」，〔註266〕致國大亂，公子出逃，幾爲秦所滅，起於尊卑無別也。而衛人殺州吁，齊人殺無知，皆明君臣之義、嫡庶之別，而守國之正也。

　　故董仲舒總結而言：「由此觀之，未有去人君之權，能制其勢者也；未有貴賤無差，能全其位者也；故君子慎之」（《春秋繁露·王道》）。〔註267〕

　　董仲舒學說於漢代有其重要性，《漢書·董仲舒傳》：「仲舒在家，朝廷如有大議，使使者及廷尉張湯就其家而問之，其對皆有明法。自武帝初立，魏其、武安侯爲相而隆儒矣。及仲舒對冊，推明孔氏，抑黜百家。立學校之官，州郡舉茂材孝廉，皆自仲舒發之。」〔註268〕以是可推知韓非法家思想對於漢政之潛在影響層面。

2.《鹽鐵論》中所見之韓非思想體現

　　漢昭帝始元六年（公元前 81 年）召開「鹽鐵會議」，以信奉儒家思想之賢良文學爲一方，而尊崇法家思想之御史大夫桑弘羊爲另一方。賢良文學人士及桑弘羊以鹽鐵專營、酒類專賣和平準均輸等經濟政策，展開雙方辯論。

〔註263〕民國·賴炎元：《春秋繁露今註今譯》，頁 98。

〔註264〕同上，頁 102。

〔註265〕同上，頁 98。

〔註266〕同上，頁 103。

〔註267〕同上，頁 105。

〔註268〕民國·楊家駱：《新校本漢書》，頁 2525。

此次會議可視爲儒家與法家、王道與霸道思想之爭。時任廬江太守丞之桓寬奉昭整理會議記錄，撰成《鹽鐵論》。《鹽鐵論》一書爲研究西漢經濟史、政治史之重要史料，不僅漢初政治、文學走向可見一斑，吾人亦可由其中整理出與韓非子理想政治相似之處。

首言法。一曰法之必要。《鹽鐵論‧刑德》：「令者所以教民也，法者所以督姦也。令嚴而民慎，法設而姦禁。罔疏則獸失，法疏則罪漏。罪漏則民放佚而輕犯禁。……是以古者作五刑，刻肌膚而民不踰矩」〔註269〕法設以禁姦，令嚴則民慎行而不踰矩，「今馳道不小也，而民公犯之，以其罰罪之輕也。千仞之高，人不輕凌，千鈞之重，人不輕舉。商君刑棄灰於道，而秦民治。故盜馬者死，盜牛者加，所以重本而絕輕疾之資也。」〔註270〕法者本乎人情，人之常情趨利而避害，故輕罪重罰則重罪不來，重罪不來則國安，國安而後禮樂可行。「故水者火之備，法者止姦之禁也。無法勢，雖賢人不能以爲治；無甲兵，雖孫、吳不能以制敵。」〔註271〕聖人察是非，明治亂，故設明法陳嚴刑，雖爲「姦邪之所惡而良民之福也」。〔註272〕

二曰法須因時而化。《鹽鐵論‧遵道》：「晉文公譎而不正，齊桓公正而不譎，所由不同，俱歸於霸。而必隨古不革，襲故不改，是文質不變，而椎車尚在也。故或作之，或述之，然後法令調於民，而器械便於用也。孔對三君殊意，晏子相三君異道，非苟相反，所務之時異也。」〔註273〕以孔子之聖，晏子之賢，對異君則異言、相異君則異道，況古今不同俗，法何可同古。故七十子雖皆受聖人之術，名列於孔門，然秉事執政之術殊途也。若襲古而不改，則是尚古法之文而未得其質。

三曰國之法須分本末。國之本爲農，工商之巧爲末，末可本末倒置。《鹽鐵論‧力耕》：「古者，商通物而不豫，工致牢而不僞。故君子耕稼田魚，其實一也。商則長詐，工則飾罵，內懷闚竄而心不怍，是以薄夫欺而敦夫薄。」〔註274〕商工之盛則民心欺薄，民心欺薄則亂易生，且「美玉珊瑚出於昆山，珠璣犀象出於桂林，此距漢萬有餘里。計耕桑之功，資財之費，是一物而售百倍其價也，

〔註269〕民國‧王利器：《鹽鐵論校注》，頁 565。
〔註270〕同上，頁 566。
〔註271〕同上，頁 580。
〔註272〕同上。
〔註273〕同上，頁 292。
〔註274〕同上，頁 28。

一揖而中萬鍾之粟也。夫上好珍怪，則淫服下流，貴遠方之物，則貨財外充。是以王者不珍無用以節其民，不愛奇貨以富其國。」〔註275〕巧飾之物，華而無用，「國有沃野之饒而民不足於食者，工商盛而本業荒也；有山海之貨而民不足於財者，不務民用而淫巧眾也。」〔註276〕有沃野之饒、山海之貨而民不足於食、財者，爲本荒而末盛也。「夫導民以德，則民歸厚；示民以利，則民俗薄。俗薄則背義而趨利，趨利則百姓交於道而接於市。老子曰：『貧國若有餘。非多財也，嗜慾眾而民躁也。』是以王者崇本退末，以禮義防民欲，實菽粟貨財。市，商不通無用之物，工不作無用之器。故商所以通鬱滯，工所以備器械，非治國之本務也。」〔註277〕示民以利則民趨利背義，是王者崇本逐末，不使利民俗薄，「夫文繁則質衰，末盛則質虧。末修則民淫，本修則民愨。民愨則財用足，民侈則饑寒生。」〔註278〕欲使民愨而不淫、財用足，則必本修而退末，「故理民之道，在於節用尚本，分土井田而已。」〔註279〕

　　次言術。一曰循名責實。君上御臣之術，在循名責實。《鹽鐵論・毀學》：「聖主設官以授任，能者處之；分祿以任賢，能者受之。」〔註280〕人盡其材，官有其名，則求實功，故臣下食其祿則須靖其職而利於國。如若臣下一味重祿慕榮，而不盡其事，則亡日不遠。李斯以楚國上蔡一介平民，師從荀子學習帝王之術，成爲法家代表人物，然而「見利不虞害，貪得不顧恥，以利易身，以財易死。無仁義之德，而有富貴之祿，若蹈坎阱，食於懸門之下，此李斯之所以伏五刑也。」〔註281〕昔日具席捲朝堂之勢，而後身陷囹圄車裂於市，此「貪祿慕榮以沒其身」〔註282〕也。

　　二曰徒法而不知術之弊。國之有法，如車之有軌，然而徒有法而不知術，則使國有富之名而無富之實，見利之蓄而不見怨之積。《鹽鐵論・非鞅》：「昔商君相秦也，內立法度，嚴刑罰，飭政教，姦僞無所容。外設百倍之利，收山澤之稅，國富民強，器械完飾，蓄積有餘。是以征敵伐國，攘地斥境，不

〔註275〕民國・王利器：《鹽鐵論校注》，頁 29。
〔註276〕同上，頁 4。
〔註277〕同上，頁 3。
〔註278〕同上，頁 1。
〔註279〕同上，頁 292。
〔註280〕同上，頁 230。
〔註281〕同上。
〔註282〕同上，頁 231。

賦百姓而師以贍。」〔註283〕商鞅由衛入秦，得孝公之重，而令行於國，使秦開塞而講軍功。然而其「峭法長利，秦人不聊生，相與哭孝公」，〔註284〕使秦雖「利蓄而怨積，地廣而禍搆」。〔註285〕

　　三言勢。曰大臣太重。君有君勢，臣有臣位，高下有別，各盡其責則國安。大臣太重，權侵於君，則國亂。《鹽鐵論・刺權》：「官尊者祿厚，本美者枝茂。故文王德而子孫封，周公相而伯禽富。水廣者魚大，父尊者子貴。」〔註286〕其於國有利者，則官高而祿重，甚而厚及於親族，本是立義良善，然而後世卻「親戚相推，朋黨相舉，父尊於位，子溢於內，夫貴於朝，妻謁行於外。無周公之德而有其富，無管仲之功而有其侈。」〔註287〕權臣朋比為黨，無先賢之利於國，而享其富樂。農夫小民終歲勤苦而貧且賤，權臣一人得道，而父母兄弟俱尊，此不僅有失公平原則，亦使君位動搖。

　　漢代之政，以霸王道雜之，《漢書・元帝紀》：「（元帝）八歲，立為太子。壯大，柔仁好儒。見宣帝所用多文法吏，以刑名繩下，大臣楊惲、盍（蓋）寬饒等坐刺譏辭語為罪而誅，嘗侍燕從容言：『陛下持刑太深，宜用儒生。』宣帝作色曰：『漢家自有制度，本以霸王道雜之，奈何純住（任）德教，用周政乎！且俗儒不達時宜，好是古非今，使人眩於名實，不知所守，何足委任！』乃嘆曰：『亂我家者，太子也！』」〔註288〕漢家所持之治術，實背儒家之政而入法家之域，漢代之律法嚴苛不下於秦，故宣帝見元帝有儒家之心，以為亂我家者太子者也！於董仲舒及《鹽鐵論》之持論中，不難見出韓非之法家思想，已於漢代漸次實現。

〔註283〕民國・王利器：《鹽鐵論校注》，頁93。
〔註284〕同上，頁94。
〔註285〕同上。
〔註286〕同上，頁121。
〔註287〕同上，頁122。
〔註288〕民國・楊家駱：《新校本漢書》，頁277。

第六章 結 論

　　韓非之學術思想在歷史上之功蹟，主要表現在對前期法家之法治思想，作一集大成之重整。法家人士之法治思想，也是至韓非手中，始成爲一完整之體系，並由純然實用性進入了思想性，成爲一思想性與實用性緊密之結合體。

　　關於韓非思想之趨向，《史記・老子韓非列傳》云：「韓非者，韓之諸公子也。喜刑名法術之學，而其歸本於黃老。」〔註1〕韓非「刑名法術之學」，其中「術」申不害之所言，「法」爲商君之所言，兩者皆稱爲「形名」。故韓非習法家之學，但是其思想之基本論調卻歸於「黃老」之學。司馬遷將其置於老子、莊子之後而合於傳中，則必有其故。

　　因此，本文即以「刑名法術之學」爲其用，「歸本於黃老」爲其體，以此二大方向深入探討。現將本文所探討之命題及解決之問題，列述如下：

　　第一、韓法治思想核心，在於由道生法，終而由法返道。君主上體天道，下因人情而制定法度，來作爲自己及臣民所遵循之標準。因爲要達到預期之效果，在實用性之前提下，以勢位之強制力，以術之運用方法，來使民齊一。但是在臣吏皆能於法制之下，安居樂業，各盡其職之後，即可由法而歸返於道，所有之人皆於法制之下，而不知法制爲何，此時君主即可拱手而治。

　　第二、法、術、勢三者，爲韓非法治思想之作用。韓非以爲君主必有人設之勢，才可以令行禁止，所以其採用慎到之勢論，再加以商君之法，兼以申不害之術，三者融合運用，以此避免商君用法不用術，申不害用術不用法

――――――――――――――――

〔註1〕唐・司馬貞《索隱》云：「今按《韓子》書有〈解老〉、〈喻老〉二篇，是大抵亦崇黃老之學耳。」（日・瀧川資言：《史記會注考證》）頁 3668。

之患。法、術、勢三者，爲韓非提出以供君主之所用，故爲其法治思想之實際作用。

第三、韓非法治思想之眞正目的在於利民，《韓非子‧問田篇》云：

> 夫治天下之柄，齊民萌之度，甚未易處也。然所以廢先王之教，而行賤臣之所取者，竊以爲立法術，設度數，所以利民萌便眾庶之道也。故不憚亂主闇上之患禍，而必思以齊民萌之資利者，仁智之行也。憚亂主闇上之患禍，而避乎死亡之害，知明夫身而不見民萌之資利者，貪鄙之爲也。臣不忍嚮貪鄙之爲，不敢傷仁智之行。〔註2〕

韓非不顧自身之安危，雖有前期法家者，如商君車裂於秦〔註3〕、吳起射刺於楚之慘例〔註4〕，但韓非仍義無反顧地去推行其學說，其目的不在殘民以逞，而是愛民利民，此亦正爲前期法家自管仲至三晉法家以來一貫之精神。

綜觀韓非之法治思想內容，可以發現其在法術勢三者理論之提出，皆是前有所承，而少有創新。但是，前期之法家理論，如管仲之法治理論是爲齊桓公所用，吳起爲楚悼王所用，李克爲魏文侯所用，商君爲秦孝公所用，以上諸人皆有實際施政經驗，所以其法治理論較偏向實用部份；然而韓非無實際施政經驗，是純爲理論派學者，因此韓非法治理論乃就前期法家施行後之結果，做爲其法治理論之修正。如此一來，韓非之法治理論不僅有完整之理論基礎以供推行之指導，更有前期法家實際變法治國之例子，以作爲君主經國理民之用，於是此種體用互補之關係，奠定了韓非集法家思想大成之地位。而其實際運用則須待漢代方能實現。

筆者經過本文對於韓非法治思想之探討，可以發現幾個相關之命題，可以做爲未來繼續深入探討之用。首先，是對於齊法家之研究，此乃由管仲做爲起始者；其次，是三晉法家之研究，其對於韓非法治思想之影響是顯而易見者；再者，是韓非法治思想對秦漢政治深遠性之影響。這些都是研究法家法治思想之良好命題。筆者希望能藉著本文之研究，對法家法治思想做出系統性之整理，以期對此一領域之深入瞭解，奠立穩固之基石。

〔註2〕 民國‧陳奇猷：《韓非子新校注》，頁955。
〔註3〕 事見《史記‧商君列傳》。
〔註4〕 事見《史記‧孫子吳起列傳》。

重要參考書目

壹、專　書

一、古籍類

1. 《尚書正義》,(漢)孔安國傳／(唐)孔穎達正義,(阮刻十三經注疏本),臺北,新文豐出版公司,2001年6月初版1刷。

2. 《周易集解纂疏》,(唐)李鼎祚集解／(清)李道平纂疏,北京,中華書局,1994年3月第1版。

3. 《毛詩鄭箋》,(漢)毛亨傳、鄭玄箋,臺北,臺灣中華書局,1997年7月臺4版。

4. 《詩經集註》,(宋)朱熹集註,臺北,群玉堂出版事業股份有限公司,1991年10月初版。

5. 《管子簡釋》,(周)管仲著／(民國)鍾肇鵬等校釋,(齊文化叢書1),山東,齊魯出版社,1997年6月第1次印刷。

6. 《春秋左傳注疏》,(晉)杜預注／(唐)孔穎達疏,(阮刻十三經注疏本),臺北,藝文印書館,1997年8月初版13刷。

7. 《春秋左傳注》,(民國)楊伯峻撰,臺北縣,漢京文化事業有限公司,1987年1月,景印1刷。

8. 《國語》,(漢)韋昭注,臺北,里仁書局,1981年12月25日。

9. 《山海經校注》,(民國)袁珂校注,臺北,里仁書局,1995年4月15日初版3刷。

10. 《周禮注疏》,(漢)鄭玄注／(唐)賈公彥疏,(阮刻十三經注疏本),臺北,藝文印書館,1997年8月初版13刷。

11. 《禮記正義》,(漢)鄭玄注／(唐)孔穎達正義(阮刻十三經注疏本,臺北,藝文印書館,1997年8月初版13刷。

12. 《墨子閒詁》，（周）墨翟著／（清）孫詒讓著，臺北，華正書局，1995年9月版。

13. 《墨子今註今譯》，（周）墨翟著／（民國）李漁叔註譯，臺北，臺灣商務印書館，1992年5月初版7刷。

14. 《老子道德經注》，（周）李耳著／（魏）王弼著，臺北，世界書局，1996年1月初版9刷。

15. 《新譯老子讀本》，（周）李耳著／（民國）余培林註譯，臺北，三民書局，1995年8月11版。

16. 《商君書新校正》，（周）公孫鞅著／（清）嚴萬里撰，新編諸子集成，臺北，世界書局，1996年5月新5版。

17. 《名家六書》，（民國）楊家駱主編，臺北，世界書局，1981年4月3版。

18. 《十一家注孫子》，（魏）曹操注／（民國）郭化若譯著，臺北，里仁書局，1982年10月20日出版。

19. 《墨辯發微》，（民國）譚戒甫撰，北京，中華書局，1996年1月1版北京第4次印刷。

20. 《莊子集釋》，（周）莊周著／（清）郭慶藩撰，臺北，天工書局，1989年9月10日出版。

21. 《荀子集解》，（唐）楊倞注／（清）王先謙集解，臺北，世界書局，2000年12月2版1刷。

22. 《韓非子新校注》，（周）韓非著／（民國）陳奇猷撰，上海，上海古籍出版社，2000年10月第1次印刷。

23. 《韓非子集解》，（周）韓非著／（清）王先慎集解，臺北，華正書局，1991年10月初版。

24. 《增訂韓非子校釋》，（周）韓非著／（民國）陳啓天校釋，臺北，臺灣商務印書館，1994年11月初版第7次印刷。

25. 《韓非子翼毳》，（周）韓非著／（日）太田方著，（漢文大系本），臺北，新文豐出版股份公司，1978年10月初版，。

26. 《韓非子釋評》，（周）韓非著／（民國）朱守亮著，臺北，五南圖書出版有限公司，1992年9月初版1刷。

27. 《韓非子淺解》，（周）韓非著／（民國）梁啓雄撰，臺北，學生書局，1997年10月。

28. 《戰國策》，（漢）劉向集錄，臺北，里仁書局，1990年9月1日。

29. 《韓詩外傳箋疏》，（漢）韓嬰著／（民國）屈守元箋疏，四川，巴蜀書社，1996年3月第1次印刷。

30. 《春秋繁露今註今譯》，（漢）董仲舒著／（民國）賴炎元註譯，臺北，

臺灣商務印書館，1996 年 12 月初版 4 刷。

31. 《史記會注考證》，（漢）司馬遷撰／（日）瀧川資言考證，臺北，天工書局，1989 年 9 月。

32. 《大戴禮記今註今譯》，（漢）戴德撰／（民國）高明註譯，臺北，臺灣商務印書館，1993 年 6 月修訂版 3 刷。

33. 《大戴禮記解詁》，（漢）戴德撰／（清）王聘珍撰，臺北，文史哲出版社，1986 年 4 月初版。

34. 《新校本漢書》，（漢）班固撰／（民國）楊家駱編，臺北，鼎文書局，1991 年 9 月 7 版。

35. 《呂氏春秋校釋》，（秦）呂不韋編／（民國）陳奇猷校釋，臺北，華正書局，1988 年 8 月初版。

36. 《淮南子集釋》，（漢）劉安撰／（民國）何寧集釋，北京，中華書局，1998 年 10 月 1 版北京第 1 次印刷。

37. 《說苑校證》，（漢）劉向撰／（民國）向宗魯校證，臺北，臺灣中華書局，1982 年 10 月臺 5 版。

38. 《新序校釋》，（西漢）劉向編著／（民國）石光瑛校釋，北京，中華書局，2001 年 1 月 1 版北京第 1 次印刷，。

39. 《鹽鐵論校注》，（漢）桓寬撰／（民國）王利器校注，北京，中華書局，1996 年 6 月北京 2 刷。

40. 《論衡集解》，（漢）王充撰／（民國）劉盼遂集解，臺北，世界書局，1990 年 11 月 4 版。

41. 《中論》，（漢）徐幹著，臺北，世界書局，1975 年 11 月 4 版，。

42. 《風俗通義校注》，（漢）應劭撰／（民國）王利器校注，臺北，明文書局股份有限公司，1988 年 3 月 30 日再版。

43. 《說文解字注》，（漢）許慎著／（清）段玉裁注，臺北，黎明文化事業股份有限公司，1992 年 10 月 9 版。

44. 《家語等五十七種》，（魏）王肅注／（漢）孔鮒撰／（清）馬國翰輯／（民國）楊家駱主編，臺北，世界書局，1984 年 2 月 4 版。

45. 《文心雕龍注釋》，（梁）劉勰著／（民國）周振甫注，臺北，里仁書局，1994 年 7 月 15 日再版。

46. 《魏書》，（北齊）魏收撰，北京，中華書局，1997 年 11 月北京第 1 版。

47. 《意林校注》，（唐）馬總撰／（民國）王天海校注，貴陽，貴州教育出版社，1998 年 6 月第 1 次印刷。

48. 《舊唐書》，（後晉）劉昫等撰，北京，中華書局，1997 年 11 月北京第 1 版。

49. 《資治通鑑》，（宋）司馬光編著／（元）胡三省音注，北京，中華書局，1996 年 7 月湖北第 6 次印刷。

50. 《新唐書》，（宋）歐陽修、宋祁撰，北京，中華書局，1997 年 11 月北京第 1 版。

51. 《四書集注》，（宋）朱熹撰，臺北，世界書局，1995 年 12 月，初 31 刷。

52. 《漢藝文志考證》，（宋）王應麟撰，景印文淵閣四庫全書本，臺北，臺灣商務印書館，1985 年 6 月，。

53. 《原抄本顧亭林日知錄》，（清）顧炎武著，臺北，文史哲出版社，1979 年 4 月初版。

54. 《四庫全書總目》，（清）紀昀等撰，臺北，藝文印書館，1989 年 1 月 6 版。

55. 《春秋會要》，（清）姚彥渠撰，北京，中華書局，1998 年 11 月 1 版北京第 3 次印刷。

56. 《全上古三代秦漢三國六朝文》，（清）嚴可均校輯北京，中華書局，1999 年 6 月，北京第 7 次印刷。

57. 《古書疑義舉例等七種》，（清）俞樾等撰／楊家駱主編，臺北，世界書局，1992 年 5 月 3 版。

58. 《諸子平議》，（清）俞樾撰／（民國）楊家駱主編，臺北，世界書局，1991 年 9 月 5 版。

59. 《新譯六韜讀本》，（周）姜尚，等撰／（民國）鄔錫非譯注，臺北，三民書局，1996 年 1 月初版。

60. 《新譯晏子春秋》，（周）晏子，撰／（民國）陶梅生譯注，臺北，三民書局，1998 年 8 月初版。

二、近人著作類

1. 《中國哲學史新編》，馮友蘭著，臺北，藍燈文化事業股份有限公司，1991 年 12 月初版。

2. 《兩漢經學今古文平議》，錢穆著，臺北，東大圖書股份有限公司，1989 年 11 月臺 3 版。

3. 《黃帝四經今註今譯——馬王堆漢墓出土帛書》，陳鼓應註譯，臺北，臺灣商務印書館，1996 年 7 月初版 2 刷。

4. 《孔孟荀哲學》，蔡仁厚著，臺北，臺灣學生書局，1994 年 9 月 4 版。

5. 《中國人性論史·先秦篇》，徐復觀著，臺北，臺灣商務印書館，1994 年 4 月初版 11 刷。

6. 《稷下學研究》，白奚著，北京，生活、讀書、新知三聯書店，1998 年 9 月 1 版。

7. 《先秦齊學考》，林麗娥著，臺北，臺灣商務印書館，1992 年 2 月初版 1 刷。

8. 《先秦諸子繫年》，錢穆著，臺北，東大圖書股份有限公司，1990 年 9 月，臺北東大再版。

9. 《古史辨》，顧頡剛等著，臺北，藍燈文化事業股份有限公司，1993 年 8 月 2 版。

10. 《荀子論集》，龍宇純著，臺北，臺灣學生書局，1987 年 4 月初版。

11. 《韓非》，李甦平著，臺北，東大圖書公司，1998 年 10 月。

12. 《韓非子的哲學》，王邦雄著，臺北，東大圖書公司，1993 年 3 月 6 版。

13. 《韓非子思想體系》，張素貞著，臺北，黎明文化事業公司，1993 年 8 月 5 刷。

14. 《韓非思想的歷史研究》，張純、王曉波著，臺北，聯經出版事業公司，1994 年 12 月初版第 3 刷。

15. 《韓非子考證》，容肇祖著，臺北，臺聯國風出版社，1972 年 3 月重刊。

16. 《韓非子通論》，姚蒸民著，臺北，東大圖書公司，1999 年 3 月初版。

17. 《韓非子〈難篇〉研究——韓非子的辯論術》，張素貞著，臺北，臺灣學生書局，1997 年 8 月增訂再版 2 刷。

18. 《韓非子釋要》，徐漢昌著，黎明文化事業公司，1994 年 10 月再版。

19. 《韓非子政治思想新探》，盧瑞鍾著，臺北，作者，1989 年 4 月 30 日初版。

20. 《韓非子之著述及思想》，鄭良樹著，臺北，臺灣學生書局，1993 年 7 月初版。

21. 《韓非子的法治思想及其歷史意義》，蔡英文著，臺北，文史哲出版社，1986 年 2 月初版。

22. 《韓非子析論》，謝雲飛著，臺北，東大圖書公司，1989 年 9 月再版。

23. 《韓非與中國文化》，谷方著，貴陽，貴州人民出版社，1996 年 1 月 1 版。

24. 《韓非思想體系》，王靜芝著，臺北縣，輔仁大學文學院，1988 年 10 月 5 版。

25. 《中國帝王術——〈韓非子〉與中國文化》，開封，河南大學出版社，1997 年 6 月第 2 次印刷。

26. 《諸子著作年代考》，鄭良樹著，北京，北京圖書館出版社，2001 年 9 月 1 版 1 刷。

27. 《黃老學論綱》，丁原明著，濟南，山東大學出版社，2000 年 10 月 1 版 2 刷。

28. 《稷下爭鳴與黃老新學》，胡家聰著，北京，中國社會科學出版社，1998年9月1版1刷。

29. 《殊途同歸》，彭安玉著，南京，南京大學出版社，2000年10月第1版。

30. 《先秦兩漢的制度與文化》，葛志毅、張惟明著，哈爾濱，黑龍江教育出版社，1998年8月1版1刷。

31. 《法家哲學體系指歸》，黃公偉著，臺北，臺灣商務印書館，1983年8月初版。

32. 《先秦道法思想講稿》，王叔岷撰，臺北，中研院中國文哲研究所，1992年5月初版。

33. 《〈史記〉黃老思想研究》，鄭圓鈴著，臺北，學海出版社，1998年元月初版。

34. 《戰國時期的黃老思想》，陳麗桂著，臺北，聯經出版事業公司，1991年4月初版。

35. 《闕管學莊》，王叔岷撰，臺北，藝文印書館，1978年3月出版。

36. 《道家文化研究》第十八輯，陳鼓應主編，北京，生活、讀書、新知三聯書店，2000年8月1版1刷。

37. 《中國哲學》，中國哲學編委會，長沙，岳麓書社，1998年9月1版1刷。

38. 《道家文化研究》第十輯，陳鼓應主編，上海，上海古籍出版社，1996年8月1版1刷。

39. 《先秦之仁義禮說》，方穎嫻著，臺北，文津出版社，1996年5月初版。

40. 《儒家心性之學論要》，蔡仁厚著，臺北，文津出版社，1990年7月初版。

41. 《老子思想的史官特色》，王博著，臺北，文津出版社，1993年11月初版。

42. 《早期儒家學習範疇研究》，杜成憲著，臺北，文津出版社，1994年7月初版。

43. 《先秦諸子學說在秦地之發展》，余宗發著，臺北，文津出版社，1998年9月初版1刷。

44. 《原始儒家考述》，吳龍輝著，臺北，文津出版社，1995年5月初版。

45. 《先秦諸子論叢》，唐端正著，臺北，東大圖書股份有限公司，1995年11月4版。

46. 《先秦諸子論叢（續編）》，唐端正著，臺北，東大圖書股份有限公司，1992年1月增訂初版。

47. 《鄒衍遺說考》，王夢鷗著，臺北，臺灣商務印書館，1966年3月臺初

版。

48. 《道家文化研究》第十六輯，陳鼓應主編，北京，生活、讀書、新知三聯書店，1999 年 4 月北京第 1 版第 1 次印刷。

49. 《道家文化研究》第十七輯，陳鼓應主編，北京，生活、讀書、新知三聯書店，1999 年 8 月北京第 1 版第 1 次印刷。

50. 《老子的哲學》，王邦雄著，臺北，東大圖書股份有限公司，1993 年 10 月 8 版。

51. 《莊老通辨》，錢穆著，臺北，東大圖書股份有限公司，1991 年 12 月初版。

52. 《先秦諸子導讀》，徐文珊著，臺北，幼獅文化事業公司，1992 年 4 月 4 版第 2 次印刷。

53. 《中國心性論》，蒙培元著，臺北，臺灣學生書局，1990 年 4 月初版。

54. 《老莊新論》，陳鼓應著，臺北，五南圖書出版有限公司，1995 年 4 月初版 2 刷。

55. 《老莊思想論集》，王煜著，臺北，聯經出版事業公司，1993 年 10 月初版 4 刷。

56. 《郭店楚簡研究》中國哲學第二十輯，國際儒聯學術委員會編，瀋陽，遼寧教育出版社，1999 年 1 月 2 版 2 刷。

57. 《先秦儒學論集》，蘇新鋈著，臺北，文津出版社，1992 年 12 月出版。

58. 《莊子天下篇講疏》，顧實著，臺北，臺灣商務印書館，1980 年 12 月臺 2 版。

59. 《管理寶典〈管子〉與中國文化》，袁闓著／李振宏主編，開封，河南大學出版社，1998 年 8 月 1 版 1 刷。

60. 《天人衡中〈春秋繁露〉與中國文化》，曾振宇／范學輝著／李振宏主編，開封，河南大學出版社，1998 年 8 月 1 版 1 刷。

61. 《諸子通考》，蔣伯潛編著，臺北，正中書局，1991 年 9 月臺初版第 8 次印行。

62. 《讀諸子札記》，陶鴻慶撰，臺北，藝文印書館，1971 年 11 月初版。

63. 《諸子珃證》，王叔岷著，臺北，世界書局，1964 年 4 月初版。

64. 《十批判書》，郭沫若著，北京，東方出版社，1996 年 3 月 1 版 1 刷。

65. 《管仲評傳》，戰化軍著，濟南，齊魯書社，2001 年 5 月 1 版。

66. 《荀子與戰國黃老思想的辯證關係》，王慶光著，臺北，文史哲出版社，1997 年 8 月初版。

67. 《荀子與戰國思想研究》，王慶光著，臺中，大同資訊圖書出版社，1988 年 1 月。

68. 《古籍叢考》，金德健著，北京，中華書局，1986 年 12 月重印版。

69. 《郭站楚簡先秦儒家佚書校釋》，涂宗流、劉祖信著，臺北，萬卷樓圖書股份有限公司，2001 年 2 月初版。

70. 《戰國史料編年輯證》，楊寬編著，臺北，臺灣商務印書館，2002 年 2 月初版 1 刷。

71. 《戰國史》，楊寬著，臺北，臺灣商務印書館，1998 年 3 月初版 4 刷。

72. 《西周史》，楊寬著，臺北，臺灣商務印書館，1999 年 4 月初版 1 刷。

73. 《春秋史》，顧德融、朱順龍著，上海，上海人民出版社，2001 年 6 月 1 版 1 刷。

74. 《秦史》，王蘧常著，上海，上海古籍出版社，2000 年 12 月 1 版 1 刷。

75. 《戰國史編年輯注》，鄭昌琳編著，武漢，湖北人民出版社，1999 年 9 月 1 版 1 刷。

76. 《晉國史》，李孟存、李尚師著，太原，山西古籍出版社，1999 年 9 月 1 版 1 刷。

77. 《趙國史稿》，沈長雲等著，北京，中華書局，2000 年 11 月一版北京第一刷。

78. 《儒家的淑世哲學——治道與治術》，曾春海著，臺北，文津出版社，1992 年 9 月初版。

79. 《新出楚簡試論》，廖名春著／丁原植主編，臺北，臺灣古籍出版社，2001 年 5 月初版 1 刷。

80. 《郭店楚簡——儒家佚籍四種釋析》，丁原植著，臺北，臺灣古籍出版社，2000 年 12 月初版 1 刷。

81. 《簡帛思想文獻論集》，王博著／丁原植主編，臺北，臺灣古籍出版社，2001 年 5 月初版 1 刷。

82. 《郭店楚簡國際學術研討會論文集》，武漢大學中國文化研究院編，武漢，湖北人民出版社，2000 年 5 月初版 1 刷。

83. 《雙劍誃群經新證雙劍誃諸子新證》，于省吾著，上海，上海書店出版社，1994 年 4 月 1 版 1 刷。

84. 《中國哲學思想探原》，蒙文通著，臺北，臺灣古籍出版社有限公司，1997 年 10 月初版 1 刷。

85. 《經子解題》，呂思勉著，香港，三聯書店有限公司，2001 年 4 月 1 版 1 刷。

86. 《中國經學發展史論》，李威熊著，臺北，文史哲出版社，1988 年 12 月初版。

87. 《中國經學史論文選集》，林慶彰編，臺北，文史哲出版社，1992 年 10

月初版。

88. 《新中國思想史》，張豈之主編，臺北，水牛圖書出版事業有限公司，1992年6月1日初版。

89. 《春秋戰國法律思想與傳統文化》，陳鵬生、楊鶴皋著，桃園，2001年10月初版1刷。

90. 《中國儒學》，劉宗賢、謝祥皓著，成都，四川人民出版社，1998年8月2版1刷。

91. 《中國學術思想史》，鄺士元著，臺北，里仁書局，1995年2月28日增訂3版。

92. 《中國政治思想史》，蕭公權著，臺北，聯經出版事業公司，1998年10月初版11刷。

93. 《中國哲學史——先秦卷》，歐崇敬著，臺北，洪葉文化事業有限公司，2001年10月初版1刷。

94. 《中國古代哲學史》，胡適著，臺北，遠流出版事業股份有限公司，1994年1月1日初版7刷。

95. 《先秦政治思想史》，梁啟超著，北京，東方出版社，1996年3月1版1刷。

96. 《中國法律思想史》，楊鴻烈著，北京，北京商務印書館，1998年4月初版1刷。

97. 《中國經濟通史——先秦經濟卷》，周自強主編，北京，經濟日報出版社，2000年9月1版1刷。

98. 《先秦名學史》，胡適著，合肥，安徽教育出版社，1999年10月初版1刷。

99. 《性》，張立文主編，臺北，七略出版社，1997年7月初版。

100. 《心》，張立文主編，臺北，七略出版社，1996年11月初版。

101. 《天》，張立文主編，臺北，七略出版社，1996年11月初版。

102. 《氣》，張立文主編，臺北，漢興出版社，1994年5月初版1刷。

103. 《理》，張立文主編，臺北，漢興出版社，1994年5月初版1刷。

104. 《道》，張立文主編，臺北，漢興出版社，1994年5月初版1刷。

105. 《中國政治制度通史——先秦》，王宇信、楊升南著／白鋼主編，北京，人民出版社，1996年12月1版1刷。

106. 《周秦漢魏諸子知見書目》，嚴靈峰編著，北京，中華書局，1993年4月1版1刷。

107. 《漢書古今人表疏證》，王利器、王貞歃著／喬仁誠索引，臺北，貫雅文化事業有限公司，1990年9月初版。。

108. 《商鞅評傳》，鄭良樹著，南京，南京大學出版社，1998年12月1版1刷。

109. 《儒家法思想通論》，俞榮根著，南寧，廣西人民出版社，1998年2月2版2刷。

110. 《先秦經濟思想史》，巫寶三主編，北京，中國社會科學出版社，1996年8月初版1刷。

111. 《梁啓超法學文集》，梁啓超著／范中信選編，北京，中國政法大學出版社，2000年1月1版1刷。

112. 《中國人性論史——先秦篇》，徐復觀著，臺北，臺灣商務印書館，1994年4月初版11刷。

113. 《中國政治思想史》，孫廣德、朱浤源編著，臺北，國立空中大學，1997年1月初版。

114. 《齊文化叢書7——齊兵書、稷下七子捃逸》，周立昇編注，山東，齊魯出版社，1997年6月第1次印刷。

115. 《齊文化叢書9——姜齊卷、田齊卷、秦漢卷》，高思棟、丁龍潤、宣兆琦主編，山東，齊魯出版社，1997年6月第1次印刷。

116. 《齊文化叢書14——齊國政治史、齊國經濟史》，宣兆琦、李英森等著，山東，齊魯出版社，1997年6月第1次印刷。

117. 《齊文化叢書16——齊國學術思想史、齊文學藝術史》，劉蔚華、王洲明等著，山東，齊魯出版社，1997年6月第1次印刷。

貳、碩博士論文

1. 《荀韓禮法思想及其人性論之研究》，孫邦盛撰，中國文化大學哲學研究所博士論文，1995年4月。

2. 《韓非子思想研究——道在韓非子思想中的意義及其開展》，蔡汀霖撰，中國文化大學哲學研究所碩士論文，1992年12月。

3. 《韓非思想形上學基礎之探究》，謝鴻儀撰，中國文化大學哲學研究所碩士論文，1975年。

4. 《韓非子政治哲學之研究》，王慧英撰，輔仁大學哲學研究所碩士論文，1983年。

5. 《荀子的禮治思想與韓非子的法治思想之比較研究》，李載學撰，輔仁大學哲學研究所碩士論文，1993年。

6. 《韓非子的教育思想》，林，儒撰，國立台北師範學院國民教育研究所碩士論文，1996年。

7. 《韓非思想的檢討》，孫長祥撰，文化哲學研究所碩士論文，1979年。

8. 《韓非子思想淵源之研究》，孫邦盛撰，文化哲學研究所碩士論文，1985

年 6 月。

9. 《韓非法思想研究》，范揚善撰，中央大學哲學研究所碩士論文，2001年。

10. 《韓非子人性觀究論》，郭名浚撰，輔仁大學中文研究所碩士論文，1998年。

11. 《荀韓思想關係研究》，洪銘吉撰，輔仁大學中文研究所碩士論文，1986年 5 月。

12. 《論韓非的法律思想》，高佳琪撰，輔仁大學哲學研究所碩士論文，1990年。

13. 《管商韓的法治思想》，徐文彩撰，輔仁大學中文研究所碩士論文，1991年 6 月。

14. 《韓非子思想研究》，黃金康撰，輔仁大學哲學研究所碩士論文，1973年。

15. 《韓非價值思想研究》，陳雅芳撰，陽明大學一般教育研究所博士論文，1996 年 6 月。

16. 《從分析法學的觀點論韓非的法律思想》，陳時提撰，國立臺灣大學法律研究所碩士論文，1979 年。

17. 《韓非政治思想之研究》，劉立青撰，文化大學政治研究所碩士論文，1987年。

18. 《韓非與道家思想》，戴玉珍撰，輔仁大學中國文學研究所碩士論文，1983年。

19. 《韓非子的道家色彩》，倪麗菁撰，國立台灣師範大學國文研究所碩士論文，1996 年。

20. 《荀韓禮法思想及其人性論之研究》，孫邦盛撰，中國文化大學哲學研究所博士論文，1995 年。

21. 《孟子與韓非子政治哲學之比較研究》，高柏園撰，中國文化大學哲學研究所碩士論文，1982 年。

參、期刊論文

1. 〈中國法學之歷史概觀〉，吳經熊撰，《中國文化季刊》第 1 卷第 4 期。

2. 〈中國政治思想要略〉，方東美撰，《輔仁大學哲學論集》第 3 期。

3. 〈韓非子之發揚、修改諸前驅及曲解老子〉王煜撰，《新亞書院學術年刊》第 17 期，1975 年 9 月。

4. 〈《解老》、《喻老》——韓非對老子哲學的詮釋和改造〉，王曉波撰，《文史哲學報》1999 年 12 月。

5. 〈韓非釋老兩篇繹探〉，王靜芝撰，《輔仁大學人文學報》1977 年 6 月第

6 期。

6. 〈"黃老易"和"莊老易"——道家經典的系統性及其流變，王葆玹撰，《道家文化研究》第十二輯，北京：三聯書店，1998 年。

7. 〈老子哲學中"道"和"有"、"無"的關係試探〉，王博撰，《哲學研究》1991 第 8 期。

8. 〈中國哲學傳統中的反智論傾向〉，何俊撰，《哲學與文化》1998 年 5 月。

9. 〈韓非思想與中國古代的變局〉，王曉波撰，《食貨月刊》1983 年 7 月，第 12 卷第 7 期。

10. 〈中國哲學中的方法詮釋學〉，成中英撰，《台大哲學評論》1991 年 1 月第 14 期，〈韓非權力理論探微〉，何包鋼撰，《哲學與文化》1990 年 3 月第 17 卷第 3 期。

11. 〈韓非之貴一賤多的世界觀〉，馬序撰，《哲學與文化》1991 年 7 月第 18 卷第 7 期。

12. 〈韓非及其哲學〉，韋政通撰，《現代學苑》1972 年 11 月第 8 卷第 11 期。

13. 〈法道兩家哲學中的人之價值〉，袁信愛撰，《哲學與文化》1993 年 10 月第 20 卷第 10 期。

14. 〈韓非子政治哲學的理論根基〉，高柏園撰，《中國文化月刊》1985 年 11 月第 63 期。

15. 〈韓非術論（韓非思想體系第六篇）〉王靜芝撰，《人文學報》1973 年 12 月第 3 期。

16. 〈韓非子之發揚、修改諸前趨及曲解老子〉，王煜撰，《新亞書院學術年刊》1975 年 9 月第 17 期。

17. 〈《韓非子》人性與功利論〉，李增撰，《國立編譯館館刊》1993 年 6 月第 22 卷第 1 期。

18. 〈論勞思光先生對韓非哲學之詮釋〉，高柏園撰，《淡江人文社會學刊》1999 年 11 月第 4 期。

19. 〈先秦法家人性論之研究〉，林義正撰，《臺大哲學論評》1989 年 1 月第 12 期。

20. 〈鄒衍的陰陽五行說的政治內涵〉，沈順福撰，《中國文化月刊》1995 年 6 月第 188 期。

21. 〈韓非譏儒者為「愚誣之學」評議〉，徐漢昌撰，《孔孟學報》1990 年 9 月第 60 期。

22. 〈韓非子喻老篇中的儉欲主張〉，張素貞撰，《幼獅月刊》1975 年 5 月第 41 卷第 5 期。

23. 〈韓非法學思想體系之探析〉，詹哲裕撰，《復興崗學報》1991 年 6 月第 45 期。

24. 〈漢初黃老思想下「禮法」合流之探析〉，詹哲裕撰，《復興崗學報》1994 年 9 月第 52 期。

25. 〈韓非子的政治思想〉，王冬珍撰，《逢甲學報》1991 年 11 月第 24 期。

26. 〈韓非法治思想之研究〉，王武治撰《黃埔學報》，第 23 期，80 年 10 月。

27. 〈中國帝王的統治智慧──「韓非子」思想評介〉，王曉波撰，《哲學雜誌》1998 年 5 月第 24 期。

28. 〈韓非子內外儲說係連珠體之濫觴〉，王懷誠撰，《黃埔學報》1991 年 10 月第 23 期。

29. 〈韓非的法治思想〉，仇桂美撰，《華岡法科學報》1992 年 7 月第 10 期。

30. 〈韓非政治思想之評價〉，吳秀英撰，《逢甲中文學報》民國 80 年 11 月。

31. 〈韓非子「定法」篇析評〉，吳福相撰，《中國工商學報》1992 年 6 月第 13 期。

32. 〈韓非史觀析評〉，林金龍撰，《臺中商專學報》1992 年 6 月第 24 期。

33. 〈韓非經濟管理思想析評〉，林金龍撰，《臺中商專學報》1995 年 6 月第 27 期。

34. 〈韓非哲學的主要內容〉，高柏園撰，《淡江學報》1994 年 3 月第 33 期。

35. 〈韓非哲學的發生背景〉，高柏園撰，《淡江大學中文學報》1993 年 12 月第 2 期。

36. 〈論韓非的「挾自為心」與君臣關係〉，陳拱撰，《東海學報》1993 年 6 月 34 期。

37. 〈韓非思想之理論基礎〉，陳明進撰，《臺東師院學報》1993 年 6 月第 5 期。

38. 〈歷久彌新的政治管理學──韓非子〉，張素貞撰，《國文天地》1999 年 5 月第 14 卷 12 期。

39. 〈論韓非之賞罰觀〉，黃建輝撰，《法律評論》1999 年 3 月第 65 卷 1～3 期。

40. 〈《韓非子》與《周禮》「法」之異同比較〉，曾素貞撰《中華學苑》1995 年 10 月第 46 期。

41. 〈韓非法學思想體系之探析〉，詹哲裕撰，《復興崗學報》1991 年 6 月第 45 期。

42. 〈韓非子研究的回顧〉，鄭良樹撰，《漢學研究通訊》1992 年 3 月第 11 卷 1 期。